友人のチャールズ・カイリーへ。
給仕をしていた私たちが、あなたの家の空き部屋で私の最初の本を自費出版して、
いまではこんなふうに人を導く立場になるなんてだれが想像できたでしょう?
あなたがいなければ、いまの私はありません。
#outrageous　#pingpong　#playsomecheap

ヴァルネラビリティ

Vulnerability

傷つきやすさ、脆《もろ》さ、脆弱性《ぜいじゃくせい》、
不安な気持ちなど

まえがき

人前で話すのはいまだに緊張するかとよく聞かれる。答えはイエスだ。いつだって緊張する。経験を積んだおかげで怖さは薄れたけれど、やはり緊張は消えない。

第1に、聴衆は私のために貴重な時間を割いてくれている。時間とは人が何よりも切望し、しかも再生不能なリソースだ。その貴重な時間をもらいながら感情的になったり、緊張でそわそわしたりすれば、集中を欠くことになる。

第2に、スピーチは危ういものである。私は台詞を覚えているわけでも、鉄板のジョークをもっているわけでもない。スピーチの醍醐味は、相手と予期せぬ場面でつながることだ。会場に、私ひとりに対して1万人の聴衆がいたとしても、できるだけ多くの人の目を見るようにしている。

だから、そう、私はいつだって緊張している。

ここ数年で、集中力を維持するためのいくつかの方法を編みだした。関係者をわずらわせて申し訳ないが、イベントの際、私は必ず舞台の照明を半分程度に抑えてもらう。明るすぎると観客の顔がまったく見えなくなるし、私は何も見えない空間に向かって話しかけるのは嫌なのだ。

彼らの顔を見て、自分が聴衆と「ひとつ」になれているかを確認する必要がある。「私の発する言葉やイメージは、観客を引きつけているだろうか、それとも遠ざけているだろうか？」「聴衆は私の話に自分の経験を重ねているだろうか？」言葉が届いていれば、必ずそれは聞き手の表情に出る。うなずいたり、ほほえんだり、両手で顔を覆ったり。そして届いていなければ、笑いの量は少なくなる。

また、イベントなどで、心配した主催者側が私を助けようと「観客の情報」を知らせてくれることがある。「ブレネー、今夜のお客さんのなかには軍のお偉いさんがいますよ」「彼らはロケット科学者だから、データに基づいた話をしたほうがいいと思います」

こういう場合、私は古典的な手法「裸の観客を想像する」作戦を実行する。

といっても素っ裸の聴衆が会場の椅子に座っているところを想像するわけではない。「肩書や地位、権力や影響力をまとっていない人びとの姿」を想像するのだ。

観客のなかに唇を結び、胸の前できつく腕を組んでいる女性を見つけたら、彼女の8歳のときの姿を想像する。ずっと頭をふりながら「職場で勝てる人間が弱いはずがない」とつぶやいているような男性を見つけたら、彼が子どもを抱いているところ、もしくはセラピスト（もっと言えば、私のおすすめのセラピスト）と一緒に座っているところを想像する。

ステージに上がる前、私は「人」という言葉を3、4回小さくつぶやく。「人、人、人、人」このルーティンは10年ほど前、２００８年にはじめて企業のリーダーの前で自分の考えを述べるという、絶望的な状況下で生まれた。それまでも、病院の症例検討会で講義をしたり、問題行動に関する話をしたりしたことなら何度もあったが、そのときの雰囲気は、控え室にいるだけでもまったくちがうものだった。

私は20名の講演者が待つ控え室で、自分の居場所を探していた。出演者たちは順番がきたら表に出て、ＴＥＤスタイルで20分間話すことになっていた。

自分の出番を待つ間、私は孤独で場違いだという感覚に襲われた。最初は性別のせいかと思ったが、そうではなかった。女性の出演者はほかにもいたからだ。それに会場は自宅のあるヒューストンから30分程度のところにあったので、ホームシックでもなかった。

やがて主催者が観客に向かって話しかける声が聞こえてきた。控え室と会場を隔てる重たいベルベットのカーテンの隙間からそのようすをちらりとのぞいてみると、そこには、白いシャツに黒いスーツ姿の人たち（大半が男性）がずらりと並んでいた。

カーテンを閉め、私はパニックに陥った。そしてふと気づくと、近くに若くはつらつとした、絶対に物怖じしそうにないタイプの青年が立っていた。私は混乱したまま、彼に向かってこう言った。「どうしよう、あんなにスーツの人ばかり。全員どっかの会社の重役か、FBIみたい」

青年は笑った。「まあ、Cレベル（経営幹部）のためのセミナーですからね。聞いてなかったですか？」

私は真っ青になりながら、そばにあった椅子にゆっくりと腰を下ろした。

青年が説明する。「ほら、CEO（最高経営責任者）とか、COO（最高執行責任者）、CFO（最高財務責任者）、CMO（最高マーケティング責任者）、CHRO（最高人事責任者）とか……」

私は茫然とした。「そんな人たちに向けて自分の考えを話すなんて、絶対に無理」

「大丈夫ですか？」青年は私の隣にひざまずくと、私の肩をそっと抱きよせた。

彼のオーストラリア訛りのせいか、もしくはとびきりの笑顔のせいか、はたまたピートという、いかにも信頼できそうな名前のせいかわからないが、私は彼を見て、こう打ち明けた。「たしかにシー・レベルのお客さんが来るとは聞いていたけど、もっと庶民的な人のことだと思ってた。ほら、新約聖書に出てくる〝地の塩（善良な人びと）〟みたいな、そういう海からの贈り物みたいな人たちのことだと思ったの……」

弾けるような笑い声を響かせて青年が言う。「それ最高じゃないですか！　スピーチに使ったほうがいいですよ！」

私は彼の目を見て言った。「笑いごとじゃない。これから『恥』と、『自分が満ち足りていないと思うことの危険性』について語るのよ」

それからしばらく間をおいて「皮肉にもね」と言い足した。

そのとき、石油取引について20分間語っていた、ワシントンDCからやってきたという女性がそばを通りかかった。

彼女は私を見るとこう尋ねた。「恥って、感情の？　『やだ、恥ずかしい』みたいな、あの？」

私がそうだと答える前に、彼女は「面白そうですね。でも私、そのテーマじゃなくてよかった」と言ってどこかへ行ってしまった。

私は、そのときのピートの言葉を忘れない。「もう一度、観客を見てください。ほら、彼らだって〝ただの人〟ですよ。彼らに恥を説く人はいなくても、みんな恥は抱えていますって。あの人たちも僕らと一緒です」

ピートは私のテーマを理解してくれたのか、私の肩をぎゅっとつかむとその場をあとにした。

私はパソコンを開き、すぐに「経営やビジネスでよく使われる用語」を検索した。こんなテーマでも、多少ビジネス用語を織り交ぜれば、それらしく聞こえるかもしれない。

その作業はまるで、うちの子どもたちが小さいころに好きだったクマの絵本『Old Hat New Hat（古い帽子と新しい帽子）』のようだった。

内容は、「お父さんグマ」が新しい帽子を買いに帽子屋へ行き、50種類の帽子を試すのだが、新しい帽子にはそれぞれ「大きすぎる。小さすぎる。重すぎる。軽すぎる」といった問題があって、結局、古いよれよれの帽子がいちばんしっくりくる、というものだ。

私もしっくりくる言葉を探して、ぶつぶつといくつかの用語を口に出していく。障害となる事項？　小難しすぎる。重要な作業経路？　回りくどい。スキップレベル？「けんけんぱ」みたいだ。動機づけ？　ありかも。動機づけをする？　いやいや、「する」をつけて動詞にしただけだ……。

ありがたいことに、そのとき夫のスティーヴから電話が入り、私の「お父さんグマ」ビジネス用語リサーチは中断した。

「調子はどう？　準備はできた？」と夫が尋ねた。

「だめ！　全然収拾がつかない！」私が経緯を説明すると、夫はしばらく黙り込んだ。

それから真剣な声音で――パニックになって助言を求める患者に対するような（夫は小児科医なのだ）、あるいはわれを失った私をなだめるような口調で――こう言った。「ブレネー、そんなくだらない言葉は絶対に使っちゃだめだ。いいね？」

私は泣きそうになりながら、小声で応じた。「わかった、約束する。でも、あなたも会場を見たらわかると思うけど、まるでお葬式なのよ。しかも、私たちのお葬式みたいにジーパンにカウボーイハットなんて人はだれもいない、イギリス式のお葬式。それか『ザ・ソプラノズ』のお葬式」

「その青年のアドバイスを思いだして、もう一度聴衆を見てごらん。ただの人だろう？　きみや僕と同じ。僕らの友人と一緒。ただの人だ、そうだろう？　現実の生活があって現実の問題を抱えた人たちだ。ほら、自分の仕事に集中して」

それから夫は「愛している」と言って電話を切った。

私は立ちあがると、もう一度仕切りのカーテンをのぞいた。向こう側の空間は暗く、出演者が舞台上で話をしている。観客の顔を見たかったが、ここからではよく見えない。

そのとき、映画のワンシーンがスローモーションで流れるように、隣に座っている男性にささやきかける、禿頭《とくとう》の、体の大きな男性の顔が目に入った。

私は息をのんでカーテンを閉めた。あの人、知っている。私と彼は同じころ（１９９０年代なかば）にお酒を断ち、ＡＡ（アルコホーリクス・アノニマス）ミーティングに出席していたのだ。まさか、こんな偶然があるなんて。

私は奇跡に打たれたように椅子にへたり込んだ。そこへピート青年がやってきた。

「調子はどうですか?」ピートが尋ねた。

私はほほえんでみせた。「ええ、大丈夫。あの人たちも〝ただの人〟だもの、ね?」

ピートは私の肩を軽くたたくと、私と話したいという女性が控え室の外に来ていると教えてくれた。

私は彼に礼を言い、訪問者のもとへ行った。なんと、彼女は私の隣人だった!

当時彼女は、法律事務所の経営パートナーをしており、ほかのパートナーやクライアントと一緒にこのセミナーへやってきたという。そして、私に挨拶と励ましを伝えにきてくれたのだった。

彼女は私とハグをすると、すぐに会場へ戻っていった。私はそのままロビーを横切り、新鮮な空気を吸いに外へ出た。

その日、彼女に会えたことがどれほど私にとって重要だったか、彼女はこの先も知ることはないかもしれない。もちろん彼女の思いやりや、彼女とのつながりを確認できたことはうれしかったが、何より私の意識を変えてくれたのは、「彼女に会った」という事実そのものだった。

たしかに彼女は著名な法律事務所のパートナーかもしれない。しかしそれと同時に、介護生活を送っていた母親を最近ホスピスに移した娘でもあった。それに、つらい離婚を経験した妻であり、母親でもある。

みんな、普通に生活を送る、ただの人なのだ。

その日の講演は、電撃的なものだった。聴衆と私は完全に一体となり、深い部分でつながった。お腹の底から笑って、泣いた。

みんな、恥や、無理な期待や、完璧主義についての私の話に、椅子から落っこちるのではないかと思うほど身を乗り出して聞き入っていた。まさに大きなうねりのような経験だった。

ふり返ると、1990年代はじめ、大学に戻って「ソーシャルワーク」の勉強をする以前、私は大手企業で順調に出世街道を駆けのぼっていた。しかしソーシャルワークの勉強のために仕事をやめたときは、二度とその世界に戻ることはないと思っていた。

というのも、ビジネスの世界は、私が大切にしていたもの、「勇気、つながり、意味」と対極にあったからだ。

博士課程の最初の数年は、システム変革管理や組織的環境スキャニングの研究に力を入れていた。だが最終的に方向転換し、学位論文は「つながりとヴァルネラビリティ」をテーマに書きあげた。

だからまさか自分が、あまり好きじゃなかった組織開発の分野に戻ってくるとは思ってもみなかった。

その日の講演は、私のキャリアの大きな転換点となった。聴衆と一体となった温かな経験を経て、これまでふたつの事柄を相反するものとして型にはめていたのは間違いだったのではないかと考えるようになったのだ。

「勇気、つながり、意味」を、仕事の世界とかけあわせてみたらどうなるだろう？

その日に起こったもうひとつの奇妙な出来事も、講演者としての私のキャリアに大きな変化をもたらすこととなった。イベントには講演者を派遣するエージェントが何人かいたのだが、講演後、私はその全員から連絡を受け、自分の目指すゴールを尋ねられたのだ。

数か月じっくり考えたのち、私は「リーダーシップ」と「組織開発」の世界に戻る道を探ることにした。ただし今度は「だれもがただの人である」という新たな視点をもって。

批判するだけの人間に価値はない

それから2年後の2010年、『「ネガティブな感情《こころ》」の魔法』（三笠書房、2013年）を執筆した。これは「あるがまま」でいるための10の指標に関する研究を紹介したもので、企業、地域、信仰、非営利組織のリーダーなど、幅広い層の人たちが読んでくれた。

それからさらに2年後の2012年、「ヴァルネラビリティと勇気」に焦点を当てた『本当の勇気は「弱さ」を認めること』（サンマーク出版、2013年）を執筆した。これはリーダーシップの勉強で発見したことや、組織での経験から学んだことなどを記した最初の書籍である。

この書籍の巻頭に、セオドア・ルーズベルトの言葉——**競技場に立つ者（The Man in the Arena）**——を引用した。


批判するだけの人間に価値はない。強い人間がつまずくのを、もっとほかにやり方があったのではないかと揶揄するだけの人間など重要ではない。

名声に値するのは、その顔を埃や汗や血で汚しながら、実際に競技場に立つ者である。果敢に挑戦し、間違いを犯し、何度も失敗をくり返した者である。（中略）うまくいけば大きな勝利をつかみとるだろうし、たとえうまくいかなくても、それは果敢に挑戦したすえの失敗である。


私がこの言葉に出会ったのは、キャリアにおいてとくに行き詰まっていた時期だった。ヒューストンの「ＴＥＤカンファレンス」でおこなったヴァルネラビリティについての講演が（インターネット上で）急速に拡散されて多くの支持を得ると、残酷で個人的な批判もまた多く寄せられた。私は公の場に出ることがいかに恐ろしいかを、痛感することになった。

この言葉は、そのときの私の心情と、絶対に引き下がるものかという決意を表すのにぴったりの言葉だった。

「傷つく可能性を認める勇気」とは、勝ち負けではなく、結果を予期も制御もできないときに示される勇気である。「冷笑や恐怖を利用した批判が蔓延する世の中で、勇敢に生きていきたい」という私の望みと深く共鳴したこの言葉は、世界中のリーダーたちの心にも響いている。

拙著『本当の勇気は「弱さ」を認めること』で、このルーズベルトの言葉を知った人もいるかもしれないが、この言葉をずっと前からオフィスや家に掲げ、大事にしてきた人たちが大勢いる。最近目にしたNBAのレブロン・ジェームズ選手の写真では、試合で履いているシューズの横に「Man in the Arena」と書かれていた。

『本当の勇気は「弱さ」を認めること』のすぐあとに『立て直す力』(講談社、2017年)を執筆した。これは研究に参加してくれた人のなかでもっとも回復力のある人が、失敗後にどう立ち直るかを探求した書籍である。これを執筆するのは使命のように感じた。

というのも、前作の執筆で確信したのは、果敢な挑戦を試みると、どこかの時点で確実に痛い目を見る、ということだったからだ。

「勇気」を選べば、必ず失敗、失望、挫折を味わうし、心を痛めることになる。だからこそ、それを勇気と呼ぶし、勇気は尊いのである。

2016年、私たちは『本当の勇気は「弱さ」を認めること』と『立て直す力』の研究を統合し、勇気を養うプログラム「ブレイブ・リーダーズ・インク（Brave Leaders Inc）」を立ちあげた。ここではインターネット上で学んだり、仕事を円滑に運んだりする手助けを得ることができる。1年で50以上の企業と提携し、1万人近くのリーダーたちに協力した。

そして翌年、『Braving the Wilderness』（未邦訳）を上梓。これは、本当の意味でみずからに属する勇気と、周囲に受け入れられるために必死に生きることの危険性について記した本である。

対立を深め、自分とは違う人間を人とみなさず、自分にとって居心地のいい空間を出ることができない人びとが増えている昨今の風潮のなかで、これはぜひとも調査し、書かなければならないと感じたテーマだった。

過去2年で、私たちのチームは想定以上に研究、評価、失敗、反復、傾聴、観察を重ね、成長をつづけてきた。それでも足りないときは、世界的指導者から直接学ぶ機会を設けた。

私が学んできたことを、人の関係はたがいの在り方でまったく変わること、それがうまくいく理由、むずかしい理由、何度も失敗した経験などを、これからみなさんと分かちあっていきたい。

ブレネー・ブラウン

目次

第5章　好奇心と確固たる自信 ……… 261

第2部 自分の価値観で生きる ……… 285

第3部 果敢に信頼する ……… 337

第4部 立ちあがる方法を学ぶ ……… 367

You can't get to courage without rumbling with vulnerability.

EMBRACE THE SUCK.

ヴァルネラビリティと向きあうことなく

勇気は手にできない。

最低を受け入れよう。

序章

勇敢なリーダーと勇気ある文化

本書には、一見すると単純で、やや自分本位な目的がある。私が本書を執筆したのは、私が学んだことをとにかくみなさんに伝えたかったからであり、20年にわたる研究と、数百という組織での経験を活かして、「勇敢なリーダー」になるための、嘘偽りのない、実用的かつ実現可能な内容を提供したいと思ったからである。

一見すると単純と書いたのは、本書で紹介するデータは以下をまとめたものだからだ。

・過去20年にわたるインタビューのデータ
・世界各国のCレベル（およびSEAレベル）の人びとがリーダーシップの将来について語ったインタビュー（150名分）を含む新たなリサーチ
・ブレイブ・リーダーズ・インクの勇気を養う活動のプログラム評価研究

・勇敢なリーダーシップに関する計器開発調査で収集された3年分のデータ

しかし、「40万にものぼるデータ」をコーディングし、意味づけする作業は、それ自体すでに複雑で、とても単純とは言えない。さらにそのデータを研究に基づく実際的な行動に変換するとなると、データを正確に扱うことはもちろん、膨大なテストも必要になってくる。

自分本位だと言ったのは、私自身が「いいリーダー」になりたいと願って本書を執筆したからである。

この5年で、私は研究者から、研究者兼創立者兼CEOになった。その際にまず思い知ったのは、リーダーシップの研究は、その内容の複雑さにかかわらず、実際にリードするよりもはるかに簡単だということだ。実際にリーダーシップをとることは、研究よりも断然むずかしかった。

過去数年の〝リーダー体験〟をふり返ると、これと同レベルの自己認識や、コミュニケーションが必要だったのは、「24年間の結婚生活と子育て」だけだった。

つまるところ、私は自分の感情のふり幅や、プレッシャーのもとで冷静に決断する大変さ、持続的に問題を解決し決断することの重みを、完全に過小評価していた。それに、眠れぬ夜のつらさも。

本書の執筆には、もうひとつ、利己的な目的がある。私自身が勇敢で大胆なリーダーのいる世界で暮らし、子どもたちにもそういう世界を残すことだ。

私の定義するリーダーとは、人やプロセスのなかに可能性を見出す責任を負い、その可能性を伸ばす勇気をもつ人びとのことである。企業、非営利団体、公的機関、政府、活動家グループ、学校、宗教コミュニティなどあらゆる組織に、勇敢で、誠意があり、痛みや恐怖からではなく、真心から人びとを導きたいと自覚しているリーダーがいてほしいと切に思う。

現在の、そして未来のリーダーに伝えるべきことは山ほどある。

私が夫のスティーヴに、「読者のリーダー観を変えると同時に、多少なりともその行動をいい方向に動かして、なおかつ移動中に全部読みきれるような本を執筆したい」と言うと、彼は笑って「ヒューストンからシンガポールに行く間に？」と言った。

そのフライトは、私が経験したなかで最長のもの（20時間以上かかる）であることを夫は知っていたのだ。私は笑ってこう返した。「いいえ、ニューヨークからロサンゼルスまで。多少の遅延があるフライトで」

勇敢なリーダーと勇気ある文化

私はいつも、周囲からこう言われてきた。「あなたが知る必要のあることを書きなさい」と。リーダーとしての私に必要なもの、そして過去数年でともに働いてきたすべてのリーダーに必要なのは、『本当の勇気とは「弱さ」を認めること』と『立て直す力』で記したレッスンを実践するための教本だ。職場で帰属意識の文化を育てるという点では、拙著『Braving the Wilderness』からも学ぶことはあるだろう。

拙著を読んだことがある人には、新たな文脈、内容、ツール、仕事に関する実例のなかに、おなじみの教訓が登場することと思う。それらの本を読んだことがなくても問題はない。あなたが知るべきことは、本書にすべて記されている。

本書で説明する、言語、ツール、スキルを使いこなすには、「勇気」と「真面目に取り組む姿勢」が必要だ。とはいえ内容自体はわかりやすいので、本書を手にした人ならだれでも実践できるだろう。

勇敢なリーダーシップを取り巻く障壁や障害はリアルで、ときに強烈だ。しかし、私が研究や個人的体験から学んだところによれば、それに名前をつけ、興味を抱き、対峙しつづけるかぎり、どんな障害があっても、私たちは勇敢になれる。

本書の関連サイト（brenebrown.com）では、無料でダウンロードできるワークブックなど、本書を実践するためのリソースを見つけることができるのでぜひ活用してほしい。『立て直す力』の研究で学んだように、頭から心へ情報を伝えるには、**「両手を動かす」**必要があることがわかっている。

このサイトでは、リーダーシップに関するおすすめ本や、勇気を養うためのヒントとなるビデオなども紹介している。ビデオを見ただけでは実践したことにはならないが、それを実践するのがどういうことか、困難なのはどんなときか、失敗したときにどう自分に返ってくるかなどを知るヒントになるだろう。

道を妨げるものが道になる

リーダーシップの研究を進めるにあたり、私たちは「ひとつの質問」からはじめた。世界のリーダーたちに対して、こう尋ねたのだ。

「複雑で急速に変化する（一見手に負えない挑戦や、革新に対する飽くなき要求がはびこる）環境で、リーダーが成功するためにいまのやり方を変えるとしたら、どうするべきだと思いま

すか？」

インタビューで出た答えはこれだ。**「リーダーがいまより勇敢になって、勇気ある文化を育むこと」**

では、なぜ「勇敢なリーダーシップ」が必要なのか、その具体的な「理由」の追究に乗りだしたとき、この調査は重大な危機に陥った。その答えはひとつではなく、50近くもあったうえに、多くが勇気とは無関係に見えたからだ。

上級幹部たちは、さまざまな観点から語った。「批判的思考」「情報の統合」「分析して信頼を構築する能力」「教育システムの再考」「刺激的な革新」「対立が深まるなかで共通の政治基盤を見つけること」「厳しい決定をくだすこと」「機械学習や人工知能という文脈で共感や関係性を構築することの重要性」……。

私たちは質問をすることで、玉ねぎの皮をむきつづけた。**「勇敢なリーダーシップの根幹となる〝具体的なスキル〟をあげてもらえますか？」**

参加者の大半がこの質問に答えあぐねていたことに、私は驚いた。話を聞いたリーダーのうちおよそ半数弱が、はじめ、勇気を「スキル」ではなく、「性格」にかかわるものとして語っていたのだ。

特定のスキルに関する質問では、彼らはたいてい「もっているか、もっていないか」で答えた。私たちは興味深く彼らの態度を観察しつづけた。**「もしそれをもっていたら、どんなふうに見えますか？」**

勇気が「行動力」だと信じている人も含め、８割以上のリーダーは具体的なスキルを特定できなかった。それでも彼らは、問題のある行動や、信頼や勇気を損なう文化的規範についてはは即座に、熱っぽく語ってみせた。

まずはそこをスタートにしたいと思う。幸いにも、私のおこなっている研究では「わかっていることからはじめる」というのが原則だ。進むべき道を理解するために、私はその10倍もの時間を**「道を妨げるもの」**のリサーチに費やしてきた。

たとえば、私はもともと「恥」を研究するつもりはなく、「つながり」と「共感」を理解したいと思っていた。しかし、恥が一瞬にしてつながりを台無しにするということを知らなければ、本当の意味でつながりは得られない。

また、「ヴァルネラビリティ」を研究するつもりもなかったが、それはたまたま、私たちが人生で求める大半のものに対する大きな障壁となっており、とくに「勇気」を奪うことを妨げていた。

まさしくマルクス・アウレリウスの言葉どおり**「道を妨げるものが道になる」**のである。

この10項目を見た大半の人は、これが「組織」内の話にとどまらず、「自分」の内面の葛藤を表すものであることにすぐに気づくだろう。これらは「仕事」に対する態度や組織文化の懸念を示すものだが、根底にあるのは「人間」の問題である。

「障害」となるものを見つけたら、その問題に対処するために必要な勇気を奮い起こす方法を特定するのが私たちの仕事である。

その方法を探るために、私たちはさらなるインタビューを敢行した。ライス大学のジョーンズ大学院ビジネス・スクール、ノースウェスタン大学のケロッグ経営大学院、ペンシルベニア大学のウォートン・スクールのＭＢＡおよびＥＭＢＥプログラムに在籍する学生に協力を仰いだ。

私たちは答えが出るまで取り組みつづけ、試しては改良し、それからまた試すことをくり返した。このとき学んだことを説明する。

勇敢なリーダーシップの核となるもの

1．ヴァルネラビリティと向きあうことなく勇気を手に入れることはできない。最低を受け入れよう。

勇敢なリーダーシップの核となるのは、とくに職場ではほとんど認識されない、「人間の奥底にある感情」だ。勇気と恐れは矛盾しない。大半の人たちは、勇敢さと恐怖をほぼ同時に感じている。

私たちは自分の「脆さ」を感じている。ときには1日中ずっと。そしてルーズベルトの言う「競技場に立つ」瞬間、恐怖と勇気に両側から引っぱられる場面で私たちに必要なのは、共通の言語、スキル、ツール、毎日の訓練であり、それは「ランブル」を通じて培われる。

「ランブル」とは、傷つくことを認め、好奇心と寛大さを保ち、厄介な問題の特定や解決に尽力し、必要なら休憩を取り、みずからの役目を大胆不敵に引き受けながらおこなう議論、対話、会合のことである。

また、心理学者のハリエット・レーナーが言うように、**「自分が話すときにそう望むように真摯に耳を傾けること」**である。

だれかが「ランブル（対話）しましょう」と言ったら、ただちに自分のエゴを捨て、おたがいのために尽くせるよう、心を開く合図である。

私たちの研究は、極めて明確で希望に満ちた発見につながった。「勇気」とは、教育し、観察し、測定することが可能な「4つのスキル」で成立していることがわかったのだ。

以下が4つのスキルである。

スキル1：ヴァルネラビリティと向きあう
スキル2：自分の価値観で生きる
スキル3：果敢に信頼する
スキル4：立ちあがることを学ぶ

「勇気」を養うための基本的なスキルは、「ヴァルネラビリティ」と向きあう意欲と能力である。これがなければ、ほかの3つのスキルを実践するのは不可能だ。つまり、勇敢なリーダーになるためには、ヴァルネラビリティを受け入れることが必須なのだ。

まずは「傷つきやすさ」に関するスキルを身につけ、そのあとでほかのスキルの向上に取り組んでいくといいだろう。

本書の目的は、こうした概念を身体に刻み込むためのツール、実践、行動に関する言語や特性を提供することだ。

私たちはこのアプローチを50以上の組織でテストし、いまではおよそ1万人の人びとが、個人的に、あるいはチームのためにこのスキルを学んでいる。

ゲイツ財団やシェル・グループをはじめ、家族経営の小さなビジネス、フォーチュン500

ってている。

の企業、米軍における複数部門にいたるまで、このプロセスは「優秀なリーダー」を生みだすだけでなく、「チームのパフォーマンス」にも非常にポジティブな影響をもたらすことがわかっている。

2．自己認識と自己愛の問題。自分が何者であるかは人をどう導くかで決まる。

「勇気」は、生まれもった特性だと思われがちだが、それは人の特性というより、困難な状況でどう表れるかというたぐいのものである。

「恐怖」は、問題行動や文化的問題のリストの中心にある感情だが、それはまさに勇気を阻む根本的な障壁とみなされている。ところが話を聞いた勇敢なリーダーたちは、さまざまな恐怖を日常的に経験しているという。つまり、恐怖は障壁ではないということだ。

勇敢なリーダーシップの本当の障害は、私たちの「恐怖への対応の仕方」にある。勇敢なリーダーシップを真に妨げているのは、私たちの「鎧」、すなわち、傷つく可能性に立ち向かう意欲や能力がないときに自分を守ろうとする思考、感情、行動である。

これから一緒に多くのツールを学び、スキルを構築していくが、それと同時に、「勇気を養ううえで邪魔になるもの」も見極めていく。というのも、新たな試みや新たな在り方を前にすると、人は鎧をまとって抵抗しようとするからだ。このプロセスには、自分に対する思いやりと忍耐が不可欠である。

3．勇気は伝染する。勇敢なリーダーシップを発揮し、チームや組織の勇気を養うには、思いきった仕事、タフな会話、誠実さを前提とし、鎧は必要でも有用でもない、という文化を育む必要がある。

人びとが鎧を脱ぎ、ありのままの姿となって、革新や問題解決に取り組み、人のために尽くせるようにするには、だれもが「安全」と「配慮」と「敬意」を感じられる文化を慎重に育んでいかなければならない。

勇気あるリーダーは、自分が導く相手を気遣い、彼らと「つながり」をもつことが求められる。

データからも、リーダーとチームメンバーの間にある「思いやり」や「つながり」は、誠実で生産的な関係を構築するための不可欠な要素であることがわかっている。

したがって導く相手に対する思いやりが欠けていたり、つながりを育めていなかったりする場合、いずれかを選択することになる。思いやりやつながりを育むか、自分よりもふさわしいリーダーを見つけるか。

これは恥ずかしいことでもなんでもない。どれほど努力してもうまくいかない経験はだれにだってある。まずは「思いやり」や「つながり」をもつことの重要性を理解し、相手を少しでもないがしろにしていたなら、勇気をもってそれを認めることだ。

私たちが暮らす世界の現実を思えば、リーダーたちは（あなたも、私も）、ニュースや街角で目にするものより高い行動基準をもつ空間を生みだし、保持する必要がある。多くの場合、職場でのそうした文化は、家庭のそれよりさらにすぐれたものであるべきだろう。

また、リーダーシップを身につける過程で、いいパートナーや親になることもある。


極めて重要なリーダーのひとりである「教師」たちに、よく言うことがある。それは、心身ともに自分を守らなければならない可能性のある学生に、「家や登下校中に鎧を脱ぐよう指導してはいけない」ということだ。

教師たちにできること、道徳的にやるべきことは、学生がその日1日、あるいは1時間でもいいから、鎧という重圧を脱ぎ捨ててロッカーにしまい、本当の自分を見せられる空間を校内や教室に設けることだ。

学生たちが呼吸をし、好奇心を携えて世界を探検し、息苦しさを感じることなくありのままの自分でいられる空間を、私たちは守らなくてはならない。傷つきやすさと向きあい、心情を吐露できる場所を彼らのためにぜひ確保してほしい。

この研究でわかったのは、**たとえひとつでも子どもたちが「鎧を脱げる場所」をもっているなら、その意義を過小評価してはいけない**ということだ。それはしばしば、彼らの行く末を変

第1部

ヴァルネラビリティと向きあう

RUMBLING WITH VULNERABILITY

Courage
is
contagious.

勇気は、伝染する。

ルーズベルトの言葉に出会ったあの瞬間、3つの教訓がはっきりと姿を現した。

まず、私が「ヴァルネラビリティの法則」と名づけた非常に明快なもの、**勇敢さには失敗がつきものである**という教訓だ。

勇敢なリーダーは「失敗するつもりでリスクを冒す」ことはしないが「たとえ失敗しても、全力で取り組む」という気概を示す。私はこれまで、失望や失敗、心の痛みを知らない勇敢な人には出会ったことがない。

第2に、ルーズベルトの言葉には、ヴァルネラビリティに関して私が学んだことのすべてが凝縮されていた。**「不確実な状況や危機に直面し、感情があらわになった際に私たちが経験する感情」というヴァルネラビリティの定義**は、私の研究で20年前に発表されて以来、リーダー

第1章

その瞬間と誤解

シップに関する本研究も含め、私がおこなってきたすべての研究で実証されてきた。**ヴァルネラビリティは「勝ち負け」ではない。制御不能な結果に際して表れる、「勇気の在り方」である。**

これまで長年にわたって、何千人もの人に「ヴァルネラビリティとは何か」を尋ねてきた。そのなかには、心に刺さる答えがいくつもあった。

それは、離婚した翌日だったり、チームのみんなと人種について話すことだったり、二度目の流産後にもう一度妊娠しようとがんばったことだったり、自分で事業をはじめることだったり、大学へ行く子どもたちを見送ることだったり、ミーティングで同僚に対する態度が悪かったことだったり、オーケストラでやっていけるチャンスはほとんどないと知りながら首席奏者になることを夢見る息子をオーケストラの練習に送っていくことだったり、医師からの診断結果を待つことだったり、だれかの評価をくだすことだったり、だれかに評価をくだされることだったり、だれかを解雇することだったり。

どのデータを見ても、ヴァルネラビリティが弱さである、という経験的実証は認められなかった。

ヴァルネラビリティを体験するのは簡単か？　いいえ。

ヴァルネラビリティは人を不安にするか？　はい。

ヴァルネラビリティは人の防衛本能を刺激するか？　いつでも。

ヴァルネラビリティを感じながら、鎧をつけないのは勇気がいるか？　間違いなく。

3つ目の教訓は、私の人生の指針となった。それは、**競技場で痛い目を見る気がない人からの評価は気にする必要も、受け入れる必要もない**というものだ。

いまの世界は、勇気を示す気概もないくせに、がんばっている人たちにやたらと助言をしたり、批判をしたりする人たちであふれている。彼らが生むのは、批判と皮肉、そして恐怖を煽ることだけだ。

私たちは遠くから飛んでくる批判を無視し、鎧をはずしておかなければならない。これをうまくできる人はみな、だれの意見が大事なのか、きちんとわかっている。

大切なのは、「しかるべき人」の評価をあおぎ、たとえその言葉がなかなかのみ込めなくても、自分が理解できる日がくるまで胸にしまっておくことだ。

以下が、研究から私が学んだことである。

害のある意見を再読したり、深く考えたりして、いつまでもとらわれてはいけない。失敗を想定したリハーサルで心を揺らしてはいけない。何があっても、憎しみを心に引き寄せてはいけない。

非生産的で有害なものは、鎧をはずしたあなたの足元に捨てること。そして、どれほど内なる疑念が批判をすくいあげ、悪いことばかりを考えて最悪の恐怖を確信しても、あるいは恥のグレムリンがその傷を言い訳に鎧を強化したがっても、深呼吸をして、ネガティブな心を押しやる強さを見つけること。わざわざ踏みつけたり、蹴飛ばしたりする必要はない。暴力は安っぽく、安易で馬鹿げている。そんなことに力を使うのはもったいないし、そんな意見など無視して大胆でいればいい。

つねに覚えておいてほしいのは、遠くの席から飛んでくる批判に対抗して鎧をまとうのは、割に合わないということだ。

くり返しになるが、すべての批判から身を守っていたら成長は止まってしまうだろう。かといって、その質や意図にかまわず、すべての批判を受け入れていたら深手を負う。

そうして結局私たちは、「鎧」をまとって傷ついていないふりをし、さらには、傷つきやすさや感情を遮断して痛みを完全に麻痺させる。

しかし、鎧の厚みで何も感じなくなれば、それは死んだも同然だ。あらゆる人や物に心を閉ざして自分を守ることで、私たちは痛みだけでなく、愛をも失っていく。

愛よりも自分を守ることを選んだ結果どうなるかは、作家C・S・ルイスがだれよりもよく知っている。

愛することは傷つきやすくなるということだ。愛すれば、あなたの心は必ずやしめつけられ、ともすれば壊れてしまうだろう。

傷つきたくなければ、心をだれにも、動物にさえも捧げてはならない。趣味といくばくかの贅沢で大切に包み込み、ややこしいことはすべて避け、利己心という棺のなかに鍵をかけて閉じ込めておくといい。

ただし安全で、暗く、動くこともできず、空気もない棺のなかで、それは変わっていくだろう。壊れることがなくなるのだ。決して壊れず、破れず、取り返しがつかなくなるだろう。

そう、「愛することは、傷つきやすくなること」なのだ。

対話のためのツール（ランブルツール）：誠実な仲間

「人にどう思われているか」を考えると、勇敢になるのはむずかしい。だが、「人にどう思われているか」を気にしないと、真のつながりは得られない。

では、いったい、だれの意見に耳を傾ければいいのだろう？　拙著『本当の勇気は「弱さ」

を認めること』に書いた方法を紹介しよう。

まず、3センチ角の「小さな紙」を用意する。そして、「この人の意見は大事だ」と思う人の名前を書く。小さい紙片に書くのは、大切な人物を厳選し、その紙を折りたたんで財布に入れてほしいからだ。

それから10分ほどかけて、彼ら（**誠実な仲間**）に「ちょっとした感謝」を伝える。伝える言葉はシンプルでいい。**「私にとってだれの意見が大切なのかわかってきました。大切な仲間でいてくれてありがとう。私のことを心から気にかけてくれてありがとう」**

だれを選ぶべきか迷ったときは、あなたに脆さや欠点があっても大切にしてくれる人ではなく、「それがあるからこそ」、あなたを大切にしてくれる人を選ぶといい。

その人たちは、あなたにとっての「イエスマン」であってはならない。うわべを取り繕う仲間ではなく、傷つきやすさを抱えたあなたを認めつつ、「それはあなたが悪いんだから、ちゃんと謝ったほうがいい。私も力になるから」「たしかにかなりの痛手だけど、あなたは勇敢だし、もう一度やるなら応援する」と言ってくれる人であるべきだ。

ヴァルネラビリティに関する、4つ6つの誤解

拙著『本当の勇気は「弱さ」を認めること』で、ヴァルネラビリティを取りまく「4つの誤解」について触れた。

しかし、勇気を養う作業を組織化し、ほかのリーダーたちと取り組むうちに、実はヴァルネラビリティには、性別、年齢、人種、国籍、能力、文化など多くの流動的な区分にまたがる「6つの誤解」があることが、データからわかった。

■誤解＃1「ヴァルネラビリティは弱さである」

ヴァルネラビリティを取りまく誤解のなかでも、この誤解を払しょくするにはずいぶん時間がかかった。しかし2014年、アメリカ中西部の米軍基地で何千人という特殊部隊の兵士の前に立った私は、こう問いかけることでこの問題に終止符を打った。

私は勇敢な兵士たちを見ながら、こう言った。「ヴァルネラビリティとは、不確実だったり、危機を感じたり、感情があらわになったときに抱く感情です。そうした感情がともなわない勇気を仲間の兵士に、あるいは自分でもけっこうですが、見たことがありますか？」

会場は静まり返り、コオロギの声だけが鳴り響いた。

やがて、ひとりの若い男性が立ちあがった。「いいえ。これまで三度派遣されましたが、そうした感情なしに発動できる勇気など、ひとつも思いつきません」

以来、同じ質問を、何百回となく、世界中の会議室で投げかけてきた。これまで、戦闘機乗り、ソフトウェアエンジニア、教師、会計士、CIAエージェント、CEO、聖職者、プロのアスリート、芸術家、活動家などに尋ねてきたが、だれひとり、「不安や脆さや恐怖をともなわない勇気」の実例を示すことはできなかった。

ヴァルネラビリティは弱さではない。これは、データと、勇気を経験してきた人びとによって証明されている。

■誤解 #2 「私はヴァルネラビリティとは無縁だ」

私たちの日常は、不確かで、リスキーで、感情があらわになるような出来事でできている。それは避けようのない事実だが、そのなかでも「選択肢」がふたつある。

傷つきやすい自分を認めるか、それに翻弄されるか。

傷つく可能性を意識的に受け入れるという選択は、この感情と向きあい、そこから導かれる思考や行動を理解したうえで、自分の価値観や誠実さを保っていくということだ。

一方で、この感情と無縁のふりをしていると、知らないうちに、恐怖に思考や行動を支配されてしまう。しかもたいていの場合、それは問題行動やシャットダウンにつながっていく。

このデータが信じられなければ、誠実な仲間のだれかにこう質問してみてほしい。**「私は弱っているとき、どんなふるまいをしていますか?」**と。

自分が脆さや不安と向きあっている認識があれば、とくに目新しい意見を聞くことはないだろう。だがそうでなければ、厳しいフィードバックを受けることになるはずだ。

また私たちは、ヴァルネラビリティなど「発動」せずに、知恵や経験で補えばいいと思いがちだが、それでは代わりにならない。むしろ知恵や経験は、ヴァルネラビリティと向きあうことの重要性を明らかにする。

私の好きな小説家マデレイン・レングルの言葉を引用する。「子どものころ、大人になれば傷つかなくなると思っていた。けれど実際は、大人になるということは、傷つくことを受け入れるということなのだ」

■誤解 #3「ひとりで大丈夫」

ヴァルネラビリティを取りまく3つ目の誤解は「ひとりで大丈夫」というものだ。

よく遭遇する自己防衛のひとつに「私はだれも必要としていないから、脆さや弱さをさらす必要もない」というものがある。私もそう思いたいし、いつか本当にそうなればいいと思っている。しかし問題は、人間の神経生物学にはだれも逆らえないということだ。**私たちは、つながるようにできている。**ミラーニューロンから言語にいたるまで、人はどこまでも社会的な種族なのだ。

本物のつながりがなければ私たちは苦しむ。ちなみにここでいう「本物のつながり」とは、人に受け入れられるために、躍起になって自分を変える必要のないつながりのことである。

拙著『Braving the Wilderness』を執筆中に、私は神経科学者のジョン・カシオポの研究を深く掘り下げた。

彼はそのキャリアを「孤独」「帰属」「つながり」を理解することに捧げ、人間の力は武骨な個人主義からではなく、みんなで考えた計画、意思の疎通、共同作業から引きだされると主張した。「人の神経やホルモンや遺伝子は独立して働くのではなく、相互に支えあって機能しているのだ」と。

カシオポは言う。「人間も含め、社会的な種族が大人になるということは、自立して孤独になることではなく、他人に頼られる存在になるということだ。意識的であれ無意識的であれ、私たちの脳や生体は、この結果を支持するよう形成されている」

■誤解 #4「ヴァルネラビリティから不確実性や不快感を取りのぞくことができる」

私は、ハイテク企業やエンジニアと働くのが大好きだ。そうした企業では、「不確実性や感情を取りのぞけば、脆弱性《ヴァルネラビリティ》がやわらぐのではないか」と提案される機会が必ずといっていいほどある。これまで、難解な会話を読み解くためのアプリや、だれの前なら弱さを見せても安全かというアルゴリズムなど、さまざまなハイテク技術を推奨する人たちに出会ってきた。

序章で述べたように、こうした衝動の根底にあるのは、ヴァルネラビリティの捉え方と、この言葉の使い方なのかもしれない。

多くの人たちは日々、明確なひとつの目的をもって仕事に臨んでいる。「システムから脆弱性と不確実性を取りのぞいて、リスクを軽減しよう」と。

これは、**弱い部分**を抜け穴や負債と同一視する弁護士、エンジニアをはじめとする安全やテクノロジーの分野に携わる人びと、**脆弱性**をシステムの不具合の要因とみなす人びと、**傷つきやすさ**を死と同一視する兵士や外科医まで、あらゆる人びとに当てはまる。

私がこの特性に取り組み、さらには受け入れるよう促すと、体系的な脆弱性ではなく、関係性のヴァルネラビリティについて話していることが明らかになるまで、頑なな抵抗を受けることがある。

数年前、ロケット科学者たちと仕事をしたときのことだ。休憩中にひとりの技師が私のもとにやってくると、こう言った。「私は脆弱な仕事はしない。それはやってはならないことだし、当然だと思っている。そんなことをすれば空から災いがふってくる。文字どおりにね」

私はほほ笑んで言った。「あなたの仕事でいちばん大変なことは？　空からロケットが落ちてこないようにすることですか？」

彼が言う。「いや。われわれは人的ミスに備えて洗練されたシステムをつくりあげている。たしかに大変な作業だが、いちばん大変な作業じゃない」

私は黙って先を促した。

彼は少し考えてから、こうつづけた。「……いちばん大変なのは、チームやここにいる人間を指導することだ。この仕事に合わない人間もいて、ある人物は1年間なんの成果もあげなかった。こっちはあらゆる努力をしたし、そのときは本当に大変だったけど、彼が泣きだしそうになったからそれ以上言うのはやめた。全然しっくりいかなかった。いまだに彼の評価シートを出していないから、まずいことになるかもしれない」

私は言った。「それは大変ですね。どんな気分ですか？」

彼が答えた。「……なるほど、厄介なのは人間関係の脆弱性ってことですね」

技術的な脆弱性が失敗（またはもっとたちの悪いもの）につながる分野では、ヴァルネラビリティを受け入れる必要性をなかなか理解できないことがある。しかしひとたび理解すれば、彼らはヴァルネラビリティをとことん掘り下げて向きあう。

脆弱性を日々排除しなければならない環境で、「脆弱性《ヴァルネラビリティ》がリーダーシップにとって大切な役割を果たしていること」を理解するのは、本当にむずかしいことなのだ。

別の例をあげる。ロンドンの金融街カナリー・ワーフでの出来事だ。

私はそこで、優秀な投資銀行家たちと午後のひとときを過ごした。だが、彼らは私がなぜそこにいるのか不思議に思い、しかもそれを「直球で」尋ねるような人たちだった。

彼らは、「銀行は完全にコンプライアンス経営であり、脆弱性のつけいる隙はない」と説明した。いらだちを隠せない銀行家たちはもちろん、私を招待してくれたすばらしく先見の明のある人材開発チームのメンバーでさえ、私の答えに期待していないようだった。

私は正直に言った。「私のロンドン滞在は明日までです。今回の滞在中にジェームズ・スミス・アンド・サンズ（19世紀からつづく有名な傘の老舗）をぜひとも訪れたいと思っていたので、私がここへ来た理由をこれから一緒に考えてみて、それでもご理解いただけなければ、これでおいとまさせていただきます」

彼らは少々むっとしつつも、その条件に興味を示した。そこで私はこんな問いかけをした。

「あなたの、そしてこの業界が直面している〝最大の問題〟はなんですか？」

一瞬みんなが押し黙り、目と目を見交わすなか、やがてひとりの人が声を上げた。「倫理的な判断」

やはり、観光はおあずけだ。

私は深呼吸をすると、こう尋ねた。「ではみなさんのなかで、『これはわが社の価値観とはずれている』とか『わが社の倫理観に合っていない』と公言したことがある人は？」

室内にいた大半の人が手をあげた。

「そのときどんな気持ちでしたか？」

部屋は静まり返った。彼らに代わって私が答えた。

「おそらく職場において、倫理や価値観についての責任を負うことほど、ヴァルネラビリティを求められることはないでしょう。とくに、責任を負うのがあなたひとりだったり、大金や権力や影響力がリスクにさらされたりする場合はなおさらです。周囲はあなたを責め、意図を疑い、憎み、ときにはみずからの保身のためにあなたを傷つけようとするかもしれません。ヴァルネラビリティは弱さだという環境に身を置いている場合、あるいはヴァルネラビリティを〝発動〟できない場合、倫理的な判断が問題になるのは当然です」

沈黙のなか、ペンを取り出し、メモを取る音だけが室内に響いた。

やがて彼らがそれぞれの席に腰を落ち着けると、目の前の女性がこう言った。「たしかに、私たちも脆弱性について学ぶ必要があるようです。今回、あなたが傘の店に行けないのは残念ですが、またいらしてください。ロンドンの春は美しいですよ」

「体系的な脆弱性」にどのようにアプローチするにしても、人間の営みから不確実性、リスク、感情の曝露を排除しようとすると、「勇気」そのものが成り立たなくなる。
もう一度くり返すが、勇気とは「ヴァルネラビリティを中心に据えた4つのスキル」である。残念ながら、そのためのアプリは存在せず、あなたが何をするにしても、どこで働くにしても、たとえあなたの仕事が脆弱性を排除することであっても、あなたはヴァルネラビリティのなかで勇気を呼び起こさなければならない。
しかし私たちがヴァルネラビリティと向きあって、「勇気を養う4つのスキル」を身につけられれば、人間の奥底にある、リーダーシップにとって極めて重要な、機械では達成できない能力を手にすることができる。

■誤解 #5「ヴァルネラビリティに先立って信頼がある」

講演などで、ときどきこんな穴埋めエクササイズをおこなってもらうことがある。

私はヴァルネラビリティを（　　　　　　　　）と信じて育った。

参加者が多くて匿名性が保持される会場では、回答をみんなで共有する。これはかなりのインパクトがある。

というのも、毎回必ずといっていいほどみんなの答えが似通っていて、だれもが愕然とするからだ。同じような答えを見るたびに、こうした問題に取り組んでいる団体は、自分たち以外にはいないのではないかと思わされる。

数年前、ある会場で見た答えが忘れられない。そこにはこう書かれていた。「私はヴァルネラビリティを（裏切りの1歩と）信じて育った」

それは地域のリーダーや活動家のグループに向けた講演の場で、その壇上で私は「ヴァルネラビリティは軟弱者のためにある」と教えられた人間がいかに多いかということについて1時間ほど話をしていた。

そうしたメッセージをはっきりと耳にして育った人もいれば、なんとなく周囲の空気から感じ取っていた人もいたが、いずれにしても受け取った内容は同じだった。自分の弱みや、いちばん気にしていることをだれかに打ち明ければ、それによって自分が傷つくのは時間の問題だ、と考えていたのだ。

信頼とヴァルネラビリティについての議論は、つねに「鶏が先か卵が先か」問題を引き起こす。

自分の脆さをさらせるほど相手が信頼できるかどうかを、どこで判断すればいいのか？

傷つきやすさや不安な気持ちを危険にさらすことなく、相手と信頼を築くことは可能か？

研究結果は明確だが、採点システムや絶対的な信頼診断、あるいは先述したようなアプリを好む人にとっては、あまり安心材料にはならないかもしれない。

研究に参加した人たちは、「信頼」は時間をかけてゆっくりと築かれ、反復的に積みあげられていくものだと語った。**脆さを見せるには信頼が必要で、信頼を築くには脆い部分を見せる必要がある。**

「信頼を築く」のも、「脆さと向きあう」のも、リスクがともなう。だからこそ「勇気を奮える」人はかぎられている。

私たちはこれを**「ビー玉の入った瓶」**にたとえる。拙著『本当の勇気は「弱さ」を認めること』でも書いたが、ここでもう一度この話を紹介したい。

娘のエレンが小学3年生のときのことだ。ある日、学校から帰ってきた娘は、私を見るなり玄関にしゃがみ込み、両手で顔をおおって泣きだした。

私は当然「どうしたの、エレン？　大丈夫？　何があったの？」と尋ねた。

「今日、学校ですごく恥ずかしいことがあって、絶対だれにも言わないでねって約束して友だちに教えたのに、教室に戻ったらみんな知っていたの」

私は、自分のなかの庇護欲がむくむくと頭をもたげるのを感じた。エレンによると、事態があまりにひどかったので、担任の先生が、「ビー玉」を瓶から半分取りだしたという。

娘のクラスにはビー玉を入れる大きな瓶があって、クラスのみんなが「いいこと」をすると瓶にビー玉を入れ、「悪いこと」をするとビー玉を減らすようになっている。

担任の先生はみんながエレンを笑いものにするようすを見て、ビー玉を減らしたそうだ。

私が娘をなぐさめると、彼女は私を見てこう言った。「もう一生、だれも信用しない」

私の心も、娘同様、ひどく痛んだ。そして（そうよね。あなたはママだけ信頼すればいいの。いつかあなたが大学に行ったら、ママも寮の隣に引っ越していつでも話し相手になってあげるからね）と真剣に思ったりした。

が、そこで自分の恐怖や怒りをいったん脇に置き、「信頼」や「つながり」について娘にどう説明するべきか考えはじめた。そしてふと、ビー玉の瓶がぴったりだと思いついた。

私はエレンに言った。

「時間をかけて〝ビー玉の瓶のなかにビー玉をためてきた人〟を信頼すればいいのよ。あなたを支えてくれたり、親切にしてくれたり、あなたのために立ちあがってくれたり、分かちあったことを尊重してくれる人に出会ったら、（その人の）瓶にビー玉を入れていくの。反対に意地悪をされたり、失礼なことをされたり、秘密をばらされたりしたら、ビー玉を取りだす。そうやって時間をかけてビー玉を増やしたり減らしたりするうちに、やがてビー玉でいっぱいの瓶をもった人に出会えるはず。その人たちこそ、あなたが秘密を分かちあえる人よ。あなたの大切な秘密を話しても信頼できる人だわ」

それから私は娘に、そういう友だちはいるかと尋ねた。「うん、いる。ハンナとローナは、ビー玉の瓶の友だちだよ」

そのふたりはどうやってビー玉を増やしたのか、と私は訊いてみた。とても興味があったし、きっとその少女たちは、正義の味方みたいなドラマチックなことをしたのだろうと思ったからだ。だが娘が口にしたのは、予想外の話だった。

「えっと、先週サッカーの試合があったでしょ。そのときハンナが私のほうを見て、オマとオパがいたよって教えてくれたの」。オマとオパとは、私の母と義理の父のことだ。

私は先を促した。「それで?」

「そんだけ。それで私はハンナにビー玉をあげた」

「どうして?」

「だって、おじいちゃんやおばあちゃんが8人もいる人って、あんまりいないから」。私の両親は離婚して再婚しており、夫の両親も離婚して再婚している。「だからハンナがその全員を

歪められることがない。

私が最初にあたった文献は、親密な関係を40年にわたって調査した、心理学者ジョン・ゴットマンの研究だった。

彼の研究を知らない人のために説明すると、ゴットマンは、ある質問に対する反応を見ることで、「夫婦が離婚するか否か」を90パーセントの確率で言いあてることができた。

彼のチームは、離婚の４大因子を「非難、言い訳、無視、侮辱」に絞り込んで「黙示録の４騎士」と名づけたが、なかでも「侮辱」は恋愛関係において最悪な要素だった。

カリフォルニア大学バークレー校のウェブサイト「Greater Good」（greatergood.berkeley.edu）に掲載されている論文のなかで、ゴットマンは「パートナーとの信頼構築」について語っているが、それは私の研究結果と完全に一致する。

研究を通じてわかったのは、信頼は「ほんのささいな瞬間」に構築されるということであり、私はその瞬間を映画『スライディング・ドア』にちなんで、「スライディング・ドアの瞬間」と呼んでいる。

どんな交流においても、パートナーとつながる可能性もあれば、離れる可能性もある。

私の実体験を例にあげてみよう。ある晩、私はどうしてもミステリー小説を読み終えたかった。犯人の目星はついていたが、やはり判明するまでは落ち着かない。読んでいる途中でトイレに行きたくなり、小説をベッド脇に置いて洗面所に向かった。

すると、鏡越しに妻の顔が見えた。妻は悲しそうな顔で髪をとかしていた。ここが「スライディング・ドアの瞬間」だ。

私には、このままこっそり引き返し、妻の悲しげな顔は見なかったことにして小説の世界に戻るという選択肢もあった。だが人間関係に関する研究者である私は、洗面所に足を踏み入れた。彼女の手からブラシを取りあげ、こう尋ねた。「どうしたんだい？」すると妻は、なぜ悲しいのか、その理由を語った。

この瞬間、私は信頼を構築した。彼女のために存在し、自分のしたいことだけにとらわれず、彼女とつながったのだ。そう、たしかに信頼を築く瞬間は存在するのである。

こうした一瞬一瞬はささやかなものだが、いつもその瞬間から目を背けていると、人間関係はじょじょに、ゆっくりと破綻していく。

「信頼」とは、時間をかけ、小さな瞬間と、おたがいのヴァルネラビリティを積み重ねていくことである。「信頼」と「ヴァルネラビリティ」はともに成長していくものであり、どちらかが裏切れば、双方がだめになってしまう。

■誤解 #6「ヴァルネラビリティはさらけだすことである」

私が、「リーダーは個人的な経験をさらけだし、いついかなるときも心を開いて感情を共有するよう」勧めていると誤解している人たちがいるかもしれない。その誤解はおそらく、私がヴァルネラビリティについて語ったヒューストンのTEDトークや、拙著『本当の勇気は「弱さ」を認めること』で語った内容が大枠でしか理解されておらず、またここ最近私がおこなっている研究の8割が、ヴァルネラビリティとリーダーシップにまつわるものだという事実にあるのではないかと思う。

昨今では、2＋2＝57といった、ハチャメチャな読み解き方をする人がいるが、これもその悪例だ。ご存じのとおり人間とは、自分なりに理解したり、明確だと思ったり、興味を引かれたりした出来事をいくつも足していき、やがて完全に誤った結論を導きだすものである。

1．私はリーダーシップのツールとして、なんでもかんでもさらけだしてシェアすることを勧めているわけではないし、ヴァルネラビリティのためにヴァルネラビリティを謳ったりもしていない。

2．ヴァルネラビリティなくして、勇敢なリーダーシップは存在しない。

このふたつの主張は一見矛盾して見えるかもしれないが、いずれも事実である。

では、「リーダーは、同僚や従業員と、何をどのくらい共有すればいいのか?」と訊かれたらどう答えればいいだろう。

私の知っている勇敢なリーダーのなかには、ヴァルネラビリティと向きあう高いスキルを備えていながら、それをほとんど表に出さない人もいる。また、必要以上にさまざまなことを周囲と共有する一方で、ヴァルネラビリティと向きあうスキルをほとんど、あるいはまったく示さないリーダーと働いたこともある。

だが勇気あるリーダーなら、困難で不安定な時期に、自分のチームに向かってこう言うだろう。

いま、いろいろなことが急速に変化していてみんなが不安を覚えていることは知っている。私も同じだ。そうした不安はなかなかぬぐうのがむずかしいし、この状況を家庭にも持ち込まないことも、心配しないことももむずかしい。

一方で、だれかを責めたい気持ちは容易に湧きあがってくるだろう。いまの状況について何かわかれば、できるだけ速やかにみんなと共有するつもりだ。

これから45分間、この状況にどう対処するべきかをみんなで話しあっていきたいと思う。とくに、自分のサポートが周りにどう映っているか? 自分はどんな質問に答えるべきか？　みんなと一緒に検討すべき事柄はあるか？　ほかに質問はないか？　といったことを考えていきたい。
どうか取り乱さず、おたがいの力を信じて団結してほしい。そうすれば、現状に真正面から向きあえるだろう。われわれはどんな状況にあっても、自分たちを誇りに思えるような仕事を成し遂げなければならない。
まずは、自分たちに必要／不要だと思うことを各自がひとつずつ書きだし、問題を共有し、質問しあえる環境をつくっていこう。

これはヴァルネラビリティに向きあった好例だ。リーダーは**曖昧な感情を明確にし、チームが安心して意見を言いあえるよう促すことで、「安全な容器」を生みだしている。**

これはもっとも実践しやすい方法のひとつで、信頼を構築し、フィードバックや会話の質を改善するという点では、非常に効率がいい。とはいえ、チームやプロジェクトやグループのリーダーでこれを実践している人はめったに見かけない。

グーグル社がおこなった、「生産性の高いチーム」に関する5年にわたる調査〈プロジェクト・アリストテレス〉によると、**心理的安全性（チームメンバーがリスクを冒しても大丈夫だと感じたり、安心して弱さをさらけだしたりできること）は、「成功するチームにおける5大要素のなかでもずば抜けて重要」**であるという。

ハーバード・ビジネス・スクールのエイミー・C・エドモンドソン教授は「心理的安全性」という言葉の生みの親である。彼女は自著『チームが機能するとはどういうことか』（英治出版、2014年）のなかでこうつづっている。

要するに、「心理的安全性」があれば、相手の顔色を窺うことなく、厳しいフィードバックをおこない、むずかしい会話をすることができる。心理的に安全だと思える環境なら、人は間違いを犯してもそのせいで罰せられたり評価を下げられたりすることはないと考えるし、助けや情報を求めても、そのせいで相手を怒らせたり、相手から侮辱されたりすることはないと考える。

こう思えるのは、仲間どうしが信頼や敬意を抱き、このグループなら恥をかかされたり、拒絶されたり、意見を言って罰せられたりすることはない、と自信をもっているからだ。つまり心理的安全性とは、こちらが質問したり、フィードバックを求めたり、間違いを認めたり、奇抜なアイディアを提案したりしたときに、相手の反応を信じられることである。

大半の人は、人間関係でいいイメージを保つには、対人関係のリスクに「対処」する必要があると感じているが、とくに職場の、自分を評価する人の前でそう思う人が多い。この必要性は、戦略でもあり社会的感情でもある。上司らの印象によって昇進や昇給が決まる場合もあれば、単純に否定されるより認められたいと思う気持ちもあるからだ。

心理的安全性は、必ずしも和気あいあいとした居心地のいい状況を意味するわけではないし、プレッシャーや問題がない状況を示唆しているわけでもない。

「安全な容器」をつくる作業の過程では、みんなで書きだしたアイディアを見直し、整理してまとめあげ、基本ルールを作成していく。

「批判」「一方的な助言」「人の話を邪魔する」「チーム以外に情報を漏らす」などの行為は、しばしばチームやグループの心理的安全性を妨げる。

チームやグループに必要なふるまいは、「つねに耳を傾け、興味を保ち、正直でいること、そして自信をもちつづけること」である。

話しあいが必要になったら、「20分」使って心理的安全性を構築し、勇敢に仲間を導いてほしい。まずは安全性を構築する目的を明確にし、それからチームの力を借りて効率的にそれをつくりあげていくといいだろう。

私がこのやり方をいいと思うのは、リーダーが素直に悩み、不安な状況を明確にしつつ冷静さを保ち、仲間に質問や、噂の真偽をたしかめる機会を与えられる点だ。なかでも重要なのは、**「自分のサポートが周りにどう映っているか？」**と問うことである。

これはチームに透明性や成功の機会を与えるだけでなく、役に立ったふるまいがどんなもので、そうでないふるまいがどんなものかを具体的に確認することによって、自分たちに「必要な行動を問う」という責任をもたせることにもつながっていく。

私たちは、「具体的なサポート」をよくわかっていないことが多い。必要なものを具体的に口にせず、そのくせ求めるものが得られないと憤ったり失望したりする。

また、大半の人にとっては、あるサポートが「どう映ったか」よりも、「どう映らなかったか」を説明するほうが簡単だったりする。自分のサポートについて問うこの訓練は、時間とともに信頼を構築する大きな支えとなっていく（詳細は後述）。

先ほどの例では、リーダーは、人のつながりや信頼を過剰に促進することなく、また、うわべのヴァルネラビリティでごまかしてもいない。「うわべのヴァルネラビリティ」とは、たとえばリーダーはメンバーからの質問を受けつけてはいるが、それに必要な心理的安全性を生みだす時間をつくらなかったり、会話の途中でだれかが意見を言えるような隙を与えなかったりする場合だ。

またこのリーダーは、「私も打ちのめされているし、どうしていいかわからない。私はみんなの敵じゃない」、つまり、こんな状況に置かれるなんて自分はついていないし、私だって怖いのだから責任を押しつけないでほしい、といった発言で同情を買って、チームの恐怖や感情に向きあう責任から目をそらしてもいない。

うわべのヴァルネラビリティは、「非効率」なだけでなく「不信感」も生む。弱さや不安につけこんで人を操ろうとすることほど腹立たしいことはないだろう。

ヴァルネラビリティは私的なマーケティングのツールではないし、やみくもに情報を共有するという戦略でもない。こうした不安や怖さと向きあうには、不確実でリスキーで感情をさらけだす状況を避けるよりも、むしろそこに踏み込んでいく必要がある。

私たちはつねに自分の意図を明らかにし、役割や関係性という文脈のなかでヴァルネラビリティの限界を理解し、境界線を設けておく必要がある。

「境界線」という語は曖昧かもしれないが、友人のレイ・ロバーツが示したシンプルかつ強力な境界線を、私はとても気に入っている。芸術家の彼女は数年前ブログで、著作権がある自身の作品を人が使用することについて、「使ってもいいケース」と「だめなケース」を紹介したのだ。そのリストは非常に明確で、私たちが効果的な境界線の設定に関して集めたデータから見えたことと完全に一致していた。

現在私たちは、**境界線を設定する際には、何がよくて、何がだめか、その理由をあわせて明確にするよう伝えている。**

ヴァルネラビリティから境界線をなくしたら、それはもうヴァルネラビリティではない。告白であり、操作することであり、絶望であり、衝撃であり、畏敬ではあっても、ヴァルネラビリティではない。

「ヴァルネラビリティではないもの」の例として、私はときどきある若いＣＥＯの話をする。彼がはじめての資金調達をおこなってから、半年後のことだ。講演のあと、彼は私のもとへやってくるとこう言った。

「すばらしいお話でした！　まったくあなたのおっしゃるとおりです。私もこれからは部下たちに弱さをさらしていこうと思います」

私はこの言葉を聞いて「やれやれ、またか」と思った。そもそも人の話をうのみにするような人間は信用ならないし、自分の批判的思考をオフにし、集団の思考を丸飲みして計画を立てざるを得ないのだとしたら、すでに先が思いやられる。

それに、弱さをさらすことに興奮しているのなら、私の話をいまいち理解していないことになる。一方で、「わかりました。あなたの話にも一理あると思うので、私も自分のヴァルネラビリティを受け入れようと思います」と言う人がいれば、この人はきちんと理解してくれたのだなと思うだろう。

若いＣＥＯはにぎやかにしゃべりつづけた。私は、こわばった笑みを浮かべて先を促した。これはヴァルネラビリティと向きあうためのもうひとつの方法だ。**「先を促す」**ことで、さらに深く、より生産的な思考へと導くことができるのだ。

重要なのは文脈と中身である。１枚１枚玉ねぎの皮をむいていく。スティーブン・Ｒ・コヴィーの賢明なアドバイス「まず理解に徹し、それから理解してもらう」は、いまなお有効である。

興奮気味のCEOはつづけた。「これから投資家と私のチームに真実を伝えるつもりです。もう自分の手には負えないって。資金繰りが苦しくてどうしていいかわからないんです」

彼はそこでちょっと言葉を切り、私の顔を見た。「どう思います？」

私は彼の手を取って部屋の隅にいざなうと、座るよう促した。それから彼のほうを見て、講演の内容、とくに彼が聞き逃している点をくり返した。

「私の意見を言わせてもらえば、これ以上資金を確保できないと知れば、ものすごくショックを受ける人が出るでしょうね。境界線のないヴァルネラビリティは、恐怖や不安につながりかねません。だからその情報を共有する理由や、共有する相手についてきちんと考える必要があります。相手の役割や自分の役割、また共有することの意味や、その判断が適切かどうかを」

講演の冒頭で、私は必ず聴衆に向かってこう問いかける。

「社員や投資家の前でなにもかも打ち明けるのは賢明なことではない、とみなさんも思うでしょう。では、ここで質問ですが、たとえばみなさんが、ある人の会社に1年分の給料をまるまる投資していたとして、その会社が大きな損失をこうむってどうにもならないほどの窮地に陥ったとします。そのとき、それを経営者に打ち明けてほしいと思う人は、どのくらいいらっしゃいますか？」

会場に1000人いれば、2、3人はおずおずと手をあげるかもしれない。ただし、50名の資本家たちを集めた講演だけは例外だった。全員が手をあげたのだ。

私も一緒になって手をあげ、その場の緊張をひとまずといてから、自分の考えを説明した。

「もし私が彼の会社に投資していたら、彼が専門家やアドバイザーや取締役会の役員に現状を率直に打ち明けてくれることを祈ります。なぜか？　その人たちは〝代替案〟をもっているからです。彼がどうにか取り繕おうとして空回りをすれば、やがてなにもかもを失うでしょう」

もし、私が先ほどの若いCEOだったら、わざわざいい仕事を辞めて私のビジョンを実現するために私のもとへきてくれた、投資家、チームの仲間、同僚の前に立って、すべてをぶちまけたりはしない。それは賢明な判断ではないからだ。

私は彼に、なぜ冷静に対処してくれそうな専門家やアドバイザーではなく、投資家や社員に打ち明けるのかと尋ねた。

するとそこには、**「見えない意図」**と**「見えない期待」**があることがわかった。

「見えない意図」とは、表面下にひそみ、うわべだけの価値観に準じた行動に駆り立てる「自己防衛本能」である。

「見えない期待」も同じようなもので、意識の外側に存在し、たいていは恐怖と呪術的思考という危険な組み合わせを内包した「欲望や期待」のことである。この種の期待は、必ずといっていいほど失望、怒り、さらなる恐怖を引き起こす。

若いCEOは言った。「自分でもよくわからないのですが、たぶん、私のやろうとしていることをみんなに知ってもらいたいからだと思います。私はベストを尽くしているし、悪い人間じゃありません。ただ、失敗してしまっただけだと、みんなにわかってほしいのです。真実を伝えて、弱さをさらけだせば、彼らは私を責めたり憎んだりはしないだろうし、きっとわかってくれると思うのです」

見えない意図：拒絶や恥や批判から自分の身を守り、みんなに背を向けられ、悪い人間だと思われることを回避したい。

見えない期待：彼らは私を見捨てないし、私のことを悪い人間だとは考えないはずだ。

実際のところ、見えない意図や期待とは、私自身いつも闘っている。

私も過去に、仲間に対してこのCEOとまったく同じことを思ったことがある。けれど、私は「ヴァルネラビリティが同情を求める道具ではない」ことを経験から知っていた。リーダーとして、彼はチームや投資家につねに誠実でなければならないが、だからこそ、この打ち明け話は、彼の助けになってくれる人物と交わす必要がある。

自分の役割やプロとしての境界線を理解せずに、自分の（とくにレーダー下に隠された）意図や期待を明らかにする行為は、単なる懺悔であり、発散であり、ゴシップであり、隠れたニーズによって促進されるその他無数の何かである。

ときおり、ヴァルネラビリティに関する私の研究を誤解し、感情の曝露や浄化と混同している人がいるが、そういう人たちは私の主張を理解していないか、もしくは「傷つきやすさを受け入れる」という概念に個人的な抵抗があるために、あえてばかげた、安っぽい主張に聞こえるように歪曲しているのだと思う。

いずれにしても、意図があからさまで、境界線のない弱さの露呈には、どうか注意してほしい。ヴァルネラビリティのためのヴァルネラビリティは、効果的でも、有用でも、賢明でもない。

感じることは、傷つきやすくなるということ

「ぐずぐず言わずにさっさとやりなさい」と人並みに（または人並み以上に）言われて育った人びとにとって、傷つきやすさと向きあうのはむずかしい。

先述した「6つの誤解」から、ヴァルネラビリティは「つらい感情の中心」にあることがわかったと思う。私たちは四六時中そうした感情を避けようともがき、（たとえそのせいで痛みが生じたとしても）恐怖、恥、嘆き、失望、悲しみなどの感情についてはほとんど話さない。

だがヴァルネラビリティとは、つらい感情だけでなく、「あらゆる感情の核」でもある。**感じることは傷つきやすくなることだ。ヴァルネラビリティが弱さであると思うなら、感情をもつことも弱さである。**そして、好むと好まざるとにかかわらず、私たちは「感情的な生き物」なのだ。

私も理解するのに10年かかったが、一般的になかなか理解されないのは、「ヴァルネラビリティが、私たちが切望する感情と経験のゆりかごである」という点だ。ヴァルネラビリティは愛の生まれる場所であり、帰属意識や喜びが生まれる場所である。

ヴァルネラビリティが勇気を養うための礎《いしずえ》であることはわかっても、ヴァルネラビリティがなければ創造や革新は生まれない、という事実はあまり知られていない。

なぜ生まれないのか？　創造の過程ほど不確実なものはなく、失敗をともなわない革新など絶対にありえないからだ。ヴァルネラビリティを弱さとみなす文化があるというなら、私は新鮮なアイディアと新たな視点を生みだそうと努力している文化を紹介したい。

女優エイミー・ポーラーのウェブ番組「スマート・ガールズ」の悩み相談コーナー「アスク・エイミー」で彼女が語る、つぎの1節が本当にすばらしい。

　アイディアを生むのはとても大変です。そこに自分の身を置くのも、不安や脆さをさらけだすのも苦しいです。けれど、それをするのが夢想家や思想家で、クリエーターなのです。彼らはこの世界の魔法使いです。

勇敢なリーダーシップの根幹をなす、変化への適応、むずかしい対話、フィードバック、問題解決、倫理的意思決定、認識、回復力、その他あらゆるスキルは、「ヴァルネラビリティから」生まれる。「恐怖心」を理由にヴァルネラビリティや感情を排除すれば、生きる意味や、目的を与えてくれる大切なものまで手放すことになるだろう。

神経学者アントニオ・ダマシオは言う。「われわれは考えるマシンである必要はない。われわれは思考し、感じるマシンなのだ」

つぎの章では、私のリーダーシップにまつわる経験談を取りあげ、放置された恐怖や感情がいかにして大きな問題を引き起こすかを学びながら、それらと対峙するための言語、スキル、ツール、実践法を見ていこうと思う。

Clear is kind.

UNCLEAR IS UNKIND.

明確に伝えるのは親切だが、
曖昧にするのは不親切。

第2章

勇気を呼び起こす

会社を設立した当時、チームから1時間ほど時間を割いてほしいと言われたことがある。了承して席に着いた私は、やがて議題がないことに気づき「これはどういうことだろう?」と不安な気持ちになった。

すると会社のCFO（最高財務責任者）であるチャールズが、私を見てこう言った。「いま、職場で高まりつつある懸念についてみんなで話しあいたい」

何年もの間、こうした状況に遭遇すると、「ああ、これは仲裁だ。私に言いたいことがあるのだ」と思ったものだ。だが私は、チームも、話しあいのプロセスも信じていた。

チャールズはすぐに本題に入った。「われわれは無理なスケジュールを設定し、どうにか達成しようと必死に働き、失敗しては新たな予定を立てて、やはりふりまわされている。これでは混乱するばかりで、みんな疲れきってしまう。あなたが決めた予定を無理だと言ってわれわれが断っても、あなたは頑なに押し通そうとする。これじゃあうまくいきっこない。あなたには長所がたくさんあるけれど、時間の使い方はうまくない。われわれみんなが納得できる新たな働き方を模索したい」

みんなは不安そうに私の反応を窺い、それでもとにかくこの問題が議題にあがったことに安心したようだった。

私は、そういえば「時間の使い方」について以前も指摘されたことがあったなと考え、10年前、夫のスティーヴとケンカをしかけたときのことを思いだした。

スティーヴと私は、隣人たちと一緒に、娘のＰＴＯ（保護者会）の資金を集めるためのあるディナー・パーティーに参加した。これは、複数の家庭で料理を分担し、順番に家を訪れて夕飯を食べていくイベントである。

私たちは前菜とサラダを担当し、それから隣の家でメインを食べたら、ふたたびわが家に戻って食後のデザートとコーヒーを提供することになっていた。昔ながらの楽しいイベントだ。

数か月前の時点では、何の問題もないように思われた。

私は、スティーヴに語りかけたときの、自分の立っていた場所まで鮮明に覚えている。「ああ、楽しみ。腕が鳴るわ。とにかく準備をしなくっちゃ。私はダイニングを飾りつけるから、あなたは庭先をもう少しにぎやかにしてくれる？　そうね『ようこそ！　この花たちは、私たちがすばらしい隣人であることの証です！』みたいなメッセージを飾りたいわ」

夫は私をじっと見つめた。

私は彼を見つめ返した。「何？　なんでそんな目で見るわけ？」

夫は言った。「夕食まで、あと2時間しかないんだよ」

「わかってるわよ」私は言った。「だからあなたは15分でホームセンターに行って、30分でお花を見繕って、15分で家に帰ってくる。それから45分でお花を植えて、残りの15分でシャワーを浴びれば間に合うでしょう」

スティーヴは黙り込んだ。その場で頭をふる彼を見て、私は言った。「何？　どうかした？」

「きみは時間の使い方がへたくそだ、ブレネー」

私はとっさに言い返した。「人よりやることが速いだけよ」

そう言ってしまってから、夫にホームセンターに行ってもらわなければいけないのに、この言い方はまずい、とすぐさま後悔した。

私は、大きく深呼吸をした。そして夫に反論される前にたたみかけた。「時間の使い方がへたって、どうしてそう思うの？」

「第1に」と夫が言う。「僕たちのケンカの時間を考えてない。僕は客がくる2時間前に庭の飾りつけなんてしたくないし、そう伝えたらきみはきっと『あなたはそういうちょっとした気遣いに無頓着すぎる』って言い返すだろう？　それから、僕がそういうことに気がつかないのがいつもストレスになるって。あと『大きな違いを生むような細かいことを心配しなくてすんだら楽でしょうね』みたいなことも」

私はその場に立ちつくした。

彼が、悪気なくこれを言っているという事実が、よけいに私を打ちのめした。

夫がつづける。「きみの『こうだったら素敵よね』みたいな言い方は、非難や嫌みに聞こえるし、腹が立つよ。このパーティーの準備のせいでストレスがたまる一方だ。きみも泣きはらした目でゲストを迎えたくないだろうから泣くのはがまんするだろうけど、結局はふたりとも泣くはめになると思う。それで、ふたりして『とにかく早く終わってほしい』ってひたすら願いながら今日の夕食会をやりすごすんだ。だから花は買ってこないし、余裕のないスケジュールを考えたら、ケンカもやめたほうがいいかもね」

彼の最後の言い方がおかしくて、私は力なく笑った。「わかった、耳が痛かったけど、面白かった」

夫が言う。「軽く近所を走って、シャワーを浴びたらどうだい。あわてて取り繕ったってでしようがない」

物思いからわれに返ると、私はチャールズがはっきり言ってくれたことに深く感謝した。長年にわたって一緒に研究や仕事をしてきた私たちは、社内の話しあいであれ外部との交渉であれ、「明確さ」があらゆることに変化をもたらすことを知っていた。

そう、**明確に伝えるのは親切だが、曖昧にするのは不親切なのだ。**

これは、20年前に参加した、AA（アルコホーリクス・アノニマス、飲酒問題を解決する自助グループ）のミーティングではじめて耳にした言葉だ。だが当時は、私の周囲にはスローガンがあふれていたため、この言葉にたいした注意を払ってはいなかった。

これについて考えるようになったのは、「人が明確さを避けるのは、自分の不親切で不公平な行動を親切心からだと言い聞かせるためだ」というデータを目にしたときだった。

半分真実、半分でたらめなことを伝えて、相手をいい気分にさせる（そうすると、たいてい自分も居心地がよくなる）のは、不親切だ。

どのくらいの仕事を期待しているかを明確に伝えていないのに、あなたの期待を満たせない同僚を責めたり責任を追及したりするのも不親切だし、相手に直接話すのではなく、相手についてだれかと話すのも不親切だ。

この教訓は、私の人生を大きく変え、家でもこの教訓にしたがって生活するようになった。

たとえば、娘が大学のルームメイトのことで悩んでいて、あるいは息子のチャーリーが友だちと話しあいたいことがあるとしたら……曖昧にせず、はっきり伝えるよう教えている。

私はチームのみんなを見てこう言った。「私のことを信頼して打ち明けてくれてありがとう。私の最低な時間の使い方について指摘されるのはこれがはじめてじゃないし、なんなら100回以上言われているけれど、改善できるよう努力します」

私のこの言葉に、みんなは少しがっかりしたようだった。「わかった、今後は気をつける」的なそれは、相手を黙らせる典型的な返しである。

私は深く息を吸うと、対話の源である好奇心に身をゆだねた。「それじゃあ、この件についてみなさんの意見を聞かせてください。ちゃんと理解したいから」

相手の意見を尋ねるのはいいことだ。私は彼らの意見をぜひとも聞きたかったし、彼らも自分たちがどれほど不満を募らせ、打ちのめされていたかを、完全に無茶なスケジュールであれもこれもと要求されて「この仕事には最低でも1年必要です。2か月じゃ無理だし、多額の資金も必要です」と率直に言っただけで、まるで私の夢を壊したみたいな顔で見られるのがいかに非生産的であるかを、私に聞かせる必要があった。

苦痛で、気まずいひとときだった。そしてこれこそが、私たちがさっさとこうした会話を終わらせたい理由なのだ。「わかった、そうしよう」と言って逃げてしまえばどれほど楽か。

話が終わると、私は彼らの勇気と誠実さに感謝し、言われたことをきちんと考えてみるともう一度約束した。そして彼らに明日また集まるようお願いした。

研究においても、これまでの人生においても、よほど急ぎでないかぎり、こうした話しあいを無理につづける利点はひとつもない。これまでこうしたケースで、休憩を挟んで後悔したことは一度もないが、結論が出るまで無理やり推し進めて後悔したことは何度もある。利己的な判断は、ちょっとした休憩時間よりもはるかに多くの時間を無駄にする。

その夜、帰宅すると、経営に関する記事や書籍をいくつかダウンロードした。たぶんどこかで読んだ内容が引っかかっていたのだと思うが、そのときの私に必要なのは〝シックスシグマのブラックベルト〟だと思ったのだ。

シックスシグマとは、ビジネスプロセスを改善するための手法のことを指す。ちなみにブラックベルトは実際にマネジメントの改善をおこなう人物に与えられる資格のことで、柔道の黒帯が語源となっている。

とはいえ、私にはそれがどんなものかさえわかっておらず、少しネットで調べただけで、ラップトップに頭をぶつけて意識を失いたい衝動に駆られた。

自分の計画がうまくいきそうにないことは、すぐにわかった。

私はテトリスやブロックスのような、カクカクした、時間制限があるものが苦手だ。私の目に世界はそんなふうに映っていないし、出来事はただの線ではなく、星と星をつないだ星座のように見えている。私はデータを見るように計画を見る。たがいが関係しあった、無数の接続ポートとして。書かれたものを読んではみたが、そのどれもが奇妙で味気ないスプレッドシートの世界のようだと思った。

明日、ピカピカの黒帯を腰に巻きつけ、一分の隙もないスケジュールを携えてみんなを感心させるのは無理そうだと悟った瞬間、私の脳裏に、映画『スター・ウォーズ・エピソード5：帝国の逆襲』で、ジェダイの戦士になろうと必死にもがくルーク・スカイウォーカーの姿がよぎった。

スター・ウォーズへの愛は、拙著『立て直す力』でも紹介しているが、スター・ウォーズにどれほど言及してもしすぎることはないので、ここでもう一度触れておく。

ヨーダはルークに、フォースの使い方と、フォースの暗黒面（怒り、恐怖、攻撃性）がそれを邪魔することを教えようとする。ルークとヨーダが沼地で訓練をおこなっていると、ルークが巨木の根元にある暗い洞穴を指さし、「何かがおかしい、寒気と、死を感じる」とヨーダに向かって言う。

ヨーダは、あの洞穴はフォースの暗黒面が強くて危険な場所だと説明する。ルークは戸惑い、恐れるが、ヨーダはただ「行け」と言う。

ルークが洞穴に何があるのかと尋ねると、ヨーダはこう答える。「おまえがもっているものだ」

ルークが武器を準備していると、ヨーダは「その武器を使うことはないだろう」と言うが、ルークはライトセーバーをもっていく。

洞穴は暗くて恐ろしい。ゆっくりと歩を進めるルークの前に、宿敵ダース・ベイダーが現れる。おたがいにライトセーバーを引き抜くと、ルークはすばやくダース・ベイダーの首を切り落とす。首が地面を転がり、ヘルメットが壊れてその顔があらわになる。

その下から現れたのはダース・ベイダーではなく、ルークの顔だった。ルークは地面に転がった自分の顔をじっと見つめる。

この話を思いだした私は、問題は私の「タイムスケジュール」や「管理能力」ではなく、私の**「恐怖心」**にあるのではないか、と思いいたった。

そこで、チームに押しつけたスケジュールの内容を具体的に書きだしてみた。すると最大の敵は、「時間の使い方」ではなく、私の「認識不足」だったことが明らかになった。

ということは、私は自分の首をライトセーバーで切り落としていたのだろうか？

この不合理なスケジュールを組んだのは、気持ちが高ぶっていたからでも、野心に駆られていたからでもない。こんな無茶なスケジュールを組んだのは、ふたつの理由からだった。

（1）恐怖、欠乏、不安、（これでは十分じゃない。早く実現させないと、だれかにこのアイディアを取られてしまう。ほら、あの人たちも同じことを考えているかも）という気持ちに急き立てられたから。

（2）会社の日常業務に加え、大学での長期的な取り組み、出版契約、その他多くのコラボレーションに関するビジョンがあったから。私はときとしてチームが知りもしない計画や締め切りに合わせて、勝手にスケジュールを設定していた。

問題の原因を明らかにするのは効果的だったが、それは私がチームにもち帰りたい答えとは一致しなかった。「私は時間の管理が苦手で、そのスキルセットについて学ぶほど、うまくやる自信がなくなっていく」などとみんなに言いたくなかった。

自分が感じている恐怖を、みんなに伝えたくはなかった。私にリーダーの素質がないせいで、焦りや不安が生じているのだとしたら？　大きな戦略を伝え損なったときに、それを素直に打ち明けることさえ気が重かった。コミュニケーションがうまくいかないのは、私がビジネス経営を理解できていないことの表れだとしたら？

なかでも致命的だったのは、おまえはこの仕事にふさわしくない。リーダーシップの研究をしながらリーダーになれないなんて、冗談だろ？　と恥のグレムリンにささやかれつづけていたことだ。

恐怖を感じたり、保身に走ったりする際、私たちはつぎのようなパターンで、ひとつずつ「鎧」をまとっていく。

1．まだ十分ではない。
2．現状を正直に伝えたら、自分は侮られ、場合によっては敵視されるかもしれない。
3．正直に話すなどありえない。みんな黙っているのに、どうして自分だけがそんなことをしなければいけないのか。
4．たしかに、しくじった。でも彼らだって自分の恐怖をさらしていないし、たくさん問題を抱えている。
5．こんな結果になったのは彼らが未熟でいたらないせいだ。それなのに私を責めている。
6．よく考えてみれば、私は彼らよりも優秀だ。

「十分ではない」から「自分のほうが優秀だ」に行きつくまでには、長い距離があるように思えるが、実際は1歩も進んでいない。どちらもまったく同じ場所にある。こうなったのは、恐怖でその場に立ちすくみ、鎧をかきあつめた結果なのだ。

私は恐怖のなかで、あるいは恐怖に駆り立てられて生きたくはないし、鎧に押し潰されるのもまっぴらだ。

私が大切にしているのは、勇気と信念だ。だが恐怖を感じると、こうした価値観が整合性を失い、誠実さを欠いてしまう。

こういうとき私は、神話学者ジョーゼフ・キャンベルの言葉を思いだす。私はこれを、リーダーの勇気を後押しする、もっとも純粋な呼びかけだと思っている。

「あなたが入るのを恐れている洞窟に、あなたの求める宝がある」

キャンベルは、ジョージ・ルーカスの映画『スター・ウォーズ』にも影響を与えており、私の大好きな先ほどのシーンにも、間違いなくキャンベルの知恵が息づいている。だから、そう、たとえ黒帯の資格は取れなくても、信じることが大切なのだ。フォースは私とともにある、と。

宝探し

私はどんな宝を求めているのか？　――恐怖、欠乏、不安をできるだけ感じず、孤独に思うこともなく、わくわくするような目標に向かってみんなで働くこと。

私が入るのを怖がっている洞窟とは？――「本物のリーダー」ならどうすればいいかわかっていることを知らないと認めることが怖い。怯えているときに間違った決断をして、身動きが取れなくなって、怖くて、疲れて、孤独を感じていることをみんなに話したくない。

翌日の会議は、いつもどおりのルーティンでスタートした。**「許可書の作成」**だ。私たちは毎回、そのミーティング中に自分がしてもいいこと、もしくは感じてもいいことをひとつ書きだす。ふせんにメモをすることもあるが、個人的には、会議用のノートとは別に自分の日記帳に書きとめ、あとでその日思ったことをふり返る、というスタイルが気に入っている。

その会議で、私は自分に、「感情を共有することについて自分がつくりあげた物語や経験をチームのみんなに正直に打ち明ける」許可を与えた。その日、ほかのメンバーが許可した項目には、「熱心に耳を傾けること」や「必要なら休憩を求めること」というのがあった。

「許可書」の力は絶大だ。自分のアイディアや企画を承認してもらおうと躍起になって会議に臨んだ人たちが、許可書のおかげで心を開き、自分の話よりも、人の話に熱心に耳を傾ける、という場面を何度も目にしてきた。また、「自分の意見を伝える前に、よく考える」「方向性の違いを感じているが、この場に参加してみる」という許可を耳にしたこともある。

会議の目的：
参加者：
決定事項：
課題と責任者：

この新しい方法のおかげで、議事録作成者だけでなく、参加者全員が「何を議事録に残すべきか」を考えるようになった。

さらに私たちは、会議を5分早く切りあげて全員で議事録の内容を確認し、解散する前に書記がスラック（社内チャットツール）でその場にいる全員にその内容を送り、のちのち齟齬《そご》が出ないようほかの関係部署にも伝えることにした。

この方法を取り入れたことで、主観で議事録を作成することがなくなり（会議後に記憶を頼りに書きだすと自分の主観が入ってしまう）、何か変更があってもすぐ対応できるようになった。さらに、会議内容を文書化することで、自分の担当分野以外の状況もわかるようになった。

「スケジュール」や「締め切り」についても、チームとして納得するまで話しあうことで同意した。いま私たちが実践しているスケジュールの立て方や、プロジェクトの優先順位を決める方法は、一見シンプルに見えるが、非常に効果的で有効だ。私たちはこれを**「ターン・アン**

ド・ラーン（Turn & Learn）」と呼んでいる。

やり方は、ある企画にかかると思われる時間を全員で一斉に書きだし（複数の企画がある場合は、優先順位も記す）、全員が書き終えたら、「せーの」で答えあわせをする。

こうすることで、影響力をもつ人物にほかの者が引きずられる「ハロー効果」や、多数派に流される「バンドワゴン効果」が抑制される。みんながあるアイディアで盛りあがっているなか、あとから別の意見を言いだすことほどむずかしいことはない。

「ターン・アンド・ラーン」は、それが正しいか間違っているかではなく、異なる視点を理解する空間をつくりだし、その場にいる全員の意見に耳を傾け、やるべきことを理解するために実施する。

たいていの場合、この方法を通じて、自分たちが異なるデータや仮定に基づいて作業をしていたことを知り、その具体的な中身や、すでにだれかが背負っている負担を理解していなかった事実に気づかされることになる。これは大きなコネクション・ツールである。

私個人に、真剣に取り組むべき問題があるのは明らかだった。だが、社内にも、名前をつけて分解すべき危険なパターン——さまざまな組織でずっと目にしながらも、なぜか気づかなかったパターン——があることがわかった。

それは「オペレーションとマーケティング」、「浪費家と節約家」、「心と分析」、「夢想家と保守派」など、「物事を二項対立で考えること」だ。

こうした思考は人間の可能性を制限するため、非常に危険であり、歪んだ、ステレオタイプを強化する。フアンは、ずいぶん楽観的な売上予測をするけれど、カリが最悪のケースを想定していてその幻想を相殺してくれるから大丈夫。

楽観的であれ、現実的であれ、私たちはいずれにしても責任をもたなければならない。周りからお気楽な理想家だと思われれば、信用や信頼を失い、現実的に考えすぎれば、チャンスやリスクをとる機会はやってこないだろう。


私たちはここで**「ストックデールの逆説」**を思いだした。これは、ジム・コリンズの名著にしてわが社の必読書『ビジョナリー・カンパニー2　飛躍の法則』（日経ＢＰ、２００１年）に登場する印象的なエピソードだ。

コリンズによると、ストックデールの逆説とは、ベトナム戦争で8年間捕虜として過ごしたジム・ストックデール将軍の名前に由来する。

捕虜として過ごした１９６５年から１９７３年の間に、将軍は20回以上拷問を受けたという。将軍は自分が生き抜くだけでなく、ほかの囚人が肉体的、感情的な苦痛を乗り越えられるよう毎日働きかけていた。

コリンズはストックデールへのインタビューで「生き残れなかったのはどんな人ですか？」

と尋ねた。

「**簡単な問いだ。楽観的なやつらだよ**」

ストックデールの説明によると、楽観的な人間はクリスマスまでには帰れるだろうと考え、クリスマスが過ぎると、今度はイースターまでには帰れるだろうと考える。だがやがてそれも過ぎ去り、そうやってごまかしながら何年もやりすごしていくうちに「心が壊れて死んでしまった」という。

ストックデールはコリンズに言った。「これは極めて重要な教訓だ。最終的に勝つという信念、絶対に負けてたまるかという信念を、それがなんであれ、実際に直面している残酷な事実と混同してはいけない」

私たちは3つ目の学びとなるこれを、「**断固とした信念と、断固とした事実**」と名づけた。現在わが社では、夢と現実の両方に責任をもち、事実と照らしあわせながら夢をチェックしている。

過度のストレスがかかった場合もこうしたパターンに陥り、とりわけ周囲と十分なコミュニケーションが取れず、つながりを維持できなくなることがある。だが理想と現実をきちんと把握できれば、すぐに事態を認識し、その状況に名前をつけられる。

困難な事態に陥ったら、きちんと向きあう必要があることも、その理由も、私たちは知っている。

会議の最後に、私は自分の感情をぶつけてしまったことを、みんなに謝った。そしてこれからは、恐怖を感じたらきちんと口に出し、恐怖に突き動かされた行動をつねに意識することを約束した。

また、これで私の行動が変われば、これまで議論を重ねてきたカギとなる学びは間違っていなかったことになる、という認識で同意した。

「謝罪をして行動を改めること」は、私たちの組織では研修時から当然のこととされている。なかには謝罪を「弱さのしるし」と考えるリーダーもいるが、私たちはそれを「スキル」と考え、謝罪や償いの意思を示すのは勇敢なリーダーシップの証だと教えている。

私たちはこれまで学んだ要素をふり返り、各自の役割を自覚したうえで、今後それらをどう取り入れていくかを話しあった。

「各自の役割」を確認するのは、さまざまなことを整理するうえで極めて重要だ。

私の場合、ある事柄を深く掘り下げて、そこに自分の役割はないと99パーセント確信していても、あるいは自分の役割が黙っておとなしくしていることだったとしても、本当に自分にできることがないかとさらに追求してしまう。

私たちは、自分に何らかの「役割」があると強く信じているのだ。

他者に尽くす力と知恵

ジョーゼフ・キャンベルの教訓は「洞窟に入る勇気を見出したら、決して自分の宝や富を守るためではなく、恐怖に立ち向かい、他者に尽くすための力と知恵を見つけるためにそうしなさい」ということだ。

この話を詳しく説明するために、デデ・ハーフヒル大佐を紹介したい。

彼女は現在、3万3000人の士官と民間の飛行士で構成される、地球規模攻撃軍団の技術革新、分析、リーダーシップ育成に関する責任者を務めている。

この仕事に就く前は、ルイジアナ州のバークスデール空軍基地で第2任務支援群を指揮していた。そこでは1800人の飛行士を指導しながら、バークスデール空軍基地の維持業務にあたっていた。事件が発生したのは、その任に就いていた当時のことだ。

デデ・ハーフヒルはリーダーシップに関する私のヒーローであり、最高にかっこいい人物である。「他者に尽くす」ために、快適さよりも勇気を選ぶ必要があるとき、私はいつもこの話を思いだす。

デデはこう書いている。

ブレネーの研究で私がなるほどと思ったのは、話しにくいことやむずかしいテーマに取り組む際に、適切な言葉を使うことがいかに重要かということだ。

リーダーは、人の不安や傷つきやすさを理解し、みずからもそうした感情をさらしているかもしれないが、その際に、必ずしも適切な言葉や行動を用いてはいない。「私もあなたと一緒に、いま、ここで弱さを示します」と言ったところで、実際は何の役にも立たないのだ。

指揮官に就任した最初の年、空軍のある受賞式に出席した。そして式典の最後に、何か質問はありますか、とみんなに尋ねた。若い飛行士が手をあげた。「われわれはとても疲れているのですが、いつになったら活動のペースを落としてもらえるのでしょうか？」

「そうですね」と私は答えた。「たしかにずっと忙しかったし、あなた方には多くのことをお願いしてきました。でもそれは、ここバークスデール基地にかぎったことではありません。私はほかの基地でも指揮を執ってきましたが、どこも同じような状況です。空軍のリーダーたちはみんな、あなた方に多くの負担を強いていることも、あなた方が疲れていることも承知しています」

「そうです、われわれは疲れています」

飛行隊の規模自体は大きかったが、その日式典に参加していたのは40名ほどだったと思う。疲れている人は挙手してほしい、と私が言うと、ほぼ全員の手があがった。

私はブレネーの研究を思いだし、気まずい話を口にする勇気と力をふりしぼった。

私はこうつづけた。「みなさんに聞いてもらいたい話があります。3日前、私は『ハーバード・ビジネス・レビュー』誌に掲載されていた、高い水準の疲労が報告された企業を調査している組織についての記事を読みました。その組織は、対象となる複数の企業を調査し、疲労を引き起こしている原因を突き止めました。従業員はたしかに疲れていたけれど、それは、日々の業務のせいだけではありませんでした。疲れていたのは〝孤独〟のせいでした。労働者たちは孤独で、その孤独な気持ちが、疲労として表れていたのです」

ここで少し言葉を切り、私は会場を見わたした。「ここで起きているのも、そういうことではないでしょうか？　孤独だと、人は無気力になります。何もしたくない。ああ、疲れた。もっと眠っていたい。たとえば私が『疲れている人ではなく、孤独な人は手をあげてください』と言ったら、どのくらいの人が手をあげますか？」

15人ほどの手があがった。

多くの人にとって、「孤独」を認めるのはむずかしい。私は、手をあげるのはひとりいるかいないかだろうと思っていた。だから、15人が手をあげたのを見て驚いた。あまりのことに、うまく言葉が出てこなかった。まったく途方に暮れてしまった。

私は彼らの前で呆然と立ちつくしながら、考えていた。私はセラピストじゃないし、どうしたらいいかわからない。4分の1もの人たちが、これほど赤裸々に自分の感情を認めるなんて……。

しかも正直なところ、私自身、彼らと同じ気持ちに苦しんでいた。なんとも居心地が悪かった。そして別の話題に移ろうかと考えた、そのときだった。ブレネーの研究が私に勇気をくれたのは。5年前、彼女の研究をまだ耳にする前なら、決してこんな質問をする勇気はなかったし、その問いに答える心の準備もできていなかっただろう。

空軍、もとい軍全体が、自殺に関する問題に、孤独や絶望に関する問題に直面している。指揮官は、飛行士たちにできるかぎり目を配り、彼らが死を選ばないよう気をつけているし、利用可能なリソースについてもよく話しあっている。しかし彼らが孤独を感じているという事実については、結局のところ十分に話しあえていないのかもしれない。彼らはつながりをもつことも、救いの手を求めることもできずにいるのだ。

問いかけをする前から、絶対に気まずい空気になることはわかっていた一方で、これが重要な問いであることもわかっていた。私は勇気とヴァルネラビリティを呼び起こし、その場に踏みとどまった。

正直な気持ちを、彼らに語ることにしたのだ。

「つらいですね。これまで孤独についてみなさんと話しあったことはありませんでした。しかしこれほど大勢の手があがったのを見て、私は少し怖くなりました。どう対処したらいいかわからないからです。指揮官としては、疲れているという隊員がいたら、休暇届を出して、しばらく任務を離れて自宅でゆっくりするよう申しつけるところです。しかし本当の理由が孤独にあるとしたら、ひとりで家に送り返すことは、いま空軍が必死に取り組んでいる問題を悪化させることになるでしょう。希望を失い、孤立感を抱いた人が、取り返しのつかない行動を起こしてしまうかもしれません」

するると、気まずい問いかけを口にしようと決めた私の意思が、大きな一歩へとつながる扉を開いた。

その午後の式典は、部隊でどのように人間関係を構築するか、孤独を感じたらどうやって助けを求めればいいか、だれも疎外されないコミュニティをつくるにはどうしたらいいかなど、非常に率直な話しあいで幕を閉じることができたのだ。

この話しあいは、空軍指揮官にも重要な洞察を与えた。「忙しさ」や「疲労」より適切な論点である「つながり」や「包括性」について考えるための道筋を示してくれたのだ。

この出来事は、私自身のリーダーシップを成長させるための重要な瞬間でもあった。

あの日、リーダーとして気づいたことは、適切な言葉を使う心の余裕さえあれば、相手の孤独をおもんぱかってあげられるということだ。それによって、だれかの希望となるようなつながりを築けるかもしれないし、適切な言葉を用いれば、もしかしたら、彼らが私のもとにやってきて、話をしてくれるような関係性を構築できるようになるかもしれない。そうなれば、彼らのために何かしてあげられるのではないだろうか。

もちろん、大半の場合、問題を抱えている人に出会ったら（当然のこととして）専門家や訓練を受けたセラピストにゆだねることになるだろう。けれどそうすることで、「私にはどうしたらいいかわからない」「荷が重い」「手いっぱいでその問題を考える余裕がない」というメッセージを送ってしまっているのではないかと不安になることがある。

リーダーは、きっとみんな正しいことをしたいと思っている。しかし、必ずしも相手の望みどおりに対処できる能力や経験があるわけではない。

専門家を紹介するというのは正しい判断だと思うが、それでも、そうした判断のせいで孤独感を高めてしまうケースもあると思う。その行為はある意味、隊員たちを遠ざけ、専門家に「丸投げ」しているようなものだから。無意識に「あなたの問題にかかわりたくない」というメッセージを送ってしまっている可能性がある。

あの日、彼らが手をあげる姿を見た私は、これからは積極的にこの話をしていこうと思った。仲間の隊員たちに、「疲労」ではなく「孤独」という言葉を用いることについて、どう感じるかを知ってほしかった。

私はこれまですでに、空軍のさまざまな階級の集団に対し、少なくとも30〜40回はこの話をくり返してきた。私の話に聴衆がうなずくのを見るたびに、彼らの心に私の言葉が届いているのがわかった。そこにはつながりが見えたし、それを感じることができた。

軍隊にいること、家から遠く離れるとはどういうことか、そして新たな任務を負うたびに人間関係を構築するのがいかにむずかしいかを、そこにいるだれもが理解していた。

彼らが私の言葉に深く共感するのは、彼ら自身も「孤独の瞬間」を抱えているからだ。

この話をするたび、私の言葉がみんなの琴線に触れるのがわかって涙があふれた。

と同時に、こうした話をもっとオープンに話せないことが悲しかった。ともすれば、これは私たちの命にかかわることなのに。

いまでは、私が話し終わると、たいていだれかが近づいてきてこう尋ねる。「孤独を感じたらどうすればいいのでしょう？」

私はこの手の専門家ではないし、こういう話題を口にすること自体、恐ろしかった。しかし気まずい会話をするための扉を開いてきた私にとって、この瞬間こそが正念場であり、ブレネーの研究を実践するときだった。

人は心の準備ができていないときでも、気まずい会話をしなければならない。私はいつもブレネーの言葉を拝借して、質問者にこう答えている。「私は旅人であって、地図をつくる人間ではありません。私もあなたと同じ旅路にいるのです」

私はこの瞬間を共有してくれるすべての人たちに、自分が先々のプランを慎重に組み立てるようにしていること、孤独に見舞われても手を差し伸べてもらえるよう人間関係の構築に心を配っていることなどを伝えている。なかでも、自分の感情や苦しみについては正直に伝えるようにしている。

この話をする以前は、飛行士が私のもとへきて孤独を訴えてくることは一度もなかった。こうした対話をはじめたことで、私は彼らに許可を与えたのだと思う。「これは口に出していい話題なのだ」と。いまでは彼らが私のもとへやってくると、彼らの孤独が膨れあがって身動きが取れなくなる前に対処できるようになった。

ある講演のあと、別の指揮官が私のもとにやってきてこう言った。「私はよく、部下たちに断絶について話します」

私は彼女を見てこう訊いた。「なぜ『断絶』という言葉を使うのですか？　なんだか殺伐とした印象を受けますし、『孤独』と言ったほうがいいのでは？」

私の反応に、彼女は不快感を覚えたようだったが、私はつづけた。

「もし私が飛行士たちに『あなたは断絶を感じていますか？』なんて訊いたら、きっと彼らに、ああこの人は自分たちのことをちゃんと見ていないし、現状を理解していないのだなと思われるでしょう。断絶は、やはり味気ない言い方ですし、守りの響きがあって、『孤独』のような人間の深い経験を共有できる言葉じゃないと思います。

一方で、『孤独を感じているか？』と尋ねれば、もっと深いレベルで彼らとつながることができると思います。その瞬間、彼らにはこんなメッセージが伝わるはずです。私は人生の厄介ごとに喜んでつきあうし、あなたの孤独に背を向けたりしない。一緒に立ち向かいましょう。私は強いからこれくらいなんともないし、あなたのことも支えてあげられますよって」

私たちが使う言葉は、本当に重要だ。しかし「孤独」「共感」「同情」といった言葉は、リーダーシップの訓練ではほとんど議論されることなく、指導マニュアルにも書かれていない。

空軍のリーダーシップに関する最新マニュアル（空軍ドクトリン・ドキュメント１-１）には、２０１１年からリーダーシップと軍の開発に関する項目が掲載されている。この文書によると、空軍の現在のコアバリューは、１９４８年に作成された、リーダーシップに関する空軍初のマニュアル（空軍35‐15）で規定された「７つの特性」を発展させたものだという。

７つの特性のうちのひとつは「人間性」である。

「人間性」という言葉に興味を引かれた私は、１９４８年の文書を探すことにした。興味深いことに、１９４８年のマニュアルはどのリーダーシップに関するファイルにも入っておらず、探しだすのに数時間を費やした。それは空軍牧師隊に関する歴史文書に埋もれていた。

その文書を読みながら、ページに記された言葉にこれほど心を動かされるものかと私はひどく感銘を受けた。こまかく読み進めていくと、そこにはこんな言葉があふれていた。帰属すること、帰属していると感じること、感情、恐れ、思いやり、自信、優しさ、友情、慈悲。私はすっかり夢中になった。

それは、慈悲や優しさ、帰属や愛をともなうリーダーシップについて書かれた軍事文書だった。

そう、「愛」という言葉が、このリーダーシップのマニュアルには記載されていたのだ。私はこの文書のなかに、何度こうした言葉やフレーズが使われているかを数えてみた。感情の議論（人がどう感じるか）の箇所では、１４７回言及されていた。帰属意識を生みだすことの重要性のくだりでは21回。戦う恐怖、疎外される恐怖、軍人として生きていくことの恐怖を論じる箇所では35回。（リーダーの部下に対する）愛を論じる箇所では13回。

ここで全部を説明するつもりはないが、要するにこの文章は、人の上に立つ者を教育する際に、経験に基づいた言葉を使っている、ということだ。

私はリーダーシップに関する現代のマニュアルに戻り、同じ言葉を探した。残念ながら同様の言葉は見つからなかった。何度検索してみても、結果はゼロだった。人間の本当の気持ちを表すこれらの言葉は、私たちのリーダーシップからは削除されていたのだ。

最新のマニュアルでは、戦術的リーダーシップ、作戦的リーダーシップ、戦略的リーダーシップなどの言葉が使われている。これらが重要なコンセプトであることは間違いないが、こうしたコンセプトから、仲間の飛行士たちが戦時中に経験したさまざまな感情を処理する方法を若いリーダーたちが見つけだすのはむずかしい。「愛」や「思いやり」といった言葉を削除する過程で、私たちは感情を表現し、他人に共感するという慰めを失ってしまったように思う。

私自身は、「孤独」という言葉を使うのになんの抵抗もない。ときに気まずく、話しづらい話題であっても、その気まずさを受け入れ、それが自分の一部であることを認めているからだ。

はじめてブレネーの研究を知り、その内容について、とくに「リーダーシップにおけるヴアルネラビリティの力」について話すようになった当初、周囲からは奇異の目で見られた。

このままでは、いずれこの内容を大々的に話せなくなるかもしれないと思った私は、まず私のもとにいる6人の飛行隊長たちにブレネーの研究を試してもらうことにした。

もしこの6人に、リーダーシップにおける困難を切り抜ける方法以上のことを教えられなければ、この話はそれまでになっただろう。だが6人の隊長とリーダーシップについて掘り下げていくと、やがて何度となく、ブレネーの研究が人を導く方法を変える瞬間に遭遇したのだった。

デデの話を読んで、あるいは私たちのチームが困難を乗り越えた過程を読んで、できすぎだと思う人は、自分がこの種の対話がもつ勇気を過小評価していないか、それを試す努力を怠っていないかを自問してみてほしい。

この話を読んで自分に同じことができるかどうか確信がもてない人は、つぎのことを試してみるといいだろう。

まず、本章をコピーしチームメンバーに読んでもらい、45分後に招集して、いくつかの質問をする。

「どう思ったか？」「実践したら役に立ちそうか？」「もしそうなら、どんなやり方をしたらいいか？」

これは、**「容器を構築する」**絶好の機会である。もし自分たちには役に立ちそうもないとチームのメンバーに言われたら、その理由を尋ねること。これは恐怖、感情、見えない期待や意図を浮き彫りにし、あるいは単純にいいアイディアを出してもらう絶好のチャンスである。

この話を読んで、「どこにそんな時間があるの？」と思ったら、生産性、パフォーマンス、献身の観点から、不信や断絶がもたらすコストを計算してみてほしい。私の経験や調査によると、**リーダーは、相応の時間を費やして恐怖や感情に向きあうか、非効率で非生産的な行動に対処するために時間を浪費するかの、いずれかである。**

つまり、私たちは好奇心を呼び起こし、言葉にできないような、あるいは無意識下で生じる感情や感情的経験を公にする勇気を見つけだす必要があるのだ。毎回だれかの同じような問題行動に翻弄されていると思ったら、その行動を引き起こしている人物の思考や感情を掘り下げてみるといいだろう。

同じ問題が3回も起きれば、あの人はそもそも扱いにくい人物なのだ、あの人はこちらを試しているのだ、といった物語が簡単にできあがるだろう。だが経験上言わせてもらえば、私たちは「問題に深く踏み込むことをしていない」。玉ねぎの皮を十分にむいてはいないのだ。

一度皮をむきはじめたら、必ず相手は黙り込み、長い空白の時間が訪れるだろう。そういう会話は精神的負担となるが、それでも人には「空白の時間」が必要だ。

だから、話をやめること。たとえ気まずくとも、15回もくり返せば慣れるだろう。そして相手が話しはじめたら（だいたい話しだす）、耳を傾けること。真剣に。話の途中で口を挟んではいけない。何か意見があれば、頭の片隅に留めておく。

また、自分が話したいからといって、無意識のうちに「うん、うん」と何度もうなずいて、相手に話を終わらせるよう促してはいけない。会話中は十分な間を意識すること。

だれかと真剣に向きあう場合、相手の「感情」に責任を負うことはできない。相手は怒っても、悲しんでも、驚いても、高ぶってもかまわないが、不適切な行動がともなう場合に備えて、きちんと「境界線」を設けておくことも重要だ。

・こんな話をするのはつらいはずだから、怒ってもいい。けれど叫ぶのはダメ。
・長い会議のせいで疲労もストレスもたまっているだろうから、いらいらするのはいい。けれどだれかの発言を遮ったり、目をぐるりと回したりするのはダメ。
・異なる意見やアイディアをめぐる熱い議論はありがたい。だから感情的になるのはいい。けれど嫌みや侮蔑はダメ。

「小休止」を取ることも忘れないでほしい。議論が漫然としてきたら休憩を取ろうと言って、

10分ほど散歩に出たり、ひと息ついたりするといいだろう。私たちの組織では、だれもが休憩を要求することができるし、必要なら全員でそれにしたがう。

ときどきチームメンバーが「いまの話を考える時間がほしいから、1時間後、昼食をすませてからもう一度集まりませんか？」と言うことがある。最終的にいい判断へとつながるこうした提案は、非常にありがたい。

しかもメンバーに相応の考える時間を与えることで、私たちの組織ではNGとされる「会議後の集まりや、裏でのやり取り」を減らすことができる。

他者に感情移入したり、他者の行動に責任を負おうとしたりすると、うまくいかないことを覚えておいてほしい。というのも、**他者の感情は、私たちの管轄ではないからだ。**相手に尽くしながら、さらにその感情をコントロールするのは不可能だ。

勇敢なリーダーシップとは、つまるところ、自分ではなく相手に尽くすことである。だからこそ、私たちは「勇気」を選ぶのだ。

Leaders must either invest a reasonable amount of time attending to fears and feelings,

OR SQUANDER AN UNREASONABLE AMOUNT OF TIME TRYING TO MANAGE INEFFECTIVE AND UNPRODUCTIVE BEHAVIOR.

リーダーは、相応の時間を費やして恐怖や感情に向きあうか、
非効率で非生産的な行動に対処するために時間を浪費するかの、
いずれかである。

第3章

武装

その昔、仕事とは筋肉を使うものだったが、
現在では脳を使うものになり、
将来は心を使うものになるだろう。
――ロンドン・スクール・オブ・エコノミクス学長、ネマト・シャフィク

私には13歳の息子がいる。だから、スパイ映画やマーベル映画はひととおり観てきたし、『ブラックパンサー』と『ガーディアンズ・オブ・ギャラクシー』に関しては少なくとも3回は観た。

なぜ人は、「傷つきやすさ」から身を守ろうとするのか――その理由や手段について考える

とき、こうした映画のワンシーンを思いだす。そこでは宝物を手に入れるために強固な敵陣を突破したと思っても、赤外線ビーム、落とし穴、隠しトラップなど、さらに10以上の障害物が待ち受けている。

しかし、侵入する側も負けてはいない。網膜スキャンを通過するためにフェイクのコンタクトレンズを装着し、飛んだり跳ねたりしながら障害を乗り越えていく。やがて聖杯が見えてくると、超人的なアクションから一転、この世のすべての力を内に秘めた、小さな、なんの変哲もない石や、持ち主に不死の力を与える魔法の薬がクローズアップされる。

入り組んだ人体のセキュリティ・システムやプロテクションをかいくぐった先には、人間にとってもっとも大切な宝が鎮座している。心臓《ハート》だ。これは生命維持装置として身体に血液を送るだけでなく、愛し愛される能力の普遍的なメタファーであり、感情豊かな生活への入口を象徴している。

私はこれまで、**ありのままに生きる**という意味で、「鎧を脱いで生きること」について語ってきた。

拙著『「ネガティブな感情」の魔法』のなかで、「ありのままに生きる」ということをつぎのように定義した。「価値ある場所から自分の生活に従事することである。つまり、勇気、思いやり、つながりを育み、朝目覚めたときに、たとえ何をやり遂げて、何をやり残していようと、自分は満たされていると思うことだ。夜眠るときに、たしかに自分は完璧ではないし、傷つきやすいし、臆病になることもある、それでも自分が勇敢で、愛と帰属に値するという事実は変わらないのだと考えることである」と。

ありのままであることは、感情豊かな生活や解放された心――愛し愛される自由と傷つきやすさを備えた心――の本質をとらえている。そして、自由で傷つきやすい心は、脆く、壊れやすい。

ありのままで生きるとは、心を防弾ガラスの後ろに隠して守ることではなく、さまざまな要素を**統合すること**だ。

思考、感情、行動をよりあわせ、鎧を外し、とりとめのない不格好な過去の断片をあらわにし、誤って放棄すれば疲労と苦しみに襲われかねないさまざまな役割を自分のなかで消化しながら、複雑でまとまりのない、すばらしい、ひとりの人間になることだ。「integrate（統合する）」の語源が、ラテン語の「integrare（完全になる）」であるというのは非常に興味深い。「自分らしく働くこと」がやたらと推奨されている今日、しかし実際に社員にそれを許している組織はほとんどない。さまざまな要素をよりあわせたありのままの自分でいることに、実際に意味のある支援をしている企業を見かけることはまれである。

口先で言うだけなら簡単だ。だが有言実行となるとそうではない。

ありのままであることを大切にする企業も、たしかに存在する。だが、私の見てきたかぎりでは、「心（傷つきやすさやその他の感情）」と「仕事」は切り離したほうが生産的で、効率がよく、何より管理しやすいし、少なくとも面倒ごとが減り、人間関係のわずらわしさを回避できる、と考えている組織文化やリーダーがいまだに多い。

そのせいで私たちは意識的に、あるいは無意識的に、「鎧」を必要とし、それがよしとされる文化を築いていく。

心や感情、とくに傷つきやすさが〝負債〟とみなされるチームや組織では、文化や、場合によってはリーダーが私たちのエゴに働きかけ、その心や感情を封印することがある。彼らは完璧主義や、感情の抑制、仕事と私生活を不適切に切り離す姿勢を高く評価する。同時に、たがいに気まずくなるような、踏み込んだ対話は極力避け、相手を知る努力をしないまま、なあなあで物事をやりすごそうとする。

問題は、「心」を押し込められると、「勇気」が死んでしまうことである。

私たちにとって、体の隅々へ血液を送る心臓《ハート》が重要なのと同じくらい、勇気という血管にヴァルネラビリティを送り込み、信頼、革新、創造、責任といった行動を実践する心《ハート》も重要なのだ。だから感情を切り離され、文字どおり、どの身体的感覚が心的感情につながっているのかがわからなくなると、私たちはコントロールを失い途方に暮れる。理解や同意がなければ、感情は暴走し、理性はトランクに入れられて身動きが取れなくなる。

逆に心が開かれ、解き放たれた状態であれば、感情とつながり、その声を理解することができる。すると新たな世界が開き、より適切な判断や批判的思考ができるようになり、相手への共感や自分に対する思いやり、回復力も増していく。


「エゴ」は、心を閉ざすことに関して、ひどく協力的だ。私はエゴを「内なるペテン師」だと思っている。それは、演じたり、人を楽しませたり、完璧を求めたりする脳内の声である。

エゴは花丸をもらうのが大好きで、みんなに受け入れられ、認められたくて仕方がない。ありのままの自分になど興味はなく、とにかく自分を守ることと、褒められることしか頭にない。

私たちのエゴは、ヴァルネラビリティを感じることや、好奇心を抱くことさえ、リスクが高いからといってどうにか回避し抑え込もうとする。人からどう思われるだろう？　自分の嫌な部分を自覚してしまったらどうしよう？

エゴは強烈で口うるさいが、それは私たちのほんの一部分にすぎない。それに比べて心《ハート》は巨大で、その自由かつ大きな知恵は、人から好かれたいと思うちっぽけな欲を、あっけなく洗い流してくれる。

ユング派の分析家、ジェイムズ・ホリスのエゴの定義がすばらしい。いわく、エゴとは「魂と呼ばれる虹色の海に浮かぶ、ごく薄い意識の膜である」。

彼はつぎのように書いている。「われわれは他人に合わせたり、バランスを取ったり、手本を見せたりするために存在するのではない。人とは違う、ともすれば風変わりな存在でいるために、自分の小さな断片、不器用な己を、存在という巨大なモザイクに加えるためにここにいる。神々が意図したように、われわれは、じょじょに自分自身になっていくために存在するのだ」

エゴを守り、周囲に合わせてしまうのは、自分が間違っていたり、完璧な答えを用意できなかったり、自分では手に負えなかったり、相手に賢く見られなかったりして、相手の好意や敬意を裏切ってしまうことを恐れて鎧に手を伸ばしてしまうからだ。

また私たちは、自分の気持ちを思いがけない形で他人に知られてしまった場合も心を閉ざす。自分の気持ちを正直に話したら、誤解され、批判され、弱い人間だと思われるのではないか？傷つきやすいと思われたら、みんなの見る目が変わってしまうのではないか？

こうした状況は、エゴや自尊心を最大の脅威、「恥」へと導く。心に押し寄せる恥のせいで、自分は欠陥人間なのではないかと疑い、そのせいで愛されたり、帰属したり、だれかとつながったりする価値などないのではないかと思ってしまうのだ。

これは強烈な体験であり、精神的にもかなりきつい。つぎの章では、恥とその解毒剤、共感について説明していこうと思う。

だがその前に、この章では「武装」について説明したい。

私たちは、「機械学習」や「人工知能」に仕事を奪われ、仕事から人間性が失われるのではないかと心配する。一方で、意図的に、あるいは意図せず、傷つきやすさ、共感、感情を読むといった「人間特有の才能」を活用せずに、押し込めようとしている。これは自己防衛全般に関する皮肉といえる。

エゴがなく、人間には判断できない不確定要素を即座に排除できる能力を備えた「マシン」や「アルゴリズム」は、たしかにある点では人より優れている。自尊心を守るための正論も必要ない。言い訳や弁解を飛ばして、ただちに計算や調整が可能だろう。

それでも、鎧を脱ぎすて、**「人間の心」**という最大の資産を活用できれば、機械よりうまくこなせる仕事がある。

傷つきやすさと向きあい、自分の価値観で生き、信頼を構築し、リセットすることを学んだ人たちは、機械の台頭に脅かされたりはしない。彼らもまた、強いリーダーの一員として台頭していくからだ。

[武装したリーダーシップ]

1. 完璧主義を助長し、恐怖や失敗を増大させる
2. 物足りなさを埋めるために働き、
喜びや認めてもらう機会を無駄にする
3. 麻痺させる
4. 犠牲者と略奪者、破壊する側とされる側という
誤った二者択一を広める
5. 「知っている人」が正しいと考える
6. 皮肉を隠れ蓑にする
7. 批判で自分を守る
8. 権力をふりかざす
9. 価値観を押しつける
10. コンプライアンスとコントロールを主導する
11. 恐怖や不安を武器として使う
12. 「疲れ果てるまで働くこと」を美徳とし、
生産性をその人の価値に結びつける
13. 差別、エコーチェンバー[訳注:閉鎖空間で自分と似た意見を耳にするうちに、自分の意見が正しいと思うようになること]、「迎合」文化を容認する
14. 花丸を収集する
15. ジグザグに逃げる
16. 痛みでリードする

［勇敢なリーダーシップ］

1. 健全な努力、共感、
自分を思いやる気持ちを具体化し、奨励する
2. 節目や勝利に感謝し祝う
3. 境界線を設け、快適な状態を見つける
4. 強い背中と、柔軟な正面と、
大胆な心をあわせもつ
5. きちんと学んで、正しく理解する
6. 明確さ、親切心、希望を具体的に示す
7. チームに貢献し、リスクを負う
8. チームのために権力を使う
9. 自分の価値を知っている
10. チームに尽くす気持ちや、共通の目的意識を育む
11. チームの恐怖や不確実性を認識し、
名前をつけ、一般化する
12. 仲間が休息を取り、息抜きをし、
回復できるよう具体的に支援する
13. 帰属意識や包括性、
多様な視点といった文化を育む
14. 花丸を分配する
15. 率直に語り、行動に移す
16. 心でリードする

ヴァルネラビリティの武装

私たちは子どものころ、ヴァルネラビリティから、傷ついたり、けなされたり、がっかりされたりすることから、身を守る方法を見つけた。鎧をまとい、自分の思考、感情、行動を武器とした。そして、存在感をなくし、存在を消すことさえ学んだ。

しかし大人になったいま、勇気や目的やつながりをもって生きるには——自分がなりたい人物になるには——もう一度生身をさらけだす必要があることに気づいている。私たちは鎧を脱ぎ、武器を捨て、存在を示し、ありのままの姿を見せなければならないのだ。

——『本当の勇気は「弱さ」を認めること』より

以下に記すのは、私たちの最新の調査で浮き彫りになった、16の**「武装したリーダーシップ」**の具体例と、それに対応する**「勇敢なリーダーシップ」**の実例である。

これから、それぞれの「武装」の種類を特定し、「勇敢に」リードすることの意味を掘り下げていく。武装を解除する方法は？　そしてチームメンバーにも同じようにしてもらうにはどうすればいいのか？
なお、武装したリーダーシップに関する1～3の項目（1　完璧主義、2　喜びや認めてもらう機会を無駄にする、3　麻痺させる）は、以前のヴァルネラビリティの調査でも、武装の形態として上位にランクインしているが（『本当の勇気は「弱さ」を認めること』参照）、ここでもリスト入りを果たした。残りの13項目は、組織内でよく見られる「自己防衛」の形だが、実際は日常生活でもよく使われている。

1 武装したリーダーシップ

完璧主義を助長し、恐怖や失敗を増大させる

これまで「医者の不養生」ならぬ「学者の不身持ち」について書く際は必ず〝完璧主義〟について言及してきたが、ほかにも完璧主義について書く理由はいくつかある。ヴァルネラビリティ同様、完璧主義にも「誤解」がまとわりついているのだ。完璧主義が私たちをどこへ駆り立てるにしても、その背景には「恥」の感情が必ずある。

以下に記す内容は、長年にわたって私が学び、さまざまな研究のなかで紹介してきたものである。まずは「完璧主義は○○ではない」という文章からはじめたいと思う。

・**完璧主義**は、卓越性の追求と同義ではない。完璧主義は健全な結果や成長にかかわるものではなく、守りの一手である。

・**完璧主義**は、私たちが思っているような自己防衛の手段ではない。それは自分が守られていると信じて引きずる20トンの盾であり、実際には、私たちが姿をさらすことを妨げている。

・**完璧主義**は、自己を改善するものではない。完璧主義の中心には、承認を得たいという欲求がある。大半の完璧主義者は、業績やパフォーマンス（学校の成績、マナー、ルールの順守、愛想のよさ、容姿、スポーツ）を褒められて育ち、どこかの段階で「自分の価値は何をどう達成したかにかかっている」という危うい思考に取り込まれている。**「健全な努力」**は、「改善するにはどうすればいいか？」と自分目線で考えるが、完璧主義は「みんなからどう思われるか？」と他人目線で考える。完璧主義は面倒だ。

・**完璧主義**は、成功へのカギではない。それどころか、研究によると完璧主義は成功の妨げになる。うつ、不安、依存と連関し、人生を麻痺させ、さまざまな機会を逃すことにつながっていく。失敗する、ミスを犯す、周囲の期待に応えられない、批判されるという恐怖が、健全な競争や、努力がくり広げられる競技場から人びとを遠ざけてしまう。

・**完璧主義**は恥を避ける手段ではない。完璧主義は恥を機能させるものである。

「完璧主義」に対する私の定義を、以下に記す。

- **完璧主義**は、「自分が完璧に何でもこなせたら、非難や批判や恥といったつらい感情を避けられる、もしくは最小限に抑えられるだろう」といった考えを助長する自滅的で、中毒性のある思考回路である。
- **完璧主義**が自滅的なのは、単純に「完璧」などというものは存在せず、達成不能なゴールであるからだ。完璧主義は自分自身の動機よりも、周囲の目を気にするが、どれほどエネルギーと時間を注いでも、他人の考えはコントロールできるものではない。
- **完璧主義**には中毒性がある。というのも、私たちは恥をかいたり、批判や非難を受けたりするときまって自分が完璧じゃなかったせいだと考えるからだ。その結果、完璧主義という誤ったロジックに疑問をもつことなく、「正しさ」の追求にますます固執するようになる。
- **完璧主義**は、実のところ私たちに恥や批判や非難をもたらし、さらなる自己嫌悪を引き起こさせる。これは自分のせいだ。ちゃんとできていないからこんな気持ちになるのだ。

◉勇敢なリーダーシップ

健全な努力、共感、自分を思いやる気持ちを具体化し、奨励する

「信頼」と「勇気」で結ばれたチーム内で完璧主義について語るのは、癒しと力になる。その目的は、チームとしてどういうときに完璧主義にのまれやすいか、完璧主義がどのように姿を現すか、卓越性を求めておこなう「健全な努力」と「完璧主義」とをどこで区別するかを明確にすることである。

だれにとっても有効なチェック方法はあるだろうか？　見分けるための目印や警告サインは？　私は、こうした会話を通じて大きな変化を起こし、緊密な関係を築きあげ、パフォーマンスを向上させ、信頼を構築させていったチームをこれまでいくつも目にしてきた。

2 武装したリーダーシップ

物足りなさを埋めるために働き、喜びや認めてもらう機会を無駄にする

人前で話すとき、私はきまって聴衆にこう尋ねる。「人生ですばらしいことが起きても、すぐに〝浮かれすぎるな、きっと悪いことが起きるぞ〟と言い聞かせる人はどのくらいいますか」と。

あちこちで手があがる。「昇進した」「わくわくしている」「婚約した」「妊娠がわかった」「孫ができる」——何かいいことが起きると、私たちはつかのま、その喜びに浸る。だが5秒後には興奮は消え去り、その喜びを相殺するような悪いことが起こるのではとパニックになる。すぐにでもよくないことが起こるのでは？

もしあなたに子どもがいる場合、その寝顔を見ながら、信じられないほどの愛しさがこみあげると同時に「この子に何かあったらどうしよう」という恐怖に襲われたことがある人はどのくらいいるだろうか。統計的には、約90パーセントの親がそう考えている。

なぜ私たちは、無上の喜びに浸りながら、悲劇のリハーサルをしたがるのだろう？

それは、「喜び」が脆く傷つきやすい感情だからだ。恐怖と恥を研究する私からすると、そこには何らかのメッセージがあるように思う。

「喜び」という感情はとても危うく、美しさと繊細さ、深い感謝と無常が、まるっとひとつの体験としてまとめられたものである。その危うさに耐えられないと、喜びは悪いことの予兆となり、ただちに自己防衛が発動する。そして私たちは、ヴァルネラビリティの両肩をつかんでこう言うのだ。「不意を突こうとしたってそうはいかないぞ。いきなり殴られたりするもんか。こっちは準備ができているんだ」

このように私たちは、楽しいことが起こるとすぐに傷ついたときのことを想定し、失望という恐怖に備えようとする。

だが、本当にそれで事態が好転するだろうか？　もちろん、しない。

たとえば私たちは、どれほど災害に備え、その被害を想定しても、必ず失意を味わうことを知っている。残酷な瞬間に備えることなど無理なのだ。そして失意から自分を守ろうとすれば、心に余裕をもたらし、悲劇から回復する力となる喜びの感情もまた損なってしまう。

職場では、いいことがあっても手放しで喜べない場合が多いが、これはさりげなく事態を悪化させている。

勝利を祝うことをためらう理由は、主にふたつある。

ひとつは、「チームでお祝いしたり、ひと息ついたりすれば、何か悪いことが起きるのではないかと考えてしまうため」。プロジェクトの立ちあげが完了してもハイタッチを交わさないのは、おそらくこんな思いがあるからだろう。「まだ完璧かどうかわからない、うまくいくかわからないのに、諸手をあげて喜ぶわけにはいかない……」

ふたつめの理由は、「評価を保留するため」。ほかにもやるべきことがたくさんある組織では、あまり社員に舞いあがってほしくない。満足して手を緩めてほしくないのだ。だから成果を出しても褒めたりしない。いずれねぎらう場合でも、やはり喜びにともなう不吉な影はぬぐえないだろう。職場で素直に喜べないのはこうした理由からだが、この過ちは高くつく。

◉勇敢なリーダーシップ

節目や勝利に感謝し祝う

喜びを100パーセント享受できる人の共通点は何か？ **「感謝すること」**である。彼らは感謝をする。**「感謝のそぶり」だけでなく、「行動」で示す。**感謝の気持ちを日記につけたり、携帯にメモしたり、家族に話したりするのだ。

データから「感謝の効能」が明らかになると、私たち家族はさっそく、夕食の席でそれを実践した。いまでは、サマーキャンプのように恵みの歌をうたってから、それぞれ感謝した出来事を話していく。おかげで、子どもたちの生活やその心に触れることができるようになった。

感謝を体現し、実践することで、すべては変わる。

これは個人を成長させるだけではなく、人間を、私たちの存在をひとつにするものであり、身構えてしまう喜びに対する単純明快な解毒剤である。その瞬間や機会に感謝することで、達成感や、愛することの喜びを本当の意味で味わうことができる。

「ああ、こんないいことがあったら、何かを失っても仕方ない」と震える自分の弱さを認識し、受け入れることができれば、自分の手にしているものに改めて感謝するだろう。

また、ミーティングのはじめか終わりに感謝を確認するといったシンプルな行為でも、全員がその出来事をシェアすることで、信頼やつながりを構築し、「容器」をつくりあげ、喜びに身を預けてもいいのだと感じることができるようになる。

今年のはじめ、評価制度と解決策を提供する、グローブフォース社主催のＨＲカンファレンス「ワークヒューマン」で基調講演をおこなった。

私がこの依頼を引き受けたのは、勇敢なリーダーシップのデータから、勇敢なリーダーや勇気ある文化を育むには、「評価」が必要不可欠だとわかったからだ。

競争が激化するグローバルな人材市場において、「社員の献身度、満足度、定着率を高める要因は評価である」という記事は何度か目にしたことがあったものの、具体的な事例研究を読んでいなかった私は、グローブフォース社が実践しているリーダーおよびチームメンバーの評価に関する取り組みにすぐさま興味を抱いた。

グローブフォース社はシスコ社と協力し、評価を活用して社員の献身度を5パーセント上昇させ、さらにインテュイット社と組んで、6か国に散らばる全従業員ベースで、従業員の献身度を2桁上昇させた。

ハーシー社の評価に関する取り組みでは、従業員の満足度は11パーセント上昇した。またリンクドイン社では、4回以上評価を受けた新入社員の定着率が10パーセント近く上昇した。

チームのリーダーであってもメンバーであっても、公式の、あるいは非公式の評価制度を採用していても、一緒に働いている仲間には、責任をもってこう伝えなければならない。「どんなに小さなことでも、うまくいったらちゃんとお祝いしよう。たしかにやることは山積みだし、状況がいきなり悪くなったりするかもしれないけれど、それでも、いまこの場で成功を祝うことのほうが大切だ」と。

3 武装したリーダーシップ

麻痺させる

私たちは「麻痺」している。食べ物、仕事、ソーシャルメディア、買い物、テレビ、ビデオゲーム、ポルノ、お酒（安いビールから高級ワインまで）と、方法はどうあれ、だれもがなんらかの形で感覚を麻痺させている。

そして、こうした「しびれ薬」を長い間使用すると、感覚が鈍るだけでなく中毒になる。

統計的に、本書を手にしているみなさんは、「依存」の影響を受けている。あなた本人が受けていないにしても、友人、同僚、家族にその影響が及んでいる可能性がある。いずれにしても、あなたは痛み、苦しみ、犠牲を目の当たりにしてきた。

アルコールおよび薬物依存に関する評議会（National Council on Alcoholism and Drug Dependence）によると、違法薬物を使用している約1480万人のアメリカ人のうちの70パーセントが職についており、雇用主が薬物問題に費やす費用は年間810億ドルにのぼるという。

麻痺という観点からいえば、そこに彼我の区別はない。だれもが麻痺しているからだ。問題は、その「程度」である。

依存を取り巻く痛みについて語る際には、自分のなかで嵐が吹き荒れるだけではすまされない。すべてを巻き込み破壊していく、竜巻並みに激しい痛みがともなう。

麻痺させたり感覚を鈍らせたりしても依存と同じ症状が出るわけではないが、それでも人生を変えるほどの深刻な状況を招く。というのも、特定の感情を選んで麻痺させることはできないからだ。闇がなければ光が存在できないように、痛みや不快感を取りのぞけば、喜び、愛、帰属など、人生にとって大切な感情を失うことになる。

激しい感情を「鋭いトゲ」だと考えてほしい。鋭いトゲに刺されると、不快だし、痛い。こうした感覚に対する予測や恐怖が、私たちを身構えさせる。来る、あの痛みが来るぞ、と。

大半の人はまず、鋭いトゲに対する怖さや不快感に立ち向かうことなく、どうにか回避しようとする。手っ取り早い方法を用いて、感覚を麻痺させ、痛みをやわらげるのだ。

その方法は、先ほども述べたが、アルコール、ドラッグ、食べ物、セックス、交際、お金、仕事、世話、ギャンブル、忙しくする、雑用、買い物、計画、完璧主義、絶え間ない変化、インターネットなどさまざまだ。

私はお酒をやめて20年以上経つが、（お酒をやめようと思った当初から）どこの「回復支援施設」に参加すればいいのかずっとわからずにいた。

私の飲酒量は古参のＡＡ（アルコホーリクス・アノニマス）メンバーほど多くなかったため、ＯＡ（オーバーイーターズ・アノニマス）のメンバーから共依存のミーティングに行くよう言われ、しかしそのミーティングではＡＡからはじめたほうがいいのではないかと提案されたのだ。

自分としては、このたらい回しの状況を、自分は大丈夫だというサインだと思ってビールで祝杯をあげたいところだったが、そうでないことはわかっていた。やがて日常生活に支障をきたすようになり、大学院の最後の月などそれこそめちゃくちゃで、私は友人に付き添ってもらって会合に参加することにしたのだった。

私はふたつの会合に参加した。最初の会合ではこう言われた。「あなたの前には、少しずついろんなものが盛られた、依存の盛り合わせがあります。ですが、飲酒、喫煙、やけ食いなど、こうした悪い習慣に手を出してはいけません」

最悪だ。こんな無意味なアドバイスしかもらえない会合なら、違うことに時間を使ったほうがましだ。

結局「私の」会合は見つけられなかったが、１９９６年５月12日に大学院の修士課程を終えると、私はお酒とたばこをきっぱりやめ、以来アルコールにもたばこにも一切手を出していない。

正直に言うと、運転中にボブ・シーガーやローリング・ストーンズが流れるたびに、いまでもたばこを吸いたくなる。もしも私が運転中にペンをたばこのようにもっているのを見かけたら、ラジオからすばらしい音楽が流れているのだと思ってほしい。

最終的に私は1年間、ＡＡのプログラムに参加したが、そこで掲げられていたスローガンはすべて的を射たものだった。教会の地下のウッドパネルの壁に10枚ものスローガンがずらりと並ぶようすは、ＴＶバラエティ「サタデー・ナイト・ライブ」の寸劇にそっくりだったが、あのスローガンに関してはまったくの真実だったし、あれにしたがって生きれば、あなたの意識もきっと変わるに違いない。私と同じくリハビリ中だった友人が「人生の秘密を解き明かすのは、リハビリ中のアル中たちにまかせておけばいい」という名言を生みだしたが、ＡＡで掲げられていたスローガンにはこんなものがあった。

どこへ行こうと問題からは逃れられない。
健康でいたければ秘密などもたないほうがいい。
気楽にやろう。
１日１歩。

自分も他人も尊重せよ。

己に誠実であれ。

ＨＡＬＴ：空腹（Hungry）、怒り（Angry）、孤独（Lonely）、疲労（Tired）に注意。

安心して天にまかせよ。

◉勇敢なリーダーシップ

境界線を設け、快適な状態を見つける

私たちの最新の調査に参加してくれた人たちは、ヴァルネラビリティ、怒り、不安を麻痺の最大の要因としてあげており、なかでも「怒り」は、その多くが「境界線の欠如」に関連している。

ここまでヴァルネラビリティに関する話をたっぷりしてきたが、のちの章では「不安」について掘り下げ、そのあとで「信頼の構築」に「怒り」と「境界」がどうかかわっているかも見ていこうと思う。

ひとまずいまは、フェイスブックに3時間費やしたり、特大サイズのアイスクリームを完食しそうになったり、給料のほとんどをネットショッピングにつぎこんだりしたときに生じている「怒り」に目を向けたい。

私も以前は、ヴァルネラビリティに向きあうために必要な「スキル」や「感情」を備えていなかった。だから、心身を麻痺させることに頼ったし、いつのまにか「とりあえず感覚を鈍らせればいい」と思うようになっていた。

しかしあるときこれではいけないと思い立ち、会合や優秀なセラピスト、自分に合いそうなスピリチュアルな方法に関する情報をかき集めた。

そして最終的に、麻痺を治すには、自分の不快感に向きあい、気持ちを新たにする方法を考案して実践するしかないことがわかった。

まず、心がピリピリしたら「この感情を手っ取り早く消すにはどうしたらいいか」と問うのではなく、「これはどういう感情で、どこから来たのか？」と自問してほしい。

それから、ただ感覚を麻痺させるのではなく、「あなたにとって本当に心地よく、リフレッシュできるものを見つけること」。ポイントは、**「心からくつろぐこと」**だ。

作家のジェニファー・ルーデンは、この麻痺をもたらす装置を「まぼろしの快適さ」と呼んでいる。人は、不安、断絶、脆さ、孤独、絶望を感じると、お酒や食べ物や仕事に没頭し、あるいは何時間も延々とテレビを見つづけて気を紛らわしがちだが、実際には、それは私たちの生活に長い影を落とすだけである。

ルーデンいわく、「まぼろしの快適さはさまざまな形で現れる……重要なのは行動ではなく、なぜその行動をしたのかという理由である。聖なる甘味としてチョコレートを味わうこともあれば（本当の快適さ）、自分を落ち着けるために、ろくに味わいもせずチョコレートバーをほおばるかもしれない（まぼろしの快適さ）。仕事の息抜きにネットの掲示板で30分ほどメッセージのやり取りをして元気を取り戻すこともあれば、昨夜のパートナーとのケンカに腹を立てて、相手を避けるためにネットに向かっている場合もある」

麻痺に関するデータが示したのは、まさにルーデンの言うとおり**「重要なのは行動ではなく、なぜその行動をしたのかという理由」**だった。

感覚を麻痺させる行動の裏にある意図について考え、できればそうした問題を家族や近しい友人、もしくは専門家と話しあうことをお勧めする。

「やけ食いをやめる」のは私の生涯にわたる目標だが、私はいまでもＡＡプログラムのステップと、教会の地下に飾られたスローガンを心に掲げている。

私にとって何より重要な自己管理行動は、「毎日のウォーキング」である。そして食べ物で感覚を麻痺させないために、台所にウォーキング・シューズのポラロイド写真を貼ってある。

自分は本当にお腹がすいているのか？　散歩すれば気分がよくなるのではないか？

適切な境界線を見つけて維持できるようになるまでに、10年の歳月がかかった。とくに家族の世話を焼きすぎる私にとって、世話人としての適切な境界線を見つけだすのは大変だった。シックスシグマの資格は取れなかったかもしれないが、境界線に関しては黒帯を取得したと言っていいだろう。

これは笑い話だが、私はある外部パートナーから密かに「ＢＢ」というあだ名で呼ばれていた。ＢＢというのはブレネー・ブラウンの略ではなく「バウンダリー・ブラウン（境界線のブラウン）」の略だ。私があまりにも「境界線」についてうるさく言っていたからだろう。あるときこの呼び名が私にばれたことを知ると、相手は恐縮して謝罪してきたが、私はこう応じた。

「謝る必要はありません。むしろ最高の褒め言葉です」

職場において私たちは、傷つきやすさに向きあおうとする健全な姿勢をサポートし、境界線を尊重し、多くの不安のなかで冷静さを保つ必要がある。

また、「依存症」に関していえば、従業員支援プログラムが機能している会社はモラルや生産性が向上し、欠勤、事故、作業の中断、離職率、盗難が減少したという。さらに長年にわたってこうしたプログラムを実践している企業からは、従業員とその家族の健康状態が改善したという報告もあがっている。

4 武装したリーダーシップ

犠牲者と略奪者、破壊する側とされる側という誤った二者択一を広める

勝者か敗者か、死ぬか生きるか、殺《や》るか殺《や》られるか、強いか弱いか、リーダーか部下か、成功か失敗か、潰すか潰されるか。

聞き覚えのある言葉だろうか？ これは「犠牲者か略奪者か」という思想に賛同する人の哲学である。

この「二者択一の世界」では、人は、貧乏くじを引く敗者か、被害者になるのを拒む略奪者かのいずれかに分類される。弱い人間だと思われないように、制御したり、支配したり、権力をふるったり、感情を遮断したり、求められることはなんでもする。

「勝ち負けがすべて」という考えは一部の業種に蔓延しているが、これには人びとが育った環境にも関係がある。こうした環境のなかで育った人びとは、「だれかを押しのけなければ生き残れない」といった、誤った、そして極端な二者択一を信じる傾向がある。

「犠牲者か略奪者か」志向のある人に話を聞くとき、私はいつも「成功の定義」を尋ねる。

生き残り勝つことは、場合によってはたしかに成功かもしれないが、生命を脅かす脅威がなければ、生き残りを懸けて躍起になる必要はない。それよりも私たちの日常には帰属や愛が必

要で、それは傷ついたり協力したりしなければ得られない。

◉勇敢なリーダーシップ

強い背中と、柔軟な正面と、大胆な心をあわせもつ

「誤った二者択一の世界」と対極にあるのは、多面性の融合で——先述したように、自分を形づくるすべての要素をひとつによりあわせることだ。

私たちはだれもが、強さと優しさ、臆病さと勇敢さ、優雅さと度胸を兼ね備えている。融合の最高の形は「強い背中と、柔軟な正面と、大胆な心」である。

私の禅の先生であるロッシ・ジョアン・ハリファックスは、強い背中と柔軟な正面の融合についてこう述べている。

俗にいう「強さ」は、たいてい愛ではなく、恐怖から生じる。

大半の人は、強い背中をつくりあげる代わりに、弱い背骨を正面の側で守っている。つまり、われわれは、びくびくと警戒しながら立ち回り、自信のなさを隠そうとしているのだ。

これは喩えだが、背中を鍛えて、しなやかで丈夫な背骨をつくりあげれば、たとえリス

クがあっても、オープンで柔軟な姿勢で物事に向きあうことができるだろう。(中略)

では、強い背中と柔軟な正面で、だれかを思いやり、受け入れながら、過去の恐怖を真の優しさが鎮座する場所に移動するにはどうしたらいいだろう?

その答えは、私たちがまっさらな心で世界を見、世界からも同じまなざしを注がれるようになったときにわかるだろう。

私にとって「強い背中」とは、根拠のある自信と境界線のことであり、「柔軟な正面」とは、ヴァルネラビリティと好奇心をもちつづけることである。

そして矛盾に満ちた人生を生き抜き、私たちを消耗させるたわごとを入り込ませないことが「大胆な心」の証である。それはヴァルネラビリティや勇気のなかに立ち現れるものであり、何より、とても激しく、優しいものである。

5 武装したリーダーシップ

「知っている人」が正しいと考える

なんでも知っていたり、つねに正しかったりするのは、かなりの武装である。それは守りの姿勢であると同時に、「負の連鎖」を生みだす最大の要因でもある。

とはいえ、これはよくあることで、だれもが多かれ少なかれ自分のなかに「知ったかぶり」を飼っている。残念ながら、すべてを知りたがるのは、本人にとっても、周囲の人間にとってもかなり悲惨なことである。それは不信、間違った判断、不要な葛藤、非生産的な対立を招く。知識という鎧をまとった人物を、好奇心旺盛な人物と言い換えるのはたやすいかもしれないが、「なんでも知っているふり」をするのは、恥や、もしくはなんらかのトラウマが起因していることが多い。なんでも知っていれば困難な状況で人びとを救えるため、人間関係や仕事で重視されるのはその1点だけだと思い込んでしまうのだ。

さらに、一部の人だけが物知りとして評価されると、文化的問題も生じる。それ以外の人たちが「経験不足」や「場違い」などとみなされ、声を上げられなくなるからだ。

◉勇敢なリーダーシップ

きちんと学んで、正しく理解する

あるリーダーは、新しい会社に入って半年間、会議で一度も発言できなかったという。20年あまりの経験を買われて雇われたにもかかわらず、生え抜きのリーダーを重視する文化のせいで、新参者は会議で黙っているのが暗黙の了解になっていたのだ。

「すべてを知っている」というスタンスから、「つねに学ぶ」姿勢へと変えるポイントは、3つある。

第1に、問題を具体的に伝えること。少々言いにくいことであっても、はっきりと伝えたほうが親切だ。

「私は、あなたの好奇心や批判的思考をさらに高めてほしいと思っています。さまざまな知識があるのはすばらしいことですが、リーダーとして成長するには適切な質問をすることのほうが重要です。これからこの課題に一緒に取り組んでいきましょう」というように。知ったかぶりをする人は、だいたい陰口を叩かれていることが多く、明確にしないことは不親切である。

第2に、好奇心をもつことの重要性を最優先で学んでもらうこと。

第3に、勇敢なリーダーシップの行動として、優れた質問や「よくわからないけど、ぜひ知りたい」といった姿勢を認め、評価すること。ここで大切なのは「正しくありたい」という気持ちが「正しく理解したい」に変わることだ。のちほど、好奇心や学びのためのスキルやツールを詳しく見ていこうと思う。

皮肉を隠れ蓑にする

「皮肉」と「冷笑」は、安い座席でたむろする悪友だ。だが、彼らを見くびってはいけない。彼らはしばしば、怒り、混乱、恨みなど、心に傷を残していく。それらを野放しにしたせいで、人間関係、チーム、文化が壊れるところを私は何度も目撃した。

悪意あるコメントや遠回しの攻撃と同じく、批判や冷笑は有害だし、メールを介すとなおたちが悪い。さらにグローバルなチームでは、文化や言語の違いのせいでますます被害は拡大する。

「皮肉：sarcasm」という言葉は、もとはギリシャ語の「sarkazein」からきており、「肉を引き裂く」という意味をもつ。

めまぐるしい変化をつづける世界では、恐怖や不安、皮肉や冷笑といった感情にたやすくのみ込まれてしまう。実際、それらは鎧よりもたちが悪く、私たちは皮肉や冷笑を、自分を正当化する免罪符として利用している。

◉勇敢なリーダーシップ

明確さ、親切心、希望を具体的に示す

皮肉や冷笑に対抗する手段は、以下の3つである。

（1）明確かつ、親切でありつづけること。

（2）「本当に思っていること」だけを口にし、口にしたことには責任をもつ。多くの場合、皮肉や冷笑の裏には、怒り、恐怖、欠乏感、絶望が隠れている。皮肉や冷笑は周囲の反応を見るための安全な方法であり、もしその反応が悪ければ冗談にし、それを口にした自分を笑い飛ばすのだ。

（3）皮肉や冷笑の裏に「絶望」があるなら、それに対抗するには「希望」を育めばいい。C・R・スナイダーの研究によると、希望とは、「漠然とした温かな感情」ではない。彼は希望を、「3つのパートをもつ認知的・感情的プロセス」であると定義した。これは、大半の人びとが（運がよければ）成長の過程で学ぶプロセスだが、どのタイミングでも学ぶことはできる。

3つのパートとは、「目標」「道筋」「主体性」である。まず現実的な目標を定め、つぎにそこへ到達するための道筋を見つけだし、最終的に自分を信じてその道程を歩

み切ること。

つまり希望とは、自分の向かうべき場所を決めたら、挫折や失望に屈することなく、何がなんでもたどり着こうと粘り強く取り組み、諦めずにその道のりを歩みつづけるためのモチベーションを保つ能力である。

皮肉屋は、希望に固執するなんてくだらないし、馬鹿真面目すぎると言うかもしれない。しかしこのタイプの鎧は、一般的に「痛み」から生じており、たいていの場合、皮肉や冷笑は「絶望」に関係している。

神学者のロブ・ベルは言う。**「絶望とは、明日もどうせ今日と同じだと信じることである」**。まさに言い得て妙である。

皮肉や冷笑のもつ問題は、それらがシステムであり、文化全体に蔓延しているせいで、簡単にだれかを狙い撃ちできてしまうことだ。勇敢なリーダーは断じて皮肉や冷笑を許してはいけない。明確さと親切心と率直な会話を奨励し、希望を説くべきである。

7 武装したリーダーシップ

批判で自分を守る

「批判するだけの人間に価値はない。強い人間がつまずくのを、もっとほかにやり方があったのではないかと揶揄するだけの人間など、重要ではない」と、ルーズベルト大統領は言った。

オープンで率直な議論、つまり、だれもが気兼ねなく自由に意見を述べられるようになれば、創造性は刺激される。しかし遠くからの（競技場に降りてこようとしない人びとの）批判を許せば、革新は起こらない。

少しわかりにくいかもしれないが、「批判」にはふたつの形がある。**「ノスタルジア」**と**「目に見えない軍隊」**だ。

新しいアイディアを見ると、反射的に「うちのやり方にそぐわない」「これまで、そんなやり方をしたことはない」といった反応が出ることがある。過去の前例をあげて異なる意見を批判するのだ。これがノスタルジアだ。

また、目に見えない軍隊を利用することもある。「みんな、進路を変えたくないんです」「みんな、あなたの計画の方向性が気に入らないんです」

私はこの見えない軍隊が大嫌いだ。もしだれかにこの軍隊を差し向けられたら、私は徹底的に交戦するだろう。**「その〝みんな〟って具体的にだれのこと？」**。これまで何度そう言おうとして、同僚に止められたことか。

自分の懸念を声に出し、その懸念を認めることは勇敢だと思う。だが、「大衆の意見を代弁するふり」をして何かを言うつもりなら、それは遠くの席からヤジを飛ばす行為である。

批判は、「恐怖」や「自分には価値がないと思う感情」から生じることが多い。批判をすることで、自分に当たるはずのスポットライトがほかのだれか、あるいは何かに移る。すると批判した本人は楽になり、快適に過ごせるようになるのだ。

◉勇敢なリーダーシップ
チームに貢献し、リスクを負う

1日の終わりに、週末に、そして人生の終焉に、「自分は批判よりも、貢献の人だった」と私は言いたい。とてもシンプルなことだ。

もしあなたが、「貢献」よりも「批判」が重視されるチームや文化を牽引していると感じたら、意識的かつ断固として、批判を重視する環境を改めてほしい。もっといえば、「貢献」を対話のスキルに変えてほしい。

私たちの会社では、**「代替案」なしに批判だけすることは認められていない**。何かを壊そうというなら、当然具体的なプランを提示して、より強固で、実体のあるものに作り変えなければならない。

実際、問題点がない場合でも、会議では、あらかじめ考えてきた別の視点から計画を検討するよう求めている。そうすることで各自の関与が高まり、全員がリスクを負って競技場に立つことになるからだ。

新しいデータによって考え方が変わった場合でも、他人事にせず、埃や血にまみれるリスクを負って参加すべきだろう。信頼できる人物というのは、みずから表舞台に立って力を尽くす人だ。遠くに座っている人間など論外だ。

8 武装したリーダーシップ

権力をふりかざす

1968年、テネシー州メンフィスでの清掃作業員によるストライキを受けておこなわれた演説のなかで、マーティン・ルーサー・キング・ジュニア牧師は、権力を**「目的を達成し、変化をもたらすための力」**だと述べた。

これは私が知るなかで、もっとも正確な「権力」の定義である。権力の本質に善悪をつけないこの定義は、これまで研究してきた内容とも一致する。権力が危険なものになるかどうかは、その「使い方」次第なのだ。

組織生活にはもとよりヒエラルキーがあり、そこにほとんど例外はない。組織の上席にいる人間は、最高権力者（CEO、創設者、社長、幹部など）に近いおかげで大きな権力をふるうことができる。役職があがるほど、内輪の会議や大きな決定がなされる空間に居あわせることが多くなるからだ。

ただし、上に立つ者が圧倒的な力をもち、多数派を抑えて少数派の意見を取り入れるようなケースでは、このヒエラルキーは機能しない。

権力構造のとりわけいやらしいところは、権力をもつ者ともたざる者の立場が逆転した場合でも、これまで権力のなかった者がとたんに「権力者然」としてふるまうようになる点だ。

社会的な新人いびりや、弱者をいつまでもないがしろにする国の政策にも、その構図が見て取れる。どうして自分は気にかけてもらえないのに、働く若い母親を気にかけなければならないのか？

威圧的な権力は、人びとの嫌悪を掻き立てる。人は権力に対して本能的に抵抗し、反発を覚えるものだ。さらに、より広範な地政学的文脈においては、権力は死と専制を意味する場合があるため、構造としても間違っているように感じてしまう。

◉勇敢なリーダーシップ

チームのために権力を使う

活動家、オーガナイザー、教育者、学者の国際的な学際ネットワーク、ジャスト・アソシエイツが出版した『Making Change Happen』（未邦訳）は、社会正義と活動主義の文脈で語られる「権力」を3つに分類して定義している。

チームメンバーが主体性を維持し、自分たちの力の出どころを認識すれば、つまり「みんなのためになるもの」であれば、「権力」は組織内でも有効である。

私たちは「エンパワー」してくれる人（力を与えてくれる人）についてよく話す。しかし実際、「力の定義」は曖昧だ。具体的にどういうことなのだろう？

以下の3つの要素は、私たちがおこなうべき行動を明確にしてくれる。

・**利用するもの（power with）**……権力を利用すれば「異なる利害のなかに共通点を見つけ、集団としての強さを構築することができる。それは相互支援、連帯、協力、認識に基づき、違いを尊重し、個々の才能や知識やリソースを掛けあわせることで、より大きな影響力を生みだす力となる」

・**行使するもの（power to）**……権力の行使を言い換えると、チーム全員に主体性をもたせ、各自の可能性を認めることである。それは「だれもが変化をもたらす力を備え、新たなスキル、知識、気づき、自信によってその力は増幅するという信念に基づいたものである」

・**もっているもの（power within）**……権力をもっていれば、確固とした自己価値や自己認識に基づいて、他者との違いを認め、他者を尊重することができる。また権力があれば、これまでの通念に挑み、現状に異議を唱え、最大限の公益を生むためにはどうしたらいいかを抵抗なく問うことができる。

9 武装したリーダーシップ

価値観を押しつける

組織のなかで「自分の強み」や「価値」が見出せないと、人は躍起になる。もちろん、いい意味ではない。自分の居場所を確保するために、苦手なことや求められていない分野にまでせっせと口を出すのでやりにくくなる、という種類のあれだ。

自分自身の価値を理解していないと、無駄に自分の重要性を説いて回り、価値を認めてもらおうとする。そして正しいことをするよりも、正しくあることを重視する。これは冷静な協力体制ではなく狂乱を生みだすことになる。

◉勇敢なリーダーシップ

自分の価値を知っている

勇敢なリーダーは、チームメンバーと机を囲み、各自の貢献をきちんと伝えてくれるので、だれもが自分の強みを理解している。**「自分では当たり前すぎて、見逃してしまう強み」**というものがあることも覚えておくといいだろう。

たとえば私は、自分の原点でもある「物を書く」という行為が得意だが、あまりにも自然にこなせるので、ときどき自分に備わったこの特別な能力を忘れてしまうことがある。

分野ごとに見合ったメンバーを割り当てれば、存分にそれぞれの価値を発揮してくれるはずだ。

１９８２年のベストセラー『1分間マネジャー──何を示し、どう褒め、どう叱るか！』（ダイヤモンド社、１９８３年）のなかで、著者のケン・ブランチャードはつぎのように述べている。「正しいことをしている人物を見つけなさい」。これは、間違った行動ばかり拾い集めるよりも、よほど有益である。

自分や仲間の「価値」を明確にすることで、会社に革新がもたらされ、これまで存在しなかった新たな道が出現する。10人の社員が競いあいながら最初から最後までひとりで走り切る代わりに、各自の強みを活かしてバトンをつなぐのだ。
ひとたび自分の価値を理解すれば、価値を認めてもらおうと躍起になることなく、与えられた才能を活かせるようになるだろう。

⑩武装したリーダーシップ

コンプライアンスとコントロールを主導する

注：ここでいうコンプライアンスとは、法律、安全、プライバシーにかかわるものではなく、組織のコンプライアンス（例：共同経営者の審査、ヘアネットの着用、退社時のアラームコードの設定、休暇届の2週間前申請）でもない。

「コンプライアンス（服従行為）」と「コントロール」の鎧は、通常、「恐怖」と「権力」にかかわっている。この武装をしている者は、つぎのふたつの行動を取ることが多い。

（1）自分のやるべき仕事をせずに、ほかの者がこちらの望む仕事をこちらの望むとおりにやっているかどうかをチェックすることに時間を使い、もし間違ったことをしていたら、そのつど注意する。

コンプライアンスとコントロールの鎧は、仕事のニュアンス、内容、長い目でみた目標を損ない、目の前の仕事を終わらせることだけに注力する。その間のモチベーションは「できなければ大変なことになる」という、恐怖である。

これは非効率であるだけでなく、創造的な問題解決、アイディアの共有、ヴァルネラビリティの基礎を遮断する行為である。そしてだれもが惨めな気持ちになり、自分の能力を疑い、会社を辞めたくなるほど気落ちする。

どれだけ貢献してもその努力が認められなければ、従業員のひたむきさも失われていく。そして「がんばっても仕方がない」という思いが、失敗や不満を引き起こす。

(2)コンプライアンスとコントロールを掲げる人は、権力や権威にしがみついていることが多く、責任だけを部下に押しつける傾向がある。

これは大きなアライメント問題(組織内の目標、戦略、業務フローなどが、チームメンバーの目標、スキル、モチベーションなどと合わずにズレが生じること)を引き起こす。

能力や権限をこえた仕事まで押しつけられた部下たちは、当然何の準備もできていないので失敗する。その結果、権力と怒りのループが泥沼化していく。やっぱり自分でやればよかった。私が担当して、あいつには分相応な小さな仕事をやらせておけばよかったんだ。

この対極にある態度は、つぎのようなものだろう。私自身の役割も含めて、どうすればよかったのか詳しく掘り下げてみよう。

◉勇敢なリーダーシップ

チームに尽くす気持ちや、共通の目的意識を育む

銀行、ヘルスケア、食品業界など、コンプライアンスを重視し高度に組織化された業種でも、勇敢なリーダーは独自のコンテキストや色彩を生みだし、共有する。

彼らは戦略の背後にある理由や、各作業と進行中のプロジェクトの関係などを丁寧に説明する。また、無味乾燥な指示書を手渡すのではなく、その仕事に質感や意味を付与し、小さな仕事を大きな目的に結びつける責任も引き受ける。

アップル社には責任の所在を明確化するための「ＤＲＩ制度」というものがあるが、以前私たちの会社でも、同社にならって、タスクごとに「直接責任者（Directly Responsible Individual）」を任命したことがある。

だがそこから学んだのは、いくらチームメンバーにやる気があって、担当する気満々でも、「成功に導くための能力をもっているとはかぎらない」ということだった。

現在は方針を変え、**責任と成功に関するチェックリスト「TASC（the Accountability and Success Checklist）」**をあらかじめ検討することにしている。

■TASC（the Accountability and Success Checklist）

1. T――タスクの責任者はだれか？
2. A――その人は責任を取るための権限をもっているか？
3. S――成功させるための準備（時間、リソース、明快さ）は万全か？
4. C――タスクを達成するためのチェックリストはそろっているか？

これに加え、タスク、責任、成果物をアサインする際に「完了後の姿」を共有しながら仕事を進める「スクラム」という手法も採用した。これによって大きな改善が見られた一方で、目的と成果物を結びつける必要性に対処していなかった私たちは、多少の見直しを迫られた。

たとえば私は、同僚のマードックとバレットとともに、リーダーシップのワークショップをおこなっている。

2日間のワークショップでは、私がCEOたちと面会している間に、残りのふたりは参加者からロールプレイ用のエピソードを集めることになっている。翌日に、私がそれらのエピソードを使用するためだ。

夜のうちに、ふたりは手書きのシナリオが詰まったファイルを、私のホテルの部屋のドアの下に滑り込ませる。そうして翌朝、目を覚ました私はパニックになる。膨大な情報を整理してパソコンに入力しなければならないからだ。

私はマードックとバレットに腹を立てるが、彼らにはなぜ私が怒っているのかわからない。だが別の日、彼らに同様の仕事を頼むと、マードックがこう答える。「わかりました。それで、完成形はどうします？」

「情報をパソコンにまとめて、みんなに当てはまりそうな、いいシナリオを3つ選んでくれる？　20時までに渡してもらえると目を通せるから助かる」

大進歩である。**だが、もう少し踏み込んだらどうだろう？**

同じ状況でマードックが「わかりました。完成形はどうします？」ではなく「わかりました。じゃあ、シミュレーションしてみましょう」と言ったとしたら？

私は歩きながらついでに指示を出すのではなく、バレットも呼んで3人で5分ほど話しあうだろう。

私が言う。「今日の参加者から話を集めたら、明日その実例をいくつかロールプレイで紹介しようと思う。今日紹介した話は使い回さずにね。参加者は部下との対話にとても苦労している人たちだから、彼らにとって具体的な実例のほうが役に立つと思うの。だからあなたたちには、彼らの話を今夜中に整理して、みんなの興味を引きそうなエピソードを3つ選んでほしい。3つの事例をタイプしたら、原稿をプリントアウトしてくれる？

当日はペアじゃなく3人ひと組のグループをつくって、ひとりには客観的にアドバイスしてもらおうと思っているから、3つのシナリオがあると、みんなが順番に役割を回せるわね」

マードックとバレットはしばし考え、やがてバレットが言う。「今日の参加者は全員オペレーション業務の人たちですけど、明日はマーケティング・チームが対象ですよ。それでも大丈夫ですか？」

「そうだった。それじゃあ、計画をはじめから見直さないと。助かったわ」

「シミュレーションをおこなう」。これは私たちにとって、「完成形」を問うよりもはるかに有意義なことだ。

というのも、シミュレーションをすることで、見えない期待や意図が明白になり、タスクの責任者に多くの色彩やコンテキストが与えられるからだ。これにより、好奇心、学び、協力、現状確認、そして最終的な成功が促進される。

もうひとつ例をあげる。

ベン　「ブレネー！　4時までに請求書をまとめておいてほしいんだけど」
ブレネー　「了解」
～2時間後～
ブレネー　「はい、これ！」
ベン　「これは？」
ブレネー　「頼まれてた請求書よ」
ベン　「2005年の分から日付順にほしかったんだけど。これじゃCFOとの会議に間に合わないよ」
ブレネー　「そんなの言ってくれなきゃわからないじゃない」
ふたりのイライラが募る。

■シミュレーションとTASCを実行した場合

ベン　「ブレネー！　4時までに請求書をまとめておいてほしいんだけど」
ブレネー　「了解、具体的には？」
ベン　「2005年までさかのぼって、日付順にまとめてほしい」
ブレネー　「要望はそれで全部？」
ベン　「ああ、帳簿2冊分の経費も知りたいな」

ブレネー　「え、どうして？　２００７年以前の経費は帳簿の記録がないから、領収書を集めないと」
ベン　「それも頼める？」
ブレネー　「ええ、でも4時までには間に合わないわ。会議では具体的に何をするの？」
ベン　「請求書のフォーマットの変更にともなって、経費の分類の仕方も変わったことを示したいんだ」
ブレネー　「それなら全部を調べる必要はないと思う。私のほうでグラフにまとめて、4時までに用意するわ」
ベン　「ありがとう。助かるよ。僕にできることはある？　何かあればきみの代わりにやっておくけど」
ブレネー　「これから2時間で終わらせないといけない仕事があるの」
ベン　「そっちは僕が引き受けるよ」
ブレネー　「じゃあ、よろしく」
ベン　「本当にありがとう」

［TASC：責任の所在と成功のチェックリスト］

1．タスク（Task）——ブレネーが仕事を請け負う。

2. **責任（Accountability）**――ブレネーが責任を果たすのに必要な権限をベンが与える。

3. **成功（Success）**――ふたりの会話によって成功へ向けた準備（時間、リソース、明快さ）が整う。

4. **チェックリスト（Checklist）**――チェック！

部下には、恐怖心から上の指示にしたがって疲弊し挫折するのではなく、こちらの目的や使命に対する思いを共有したうえで働いてもらいたい。

リーダーとしてコンプライアンスばかりを重視すれば、絶えず失望し、腹を立てることになるだろうし、チームメンバーも監視されているような気分になるだろう。そうなれば信頼も失い、ともすれば、部下は監視の目をどこまでごまかせるかということばかりを考えるようになってしまう。

自分以外の人びとに、己を律し、期待以上のことをするよう望むのであれば、「シミュレーション」と「TASC」をうまく活用することだ。そうすれば、チームメンバーの間にチームに尽くす気持ちが芽生え、のびのびと学べるスペースと信頼が生まれ、たとえ小さな仕事でも、喜びや創造性を見つけることができるようになるだろう。

11 武装したリーダーシップ

恐怖や不安を武器として使う

不安定な時期には、リーダーは一般的に「恐怖」を利用して相手につけ込もうとする。残念ながらこれは、政治的にも、宗教的にも、ビジネスにおいても、昔からずっとおこなわれてきた。人びとに恐怖を与えつづければ、そして恐怖の源となる敵を人びとに与えておけば、容易に人を操れてしまう。これは世界中の権威主義を掲げるリーダーたちにとっての常套手段だ。

短い期間であれば、欠乏を刺激し、短絡的な答えを与え、共通の敵を非難することで、確固たる何かをもたらすと約束するのは比較的簡単だ。だが複雑な問題を前にすると、その確固たる何かをもたらすのは文字どおり不可能になる。

勇敢かつ倫理的なリーダーは、こうしたタイプのリーダーシップに立ち向かっていく。

◉勇敢なリーダーシップ

チームの恐怖や不確実性を認識し、名前をつけ、一般化する

不確実性や恐怖の最中にいるリーダーは、騒ぎは認めるが扇動はせず、誇張も偽りもない情

報を共有することで、部下たちの不安をそのまま受け止める道義的な責任を負っている。

勇敢なリーダーは、分裂を助長したり、そこから利益を得たりすることなく、不一致や相違を認識し、名前をつけ、一般化する。

欠乏感や、先の見えない不安に対処すべき時期には、「不確実性を受け入れること」が大切だ。できるかぎりの情報をチーム全体で共有することを伝え、不安から生まれた作り話に踊らされないよう、事実関係をきちんと確認できる体制を整えておく必要がある。そして、全員がヴァルネラビリティと向きあう余裕をもたなければならない。


恐怖と不確実性に名前を与え、一般化する行為は、驚くほど安心感をもたらす。どうか上からの指示を待つ人びとに向きあい、勇気をふりしぼってこう伝えてほしい。

「いまは厳しい状況で、単純な答えは見つからない。痛みや恐怖を他人にぶつけるのは簡単だが、それはフェアではないし誠実さから外れる行為だと思う。みんなで誇りをもってこの事態を切り抜けていきたい。たしかに大変だけど、力を合わせれば必ずできる」

⓬武装したリーダーシップ

「疲れ果てるまで働くこと」を美徳とし、生産性をその人の価値に結びつける

この鎧については、忙しさと睡眠不足をめぐる文化的危機に際して記した、２０１０年の拙著『「ネガティブな感情」の魔法』のなかでも紹介した。

おそらく現状は、以前よりも緩やかに改善の兆しを見せており、「睡眠不足」が糖尿病、心疾患、うつ病、致命的な事故を引き起こす可能性については確実に認識が高まっている。

それでも私たちは、いまなお「自分の価値」を「生産性」と結びつける社会のなかで苦しんでいる。価値が生産性に結びつけられると、私たちはブレーキを踏んで、休息を取る能力を失ってしまう。というのも、利益にならない何かをしようと思うと、ストレスや不安を覚えるからだ。

これは、私たちが「人生で成し遂げたいと思っていること」と真逆ではないだろうか。子どもと遊ぶ、パートナーと過ごす、昼寝をする、ガレージで大工仕事をする、走りに出かけるといった「余暇」を、無駄な時間とみなさなければならなくなるのだ。

仕事があるのに、なぜ眠るのか？　日曜に長い時間かけて走りに出かけなくても、デスク付きのルームランナーを使えばいいのではないか？（ちなみに座業の多い現代において、デスク付きルームランナーに文句を言うつもりはない）

◉勇敢なリーダーシップ

仲間が休息を取り、息抜きをし、回復できるよう具体的に支援する

精神科医兼臨床研究者にして、ナショナル・インスティチュート・フォー・プレイの創立者であるスチュアート・ブラウン博士の研究によると、**「余暇が、つまり遊ぶ時間が不足すると、仕事に悪影響が出る」**という。

私たちは人生に喜びを求めるあまり、当たり前のことを見逃している。有意義な人生を送りたければ、「眠り」と「遊び」に意識を向ける必要がある、ということを。社会的地位や自己価値を測る物差しとして、疲労、忙しさ、生産性にしがみついても、だれも感心してはくれない。

さらに博士の研究によると、「遊び」は脳を形作り、共感力を育て、複雑な社会集団のなかで立ち回るヒントをくれるだけでなく、創造と革新の核心であるという。また、熱くなりすぎた頭を冷やしてくれることもある。

これを職場の文化に組み込むには、たとえば妥当なタイミングでメールのやり取りを中断したり、自分や家族との時間に目を向けたりするなどして、リーダーが適切な境界線を設けることが必要だ。

間違っても週末の間に働いたり、クリスマス休暇にパソコンから離れられなかったと自慢するような人を褒めたたえたりしてはいけない。結局そうした行動はいつまでもつづくものではないし、燃え尽き症候群、うつ、不安など危険な副作用をともないながら、だれにとっても有害な、ワーカホリック文化を生みだすことになる。

スチュアート・ブラウンが言うように、**「遊びの対義語は〝仕事〟ではない。遊びの対義語は〝うつ〟である」**。

⑬武装したリーダーシップ
差別、エコーチェンバー、「迎合」文化を容認する

私は拙著『Braving the Wilderness』のなかで、**「真の帰属」**についてこう述べた。

真の帰属とは、心の底から自分を信じ自分自身に帰属することで、本来の自分を世界と分かちあい、何かの一部となり、と同時に荒野にひとりたたずみながら神聖さを見つけるという精神的実践である。

真の帰属は、あなたに変わることを求めず、ありのままのあなたでいるよう求めている。

真の帰属を妨げる最大の障壁は、「周囲に迎合すること」、つまり「相手に受け入れられようと自分を変えること」だ。職場で迎合の文化を生みだし、承認されたいと思うと、私たちは個性を殺すだけでなく、真の帰属意識まで抑圧してしまう。

人は何かの一部になりたいと切望し、他人との深いつながりを求めるが、しかし本当の自分や自由、それを実践する力を失ってはいけない。

◉勇敢なリーダーシップ

帰属意識や包括性、多様な視点といった文化を育む

多様な視点を包含し、尊重し、評価してはじめて世界の全体像が――自分はだれに尽くし、相手は何を求め、出会うべき人と出会うにはどうしたらいいか――見えてくる。

勇敢なリーダーは、あらゆる人物、意見、視点を包含するために戦う。そうすることでチーム全体がよりよく、より強くなるからだ。つまり、各自に自分の特権を認める勇気が芽生え、偏見や盲点を積極的に見直せるようになるのである。

また、「派閥」や「内輪のグループ」にも注意が必要だ。

調査のために社員どうしで話をしてもらうことがよくあるのだが、その際、30代、40代、50

代、そして60代の社員でも、しばしば「職場の人気者」や「カフェテリアで人気の席」について話題にする。「内輪のグループ」として認められるのは、業績だったり、年功だったり、またはアイデンティティだったりすることもある。

勇敢なリーダーは、各自が素の自分のまま、「帰属意識」をもてるよう努めている。先ほど触れた帰属意識を促進する勇敢なリーダーシップに関する戦略には、業績や貢献度を認めること、権力の使い方を含めたシステムの構築、そして自分の価値を知ることが含まれる。

14 武装したリーダーシップ

花丸を収集する

「業績を認められたい」のは当然の願望だ。キャリアの初期に、個人プレーヤーとして花丸を集めるのはかまわないし、完璧主義ではなく健全な努力によって花丸を手に入れようとするのはむしろいいことだと言える。

実際、自分の強みがまだどこにあるのかわからない段階で、自分の力を発揮できる場所を探ることは重要だ（9 武装したリーダーシップ　価値観を押しつける参照）。しかし、ひとたび「管理する側」になったら、メダルやリボンを集めることはゴールではなくなり、逆にリーダーとして「やってはいけないこと」になる。

◉勇敢なリーダーシップ

花丸を分配する

直感に反するように聞こえるかもしれないが、そもそも私たちを突き動かし、結果として組織でのし上がることになった要素は、すぐれたリーダーシップを妨げる可能性がある。組織内で成長をつづけ、勇敢なリーダーシップという役割を完全に体現するには、「見返りを求めず他者に報いる」しかない。

勇敢なリーダーの役割は、「チームをもりたて、彼らが輝けるようにする」ことだ。これはとくに、がむしゃらに働くことが当然で、これまでの活躍の場を後進に譲ったとたん、どうすればいいかわからなくなってしまう人にとってはハードルが高い。

だからこそ、**直属の部下をもつ職務に就く者は、「リーダーシップ」をはっきりと優先すべき仕事のひとつと考えなければならない。**決して思いつきで動いたり、片手間にこなしたりできるものではないのだ。

リーダーシップ研究者のウィリアム・ジェントリーは、リーダーという新たなポジションに就いたら「台本をひっくり返す」ことの必要性を説いている。彼の著書『Be the Boss Everyone Wants to Work For: A Guide for New Leaders』（未邦訳）は、花丸集めをやめられない人のための、スマートな実用書である。

15 武装したリーダーシップ

ジグザグに逃げる

米ニューオーリンズに住んでいた小学校3年生のとき、家族で沼地へ釣りに出かけたことがある。沼地に着くと、土地の管理人がこう言った。「アリゲーター（小さいワニ）が近づいてきたら、ジグザグに走って逃げること。やつらはすばしこいが、曲がるのは得意じゃないから」

そして5分後、アリゲーターが母の釣り竿の先端を折ると同時に、私たちは逃げだした。幸いにも、アリゲーターは私たちを追ってはこなかったが、もし追ってきていたら、間違いなく私たちはジグザグに走って、必死に車へと戻ったことだろう。

「ジグザグ」とは、対立、不快感、対決のほか、恥をかいたり、傷ついたり、批判されたりする可能性など、ヴァルネラビリティという名の銃弾を避けるために費やされるエネルギーの比喩である。

私はヴァルネラビリティを感じると、ジグザグに進む傾向がある。たとえば「気の進まない電話をかけなければいけないとき」がそうだ。

原稿が進まず、明日になればきっとなんとかなると言い聞かせながら、やっぱりメールで説明をしようとEメールを書きはじめる。そしてへとへとになるまで行ったり来たりをくり返したあげく、結局電話をかけるはめになるのだ。

◉勇敢なリーダーシップ

率直に語り、行動に移す

足元まで困難が迫ってきたら、**「真正面から向きあう」**ほうが、圧倒的に時間の節約になるし、精神的にも楽である。実際、背後を気にしながら走るよりも、真正面に見えていたほうが、恐怖や威圧感ははるかに少ない。

困難に直面したら、立ち止まって呼吸を整え、自分が回避しようとしているものの「正体」を正確に見極めてほしい。ヴァルネラビリティに踏み込むにはどうすべきかを考えるのは、それからだ。

隠れたり、やっているふりをしたり、避けたり、先延ばしにしたり、正当化したり、非難したり、嘘をついたりして、もし自分が「ジグザグ」に走っていることに気づいたら、走って逃げても莫大なエネルギーを消費するだけで、自分の価値観に見合わないことを思いだしてほしい。いずれはヴァルネラビリティと向きあい、気まずい電話もかけなければならないのだ。

数年前、コストコで開催されたグローバル・リーダーシップのイベントに出席した。私は最前列の席に座り、コストコのCEOクレイグ・ジェリネックが、同社のリーダーたちから質問を受けるようすを眺めていた。

リーダーたちの質問は厳しいものだったが、クレイグの答えもまた、その大半が質問と同等かそれ以上に厳しいものだった。

CEOたちが、あらかじめ知らされていない質問に答える場面はこれまでも何度も見てきたが、たいていの場合、答えにくい質問に対しては、彼らはアリゲーターに追われているみたいにジグザグとかわし、ほとんど答えない。

「いい質問です。ぜひ検討してみます」

「なるほど、いい考えです。どなたか書き留めておいてくれませんか。後で何か思いつくかもしれません」

「たしかに、そういう捉え方もあるかもしれません……」

だが、寒さ厳しいシアトルでのその朝、ジグザグは存在せず、あるのは率直なやり取りだけだった。

「はい、たしかにそういう決定をくだしました。その理由は……」

「いいえ、わが社はそういう方針を取るつもりはありません。その理由は……」

このやり取りを見ながら私は、「この質疑応答セッションのあとに舞台に立たなきゃいけないなんて。きっと張りつめた雰囲気になるだろうな」と思っていた。

クレイグの出番が終了すると、聴衆は椅子から立ちあがり、拍手と歓声を送った。私は驚いて、隣の女性にこう尋ねた。「ＣＥＯはみんなが望んでいた答えを言わなかったのに、どうしてこんなに歓声が？」

女性は笑顔でこう答えた。「コストコでは、真実に拍手を送るのです」

私たちは、それが得難いものであるからこそ、「真実」を愛している。

ここでひとつ、私もみなさんに真実をお聞かせしよう。うっかり沼地に迷い込んでしまっても、人間は簡単にアリゲーターから逃げ切ることができる。というのも、アリゲーターの最高速度は16キロ程度で、持久力もあまりないからだ。ただし、彼らには鋭い歯がある。しかも、たくさんの。

16 武装したリーダーシップ

痛みでリードする

私は「必要ないものを求めてもキリがない」という言葉を胸に生きている。といっても、ＢＢＣの犯罪捜査番組、大好物のタコス、承認欲求はキリなく求めてしまいがちなのだが。

これまで職場で見てきたパターンのひとつは、多くのリーダーが「痛み」や「心の狭さ」で人を導き、その「地位」を利用してコンプレックスを埋めようとするパターンだ。

しかし権力をふりかざしても、コンプレックスは消えたりしない。なぜなら本当に必要なのはそんなことではないからだ。簡単に言えば、だれかに何かを押しつけたところで問題の解決にはならないし、求めるものは手に入らない。

一般的に、私たちは「1日中、だれかに何かを求めている」と言っていい。しかし、そこに「間違ったリーダーシップ」が加わると、危険である。

「痛みでリードする」行為の陰には、配偶者や子どもなどから**「必要とされていない」**と感じる気持ちがある。

そのため、自分の考えじゃないアイディアを自分の手柄にしたり、つねに他人と比較したり、学ぶ姿勢よりもはじめから知っているという態度を取ったりすることで、職場の「重要人物」であることを誇示しようとする。

痛みを加速させるのは、たいてい**「子ども時代の家族」**である。ひょっとしたら両親から得られなかった承認や受容を同僚に求めているのかもしれないし、もし両親の仕事上の失敗や失望が養育に影響しているなら、そうした痛みを払しょくするために働きつづけている可能性もある。

それは往々にして、「承認や成功への飽くなき欲求」として、「非生産的な競争」として、場合によっては「リスクを決して許容しない姿勢」として立ち現れる。

みずからの指導方法や他者への接し方を決定している**「痛みの原因」**を特定することが重要だ。そのためには、過去のその時点へ引き返し、そこからやり直すしか手立てはない。勝手に自分の痛みを他者へ投影してしまうと、深刻な不信を招くことになる。そうなると、長く厳しい探求の旅は延々とつづき、いつまでも断絶は埋まらないだろう。

◉勇敢なリーダーシップ

心でリードする

第2章で紹介した言葉を思いだしてほしい。「リーダーは、相応の時間を費やして恐怖や感情に向きあうか、非効率で非生産的な行動に対処するために時間を浪費するかの、いずれかである」

私たちは自分の恐怖、感情、過去について考えなければならないが、その考察を怠ると、自身の「非生産的な行動」に手を焼くことになる。

勇敢なリーダーは、自分の盲点と、それをいかに意識できるようにするかということをつねに気にかけながら、チームのメンバーが安心して各自の盲点を見つけられるよう手助けすることが求められる。

私がこれまで一緒に働いてきた、「変革を起こすような勇敢なリーダー」の多くも、私たちと同じように――幼少期の病気や、家族との痛ましい過去、暴力やトラウマなど――つらい経験を乗り越えてきた。なかには、壊れそうな結婚生活を送っていたり、深刻な病気を患っていたり、子どもがリハビリの真っ最中だったりと、いまなお大変な思いをしている人も多い。

「痛みでリードすること」と「心でリードすること」の違いは、過去や現在の「経験」にあるのではなく、その痛みや傷の「使い方」にある。


「心でリードする」ということを、もっとも力強く体現した事例のひとつを紹介しよう。それは、元映画プロデューサーで性犯罪者のハーヴェイ・ワインスタインが逮捕されたときのタラナ・バークの反応だろう。

タラナは、ジェンダー平等を推進し、女性のリーダーシップを応援する非営利団体「ガールズ・フォー・ジェンダー・エクイティー（Girls for Gender Equity）」のディレクターだ。なおかつ、#ME TOO運動（性暴力を終わらせる運動）の創始者でもある。

コメディアンのトレバー・ノアとのインタビューで、タラナは、「いまはまだ強大な権力者の終焉《しゅうえん》を祝う瞬間ではない」と語り、やるべきことは、被害者を癒し、彼女らの勇気を認めることだと述べた。

怒りと憎しみに満ちた世界で自身も性暴力のサバイバーとなり、ほかの被害者への支援に心を砕いてきたタラナは、「（ワインスタインが逮捕されたからといって）べつにうれしくはないし、（逮捕は）この問題の本質とは関係ない」と述べている。「これは権力をもった男たちを倒す話ではなく、フェミニズム運動の話でもありません。これはサバイバーのための運動なのです」

第4部でも説明するが、胸に抱えた「つらい経験」を自分のものとして受け止め、きちんと向きあっていけば、新たなエンディングを――思いやり深く分かちあえる人間になるために、これまで乗り越えてきた苦しみをどう活かしていけばいいかを――記すことができる。

自分の苦しみを否定すると、苦しみにとらわれてしまう。苦しみにとらわれ、行動、感情、思考、指導力を操られてしまう。

勇敢なリーダーシップは、「痛み」ではなく、「心」で導くものだ。

武装を解く

ルーズベルトの演説には、「鎧」も「武器」も出てこない。午後の日差しを受けてきらめく盾も、サーベルも、剣も、ライフルも登場しない。丸腰で競技場に立つ人物は、「知性」と「勇気」を武器に、素手で1対1の戦いに挑む。

顔中埃や汗や血にまみれ、果敢に挑戦し、間違いを犯し、何度も失敗をくり返し、うまくいけば大きな勝利を手にし、たとえうまくいかなくても全力で挑んだすえの失敗を経験した者に――つまり、実際に競技場に立った者に、その名声は与えられる。

そして恐怖、批判、皮肉がはびこる世界において「もっとも手強い相手」は、ヴァルネラビリティである。

私が1998年の学位論文でヴァルネラビリティの研究に着手して以来、ヴァルネラビリティのもっともわかりやすい例は「愛の告白」だと思っている。

その瞬間、だれもが鎧を脱ぐ。考えるだけでも息が止まる。

私も例に漏れずそのリスクを負い、意味不明な結果になってしまったことがある。「ほんとに？　僕も、きみが大好きだ！」と相手が言ってくれたのに「ええと……ありがとう！　でも私たち、ちょっと考えが合わないよね」と返してしまったのだ。

失恋したときに、エゴを乗り越え、愛を解き放った自分を勇敢だと思うのはむずかしい。痛いし、埃と汗と血にまみれているし、つらくてそれどころではないからだ。

また、傷ついたり失敗したりするリスクを負うのが勇気ある行動だとわかっていなければ、もしくは向きあったり回復したりするスキルをもっていなければ、ヴァルネラビリティの気配を感じただけで、たやすく鎧や武器に手を伸ばしてしまうだろう。

みんな同じ、ただの人間

あらゆる仕事が教えてくれるように、ヴァルネラビリティに対する恐怖、そして鎧を脱ぐことにともなうすべての事象、つまり批判され、誤解され、ミスを犯し、間違え、恥をかくことの恐怖は、「普遍的」である。

本書を書くためのインタビューに応じてくれたのは、映画会社、ハイテク企業、会計事務所、軍部、学校、コミュニティビルディングなど、世界中のさまざまな組織を代表するリーダーたちだ。

なぜこうしただれもが、鎧を脱ぐことを恐れているのか？　それは――**人、人、人。どこまでいってもみんな同じ、ただの人間だからだ。**

何年か前にロンドンで講習会をおこなった際、世界40か国以上から参加者が集まった。ヴァルネラビリティと恥のテーマにさしかかると、参加者のひとりが立ちあがってこう言った。「こうした感情を共有できるなんて驚きです。私たちにこれ以上の共通点があるでしょうか」

ヴァルネラビリティや恥の感情を加速させる文化的なメッセージや期待は異なるにしても、

その経験は普遍的で、私たちの在り方を変える力をもっている。

国際的な研究で明らかになった真実がある。それは、恥や非難が人びとを管理するための指針、もしくは規範になっている場合、人に「弱さを見せろ」とか「勇敢になれ」とは絶対に言えない、というものだ。恥が特定の水準まで上がると、私たちは自分を守るために鎧をまとい、あるいはその場から立ち去らざるを得なくなる。

勇敢なリーダーシップに関するもうひとつの学びは、世界中に散らばるチームを率いるリーダーたちの話から浮かびあがってきた。いわく、重要なのは、**「異なる文化的メッセージや期待に関する踏み込んだ会話を、継続的におこなう」**こと。そうしなければ、信頼や心理的安全性は損なわれるという。

ある参加者の話だ。社内で勇敢なリーダーシップを推し進める彼女は、文化だけでなく、年齢も性自認も多様な、熟練のアナリスト集団を率いている。

「私の仕事で、もっとも重要かつやりがいのある部分は、チームのコミュニケーションやパフォーマンスを〝妨げているもの〟を明らかにすることです。

昨年、香港のチームがビデオ会議に参加していないことに気づきました。彼らは優秀なチームなので、なぜ参加しないのか疑問でした。私は彼らに直接連絡して尋ねました。『あなたたちにも会議に参加してほしいのだけど。参加してくれないと困るのよ。どうしたら参加してくれる？』」

相手はしばらく黙り込んだあと、こう言ったという。「私どもは、前もって議題を教えてほしいと何度もお願いしました。会議の10分前に議題を渡されても、そこに敬意は感じられません。こちらの力が本当に必要だというなら、私たちに準備する時間をください」

彼女は、こうした率直な会話は普通だという。

「たいていこういう会話は、文化的な規範や違いについてのものになります。気まずくなるのはいやだから、だれもこうした会話はしたがりません。

しかしこれは非常に重要なことで、こうした気まずさをあえて生みだすのが私のリーダーとしての仕事だと思っています。そして困難を乗り越えるたび、私たちは感謝ときずなを深めていきます」

EMPATHY IS NOT CONNECTING
TO AN EXPERIENCE.

Empathy is connecting to the emotions that underpin an experience.

共感は経験とつながっているわけではない。
共感は経験を支える感情とつながっているのだ。

第4章

恥と共感

恥を掘り下げる

「エゴ」が暴れだしそうになったら、自分のなかの「恥」の感情を見つめてみるといい。ヴァルネラビリティを抱くのが怖いと感じるのは、鎧を脱いで心をさらけだすと、恥の経験もさらすことになるからだ。

私たちのエゴは、「普通よりも劣る」もしくは愛や帰属に「ふさわしくない」という気持ちを避けるためなら、どんな手を使っても心を鎧でくるんでおく。

しかし、エゴを発動させて、そうした気持ちを見ないふりをしたとしても、恥や断絶や孤独から身を守ることはできない。それどころか、断絶や孤独を深めてしまうことになる。

ここでは、「恥の仕組み」と「恥が共感に太刀打ちできない理由」を見ていこう。

よく研究者から〝感情の支配者〟と呼ばれる「恥」。恥というのは、決していい感情ではない。それは時間をかけて忍びより、あるいはあっという間に私たちに襲いかかる。

いずれにしても、自分は「つながり」「帰属」「愛」に値しない、と思わせるその力は、ほかの感情とは比較にならない。ヴァルネラビリティを受け入れ、鎧をまといたい衝動を抑えた結果、「非難」「侮辱」「無視」「疎外感」に苦しめられると、恥は、自己価値に大打撃を与え、その恐怖によってヴァルネラビリティと向きあうことをやめさせてしまう。

恥についてはこれまでの拙著で詳しく記しているが、ここでは重要な点を抜粋して恥の基本を紹介しようと思う。

恥を掘り下げていく前に、まずは私の最近の実例を見てみよう。

２０１７年７月、私の最新作である『Braving the Wilderness』の原稿を出版社に送ったひと月後に、私は３週間かけて刊行記念ツアーをおこなうことになっていた。ただし、前の著書『立て直す力』の刊行記念ツアーを終えた際に、「心身共に万全でなければ、今後二度と刊行ツアーはやらない」と誓っていた。新刊の発売予定日は９月12日。

私は旅をするのも、温かく迎えてくれる地域のみなさんと過ごす時間も大好きだし、それは人生における思いがけない贈り物だと感じている。しかし心身が万全でないと、飛行機にも、ホテルにも、ホームシックにも悩まされる。深夜のルームサービスが旅の友となり、対処スキルが鈍り、油断すると不安や孤独が入り込んでくる。

最悪なのは、家に帰って気がゆるむと、立ちあがれなくなってしまうことだ。2、3日はベッドから起きあがれず、子どもたちは入院中の母親に会いに来るように私のもとへやってくる。

はじめは、自分の「内向的な気質」のせいだと思っていた。私の内向性のテストは10点中10点満点で、心身を整えるには、かなりの時間をひとりで過ごさなければならない。

だが、つぎのツアーに向けて分析をおこなった結果、理由はそれだけではないことがわかった。体を鍛え、精神面にも注意を払っておかないと、私はいつも不調をきたしていたのだ。

心身を鍛えているときはすこぶる調子がいい。それは魔法であると同時に修行であり、とてつもないハードワークだ。しかし絶対的に信頼できる。

3週間かけてランニングや筋トレをおこない、食事療法に取り組み、祈りを実践し、旅行中に着る可愛い服を購入し、ツアーに備えて高度な境界線を設定したころには、すべてが順調に回っていた。

7月10日、自宅から車で20分のところにあるヒューストン・ハイツのワイヤー・ロード・スタジオへ出向き、『Braving the Wilderness』のオーディオブックの収録をおこなった。私はこのスタジオも、スタジオでのレコーディング作業も大好きだ。

その朝、スタジオのオフィスに弾むように入っていき、壁にかかったビヨンセの写真の前を通り過ぎたのを覚えている。私は上機嫌で、可能性に満ちていた。お気に入りのその写真に向かってハイタッチをしたいくらいに。

収録がはじまって10分ほどすると、音響スタッフの声がヘッドホンから聞こえてきた。「ピアスの音が入ってしまうので、外してもらえますか?」

「ごめんなさい！　すぐに外します」私はそう言って録音ブースから出ると、かばんの置いてある部屋のベンチに向かった。そして視線を下げ、外したフープピアスの留め具を穴に通しながら足早に歩いていると、厚さ15センチのガラスに額から突っ込んでしまった。

ぶつかった直後のことはよく覚えていない。ただ、床の上で目を覚まし、痛かったのは覚えている。私は丸1分ほど気を失い、目を覚ますと完全に混乱をきたしていた。涙があふれ、スタッフがフォローしてくれても、動揺が収まらない。

プロデューサーのカレンが、自宅か医者に連れていくと言ってくれたが、私は収録を終わらせなければと思った。スケジュールはぎりぎりだった。

しかしそれから30分ほど収録をつづけたところで、私はまたもや泣きだしてしまった。私はカレンを見てこう言った。「やっぱり無理。どうしてできないんだろう」

カレンは家まで送っていくと言ってくれたが、私は大丈夫だと断り、自分で車を運転して会社に向かった。そのときの運転の記憶はまったくない。

会社に着くと、私の額から突き出たピンポン玉大のこぶを見て、みんなが息をのんだ。ここでも私は「大丈夫だから」と言ってみんなに迷惑をかけまいとし、すぐにオンライン会議に参加した。

私の隣には同僚のバレットとスザンヌが座っていた。マードックとチャズは、それぞれニューヨークとオースティンから参加していた。そして数分後、私は「え？　何？　何がどうなっているの？」と無意識に口走っていた。

マードックが応じた。「ブレネー、本当に大丈夫？」

すると全員が、私のようすがおかしいと言いだしたので、私は「ほっといてよ。疲れてるだけだって」と怒鳴り返した。

その直後、私はスザンヌのデスクの下にあったゴミ箱に吐くと、あごをぬぐい、彼女のデスクに両腕を投げだし、そのまま突っ伏して眠ってしまった。

目を覚ますと、自宅にいた。

私の会社の仲間から連絡を受けた夫は、会社を早退して家で待っていた。夫が私にいろいろ尋ねる横で、同僚たちが、好戦的で、いらいらし、泣きだしてしまった私のようすを説明した。

私はどれだけがんばっても、自分の考えをまとめられなかった。

夫は「こっちを見て」と私に言いつづけたが、つらすぎて顔をあげられなかった。夫の顔にちらりと目を向け、その背後を見るのが限界だった。部屋の隅のほうに妹が立っていて、彼女は怯えながら涙をこらえていた。

重度の脳震とうと診断された。「脳震とう」はよく耳にする言葉だったが、実際にそれがどういうものか、私にはまったくわかっていなかった。

けがの翌日、同僚たちはすぐに行動を起こした。私の講演会の予定をつぎつぎにキャンセルしていったのだ。私は腹を立て「1週間もすればよくなるってば。1年以上前から決まっている大きなイベントなのよ。キャンセルなんてありえない」と言いつづけたが、マードックに一蹴された。「この件に関して、きみに決定権はない」

私の怒りは鎮まらなかった。鎮めることができなかった。そして恥と怒りにのみ込まれた。

研究者のタマラ・ファーガソン、ハイディ・エア、マイケル・アシュベイカーは「**望ましくないアイデンティティ**」**が恥を誘発する主な原因のひとつ**だと突き止めた。彼女らによると、望ましくないアイデンティティには、「こうありたいと願う自分のビジョン」を損なう性質があるという。

病気がちで、信用できず、頼りにならないという性質は、私にとって「まったく望ましくないアイデンティティ」だった。

私はテキサス生まれのドイツ系アメリカ人5世として、病気は弱さだと信じて育った。もちろん、人間だから病気になるし、そうなったら助けあうのは当然だと考える人もいるだろう。だが私の家庭では、病気は怠惰であり、人並み以上に強ければ、何であろうと恐るるに足りないと教えられていたのだ。こういう環境で育つと、恥にがっちりとくるまれ、そこから自由になるのはむずかしい。

この考えを追い払うのは、人生におけるもっとも困難で、痛ましい経験のひとつだったが、恥を促進する文化の在り方を考えると、この先もずっと挑みつづけなければならない闘いである。子どもたちにこうした考えを引き継がせないためにも、私は恥と闘い、語りつづけていくつもりだ。若い世代にはこんな思いをしてほしくない。

頭をぶつけてから5日後、私はまだ本調子ではなかった。目の下のクマが頬にまで広がり、おでこには巨大な青あざができていた。本やテレビやコンピュータの画面を見ることはおろか、明るい光のもとにいることもできず、考えようとすると頭痛がした。

正常に戻ろうともがくほど、状態は悪化していった。無理やり通常運転に戻ろうとするたびに、後退を余儀なくされた。

イベントをキャンセルしたことについては、どうにか気持ちに折り合いをつけたものの、このとき私は、自分を自分たらしめているもの、つまり「自分の気持ち」を制御できないことを恥じていた。

新刊ツアーに向けて強くなるはずの計画はどうなるのだろう？　このままよくならなかったら？　もう治らなかったら？　これが最後の書籍になったら？　もう研究ができなくなったら？


ある日、家族ぐるみの友人であるトレイが、私を心配して会いに来てくれた。19歳の彼は、自分の考えを率直に、包み隠さず話してくれた。

私にとっては聞くのもつらい話だったが、優しさと共感をこめて語る彼の言葉に私は耳を傾け、泣いた。高校時代ラグビーの選手だったトレイは大学でもラグビーをつづけており、半年前、プレイ中にはじめて「脳震とう」を起こして苦しんだという。

彼は言う。「すごく怖いし、自分の状態を人にうまく説明できないのもよくわかる。でも起きたことは事実だし、無理に立ち向かおうとするほど症状は悪化する。回復が遅くなってしまうんだ。これは根性論でどうにかなるものじゃない。無理して元に戻そうとしてもだめだ。焦らないで。これは現実だし、心が機能しなくなるのは怖いことだよ。でもこれからしばらくは、いろいろ考えないようにしたほうがいい」

１か月後、私は少しずつ仕事を再開した。

少しでも無理をすると、すぐに反動がきた。運動はまだ無理だったので、気分転換にドカ食いをするようになった。体重が４・５キロほど増え、ツアーのために買った洋服がどれも着られなくなった。心身を整えようと思ってはじめたことは、あらゆる点で裏目に出た。

「昔の自分に戻れないのではないか」「無理をすれば脳を損傷するのではないか」という恐怖が、深刻な不安に姿を変えた。そこで私は、ＮＦＬとＮＢＡでもチームドクターを務め、脳震とう治療の専門家である神経心理学者に予約を入れた。

夫をともなって臨んだ診察では、予想以上の成果があった。医師は、「二度と昔の自分には戻れないのではないか」と不安を覚えるのは普通のことだと教えてくれた。そしていくつかの対処法とともに、仕事復帰と軽い運動の許可もくれ、身体が必要としていることに耳を傾けるコツまで教えてくれた。

家に戻った私は、希望に満ちていた。「大丈夫、きっとうまくいく。ツアーまでまだ２週間以上あるし、明日晴れたらさっそく運動をはじめよう」

しかし翌日、大型ハリケーンがヒューストンを直撃した。近隣一帯が破壊され、同僚たちは家を失った。痛ましい惨劇だった。

そして――私の新刊ツアーは、予定どおりおこなわれた。

災害の片付けの真っ最中に動きだしたこのツアーでは、つらい出来事にも、すばらしい出来事にも遭遇したが、何より地域の人たちとつながることが救いとなった。

私たちは困難な時期に、「恥」を遠ざけ、たくさんの「共感」と「優しさ」で助けあったのだった。

幸いにも、いまのところ脳震とうよりひどいけがや病気は経験していないが、クリスマスに何かのウイルスに感染し、伝染性単核症（米国の若年層によく見られる急性感染症）につづいて罹患した、ふたりの子どもの看病をすることはあった。

しかしありがたいことに、「弱音を吐くな」とか「とにかくやれ」といった、これまで自分に言いつづけていた言葉を使うことはなくなった。

恥のメッセージを手放すのに、私は50年かかった。それでも、手放すことができてよかったと思っている。

そもそも「恥」とは？

私はいつも「恥」について、つぎのように説明する。

1．だれもが必ずもっている。恥は普遍的で人間の根源的な感情のひとつである。恥を感じないのは、共感力や人とつながる能力の欠如した者だけである。選択肢はいずれかひとつ。恥を認めるか、非社会性パーソナリティ障害だと認めるか。メモ：これは恥のほうがましだと思える唯一の事例である。

2．だれもが恥について語るのを恐れている。その用語だけでも気まずく感じる。

3．恥を口にしないほど、恥に人生を支配される。

まず、恥とは「断絶の恐怖」である。第1章の「ヴァルネラビリティの誤解」で説明したように、私たちは肉体的、感情的、認知的、精神的に、つながり、愛、帰属を求めるようにプログラムされている。「つながり」は、愛と帰属同様、私たちが存在する理由であり、生きる目的や意味を与えてくれるものである。

恥とは、つながりを絶たれる恐怖である。私たちがしたことや失敗したことに対する恐怖であり、理想を実現できず、あるいは目標を達成できなかったときに自分は人とつながる価値はないと思わせる恐怖である。

以下は、私の研究から生まれた恥の定義である。**恥とは、自分に欠陥があるから愛や帰属やつながりに値しないのだと信じる、非常に痛ましい感情であり、経験である。**

恥はふたつの声を吹き込んでくる。

「まだ十分じゃない」

「いったい何様のつもりだ？」

グレムリンのようなこれらの声は、万力のようにぎりぎりとしめつける。

「十分じゃない」という囁きを押しやり、競技場に立つ勇気を奮い起こしたときには、「へえ、自分にそれができる力があると思ってるんだ。せいぜいがんばりな」などと言ってくる。

恥ずかしさのただなかで自分の殻に閉じこもるのは、魅力的で手っ取り早い方法だ。だが先述したように、鎧をまとって自分を小さく歪めると、物事は壊れて息苦しくなる。

「どういうときに恥を感じるか」という調査の回答を、いくつか紹介する。

- 第1子を妊娠中に解雇されたとき。
- 依存症を隠している自分に。
- 子どもを叱り飛ばしてしまうとき。
- 自分がカミングアウトした際に、両親が恥じているようすを見せたとき。
- 職場でのミスを隠し、ばれないようにしているとき。
- 友人が投資してくれたビジネスをだめにしてしまったとき。

・昇進した半年後に、失敗して降格されたとき。
・上司から、同僚の前で負け犬呼ばわりされたとき。
・パートナーがいない自分に。
・離婚を求める妻から、自分以外の相手との子どもが欲しいと言われたとき。
・職場でセクハラを受けても、加害者がみんなに好かれているため怖くてだれにも言えないとき。
・完成したプロジェクトに満足していたら、上司から期待していたものとちがうと言われたとき。
・目まぐるしい変化についていけないとき。仕事にかかわれないという恐怖は、恥への大きな引き金となる。

まったく同じ体験をしていなくても、己を理解し、ヴァルネラビリティに触れていれば、他人の耐えがたい痛みはわかるだろう。恥とは普遍的なのだ。

現在の神経科学の研究によると、「拒絶されて恥ずかしいと思う痛みや気持ち」は、「肉体的な痛み」と同じだという。

感情は、傷つく。

肉体の痛みを癒す際には、症状を説明し、名前をつけ、それについて話をする。同様に、恥の支配から抜け出す際にも、恥を認識し、それについて話をする必要がある。

「肉体の痛み」よりも「恥」を語るほうがむずかしいのは、恥は「語られない」ことでその力を発揮するからだ。恥という言葉さえ口にしにくいのは、そのためだ。

恥、罪悪感、屈辱、羞恥心

「恥を語る」のがむずかしいもうひとつの理由は、その語彙にある。

私たちはよく、「羞恥心」「罪悪感」「屈辱」「恥」といった用語を同じ意味で使っているが、実際には、それぞれ生物学、来歴、行動、セルフトークなどの観点から言えばまったく別の意味をもち、根本的に異なる結果を招く。

まずは「恥」と「罪悪感」から見ていこう。というのも、このふたつはもっとも混同しやすく、混同すると深刻な結果を引き起こすからだ。

恥の研究者と臨床医の多くは、恥と罪悪感の違いは、「私が悪い」と「私の行為が悪い」の違いであることに同意してくれるだろう。

罪悪感＝私の行為が悪い。

恥＝私が悪い。

以前同僚に、私が不合理なスケジュールを組むのは恐怖と不安のせいだと説明しようとした際に、それを阻んだのは「恥」だった。

先述したように私は、恥のグレムリンからこんなメッセージを受け取っていたのだ。リーダーシップの研究をしながらリーダーになれないなんて、冗談だろ？

これは罪悪感（「たしかに、このスケジュールをチームに押しつけたのはよくなかった。私は間違った理由で間違った選択をしてしまった」）ではない。これは恥（「悪い選択をしたせいじゃない。私が悪いリーダーなのだ」）である。

「恥知らず」という罵声がある。政治的混乱のなかで、人は身勝手で道義にもとる行動をする者を見ると、「恥知らず」といった言葉を投げつけ、不当な行動を恥を知らないせいにする。これは間違っているうえに危険である。

恥は「薬」ではなく、「要因」なのだ。肥大化したエゴとナルシシズムに騙されて、恥が欠如しているなどと思ってはいけない。

恥と恐怖はたいてい、「非倫理的な行動」を促す。恥がナルシスティックな行動を助長することはよくあるし、実際、私はナルシシズムを「恥に基づいた、普通であることへの恐怖」と定義している。

誇大妄想と虚勢は、容易に膨張したエゴになる。人は痛みを武器化し、他人に向けてしまうため、自分勝手な態度の裏にある、恐怖や自己価値の欠如を見抜くのはむずかしい。そういう人たちがもっとも嫌うのは、恥である。その行動や共感性の欠如を責められ、さらに恥を積み重ねると、彼らはさらに危うくなる。

と同時にどういうわけか、痛みを発散し、責める対象を探している人たちからの支持を集めることになる。

「恥」は、道徳的行動の指針ではない。むしろ破壊的で、非倫理的で、痛々しく、自分を美化する行為を促進する。なぜか？　恥がいる場所には、必ずと言っていいほど共感が欠如しているからだ。それこそが恥を危険なものにしているのだ。恥の対極にあるのは共感である。昨今、私たちがひどいと感じる行為の多くは、恥ではなく、共感力の欠如に関連している。

恥は、依存、暴力、攻撃性、うつ、摂食障害、いじめと強い相関関係があるが、**「罪悪感」**はそうした結果とは逆の相関関係がある。

「共感」と「価値観」は、「罪悪感」という輪郭の内側に存在しているため、社会に適応するための強力な感情となる。自分の行為を謝罪する場合、何らかの償いをし、あるいは行動を改めると、罪悪感（恥ではない）は原動力になることが多い。

私たちは、自分の意に反する行動に対して（やったことに対しても、やらなかったことに対しても）それがしっくりいかないと罪悪感を覚える。それは心理的には気持ちのいい感情ではないが、有益な感情でもある。認知的不協和の不快感は、意味のある変化を促すからだ。だが恥は、プラスの変化を生むはずの、大事な部分をむしばんでしまう。

「屈辱」もまた、よく恥と混同される。

精神科医のドナルド・クラインは、「恥と屈辱の違い」をこう記している。「人は、恥をかくのは仕方ないが、屈辱を受けるいわれはないと考えている」

たとえば教師のソーニャが職員会議中に、テストの結果がかんばしくなかったという理由で校長から「役立たず」と言われたら、恥か屈辱のいずれかを抱くだろう。

ソーニャが自分のことを、たしかに「役立たず」だと思えば、恥を覚える。一方で「校長はどうかしてる。あんな言い方はないと思う」と思えば、そこに生じるのは屈辱である。

屈辱は耐えがたく、職場も家庭環境もみじめにする。しかもその状態が継続し、相手の言い分に屈してしまうと、間違いなくそれは恥になる。

それでもまだ、自分を「役立たず」だと思い込む恥よりは、悲惨ではない。屈辱を覚えたソーニャはこう思う。「これは私の問題ではない」

こう思うことで、拒絶したり、反抗したり、やり返したりする可能性は低くなる。問題解決に取り組む間も、自分の価値観を失わずにいられるだろう。

「羞恥心」は、たいてい一過性のもので、いずれ笑い話になることが多い。先述した3つの感情のなかで、深刻度はもっとも低い。

羞恥心の特徴は、何か恥ずかしいことをしても「孤独を感じない」ことである。自分以外にも同じことをやった人がいるのを知っているので、顔が赤くなるのと同様、感情もその場かぎりで消えるのだ。

これらの言葉を明確にすることは、「恥」を理解する第一歩である。感情を読む力は、恥から立ち直るための核であり、それがあれば恥を共感に変えられる。

恥に対する真の解毒剤については、本章の後半であらためて詳述する。

職場での恥

組織で「恥」を探すのは、家のなかに白アリがいないか調べるようなものだ。家のなかで実際にシロアリを見つけたら、深刻な問題がしばらくつづくことになるだろう。

会社や学校、礼拝所のなかで、実際に恥を（従業員を叱りつける上司、生徒を軽視する教師、恥を支配の道具にする聖職者、恥を社会正義の道具にする活動家）見つけたら、それはあなたの文化に対する本格的な脅威を目の当たりにしているということだ。

そうなったら、それがなぜ、どのようにして起こったのかを解明し、（恥じることなく）即座に対処しなければならない。

厄介なのは、たいていの場合、恥は「組織」という壁の背後に隠れているという点だ。活動を休止しているわけではなく、革新、信頼、つながり、文化をじょじょにむしばんでいくのだが、その姿を特定するのはむずかしい。

たとえば、つぎのようなものに恥はひそんでいる。

・完璧主義
・えこひいき
・うわさ話
・相槌
・比較
・生産性に結びついた自己価値
・いやがらせ

・差別
・支配
・いじめ
・非難
・からかい
・隠ぺい

これらの行動はすべて、恥が「文化」に浸透しているしるしである。

もっとわかりやすい兆候は、恥があからさまに「管理ツール」になっている場合だ。リーダーシップを取るべき人間が、いじめをしたり、同僚の前で部下を批判したり、公の場で叱責したり、意図的に恥ずかしさや屈辱感を煽る報奨システムを設けたりしてはいないだろうか？

あるワークショップで、ひとりの女性が涙を浮かべてこう言った。「私の恥はあまりにも深すぎて、どうやったら（その核心に）たどり着けるのかさえわかりません」

その場にいた彼女の同僚たちは、上司がみんなの前で何度も批判してくるのだという彼女の話に、注意深く耳を傾けていた。

学校や教会では、必ず恥がつきまとう。恥に関する私たちの最初の調査では、85パーセントの人たちが子ども時代の恥ずかしかったエピソードとして「学校での出来事」をあげており、そのせいで学ぶ姿勢が変わったという。

しかも、そのうち約半数が思いだしたのは、私が**「創造性の傷」**と呼ぶもので、書く、つくる、歌う、踊るなど、特定の「創造的才能」がないと指摘された出来事だった。

たいていの場合、こうした状況下で使用されるツールは「比較」である。創造性や革新は恥のグレムリンに弱く、比較されることで、そのポテンシャルを阻害されてしまう。

一方で、インタビューに答えてくれた90パーセント以上の人びとは、彼らの「自己価値や可能性を高めてくれた人物」として、教師、コーチ、学校管理者、大学教授などの名前をあげている。

矛盾するように見えるこの結果は、いったいどういうことなのだろう?

「学校の指導者」は大きな力と影響力をもっており、その力の使い方次第で、相手をよくも悪くも変えてしまうのだ。

私は、恥を利用しない勇敢なリーダーに出会ったことは何度もあるが、まったく恥のない組織に在籍したことは一度もない。ひょっとしたら存在するかもしれないが、そういう組織に遭遇したらきっと驚くだろう。

恥の在り方として最善なのは、それが「文化的規範」ではなく、「限定的」もしくは「抑制された問題」であることだ。

この研究においてよく見かけるのは、「解雇されたとき」に感じる、または「どのように解雇されたか」にまつわる、恥の感情である。


スーザン・マンは、銀行、高等学校、慈善活動などで、30年以上役員として働いてきた。個人でコーチングとコンサルティング事業をはじめる前は、ビル&メリンダ・ゲイツ財団の総合学習開発チームの責任者を務めていた。

国際コーチング連盟の資格をもつスーザンは、デアリング・ウェイの創設メンバーでもある（デアリング・ウェイとは、非営利団体デアリング・エデュケーションを通じて専門家を支援するトレーニング・プログラムである）。

スーザンは、「新たなリーダーを育てる」ことでわが社のリーダーシップ能力の向上に寄与してくれているが、以前、彼女に「従業員を解雇する」という非常に困難な仕事について尋ねたことがある。以下はスーザンの答えだ。


人事の仕事をはじめたばかりのころ、ある上司から**「敬意をもって送りだす」方法**について叩き込まれました。30年間、リーダーたちに数えきれないくらい「解雇の仕方」をアドバイスしてきましたが、何度もあの上司の助言に頼ってきたように思います。

「敬意をもって送りだす」とはどういうことか？　その人物を思いだし、感情に注意を払うことです。

もちろん、上に立つ者は会社にとって正しい決断をしなければなりません。だれかを解雇したり、別の部署に異動させたり、会社の目標達成に沿った行動を取らなければならないこともあります。

けれど、やるべきことをやりながらも、人間らしさを忘れてはいけません。あなたの決定に影響を受ける人物から目をそらさず、まっすぐ対峙することです。その人物には、あなたの決定によって影響を受ける家族がおり、キャリアがあり、人生があるのです。

その知らせを伝える際は、思いやりと敬意をもって、明確に、寛大な心で伝えます。解雇ではなく退職にすることはできないだろうか？　退職金は支払ってあげられるだろうか？

そしてその人物に自身の退職について同僚にどう伝えてほしいかを尋ね、可能であればその意向にしたがいます。

彼らの尊厳を損なうことなく優しく見送ることは可能か、というのは、むずかしい決断や厄介な会話を避けることとはまた別の話です。これは「だれもが傷つく心をもっている」という事実を知ることなのです。

偉大なリーダーは厳しい「決定」をくだし、それを穏やかに実行します。これこそが、敬意をもって見送るということです。

スーザンに「敬意をもって見送ること」を妨げる要因を聞くと、以下の答えが返ってきた。

・**武装すること**。だれかを解雇する際に、身構えてしまうリーダーを大勢見てきた。非常に重要な決定であるがために、リーダーたちは慎重にならざるを得ない。その結果、彼らは異常なほど合理的になり、決定を正当化するあらゆる理由を並べ立てる。これは一種の「自己防衛」である。

・**時間とお金**。本来、敬意をもって見送るには、時間もお金も気持ちもエネルギーもたっぷりかける必要がある。相手を思いやりながら、じっくり話しあわなければいけないからだ。しかし、めったにそういう状況は生まれない。

・**身代わりにすること**。ときどき壊れたシステムやチームのせいで被害を受ける人がいる。リーダーは自分を顧みて問題の解決策を探すのではなく、（たいてい無意識に）だれかのせいにしようと非難の対象を探している。

・**ヴァルネラビリティと勇気の欠如**。思考と感情を両立させ、同時に働かせることができないリーダーは、解雇された人物が「泣いたり腹を立てたりする」のを恐れたり、「緊張のあまりわれを失う」自分を恐れたりする。

スーザンはこうしめくくった。「敬意をもって人を見送るにはコツがいります。それは簡単にできることではなく、訓練が必要です。しかしそのスキルを優先的に身につけようとするリーダーや企業はほとんどいませんし、ありません」

恥が蔓延している兆候を示すのは、おそらく「隠ぺい」がおこなわれているかどうかだろう。隠ぺいは、そもそもの当事者だけでなく、共犯や恥の文化によって実行される。周りが共謀するのは、口をつぐみ、真実を隠すことで何らかの利益を得、あるいは自分の影響力や権力を危険にさらさずにすむからだ。もしくは、恥を利用して人びとを黙らせる隠ぺい文化が当然とされる環境で働いているからだろう。

いずれにせよ、企業、非営利団体、大学、政府、教会、スポーツプログラム、家庭の文化が、個人やコミュニティの基本的な尊厳よりも、システムや権力者の評判を守ることに重点を置いている場合、間違いなくつぎのような「問題」を抱えている。

・恥が組織全体に浸透している

・共謀が文化の一部である
・お金や権力が倫理に勝る
・説明責任は存在しない
・支配と恐怖が管理ツールになっている
・荒廃と痛みの痕跡が残っている

恥について本音で話すなら、「みんなが安心できる正しい環境」をつくらなければならない。恥について語るのは、極めて有意義なことだ。恥を語る許可を与えることは解放であり、それは暗い闇を照らす光となるはずだ。

人びとは（恥を抱えているのが）自分だけではないことを知るだろう。自分たちの話を共有し、恥を普通のこととし、つながりをつくり、信頼を築いていくだろう。これらは新たな、望ましい行動や文化への移行へとつながる高度な対話である。

恥について語ることで癒され、人生が変わることもある。

恥からの回復

悪い知らせは、「恥には抗えない」ということだ。つながりを大切にするかぎり、断絶の恐怖はつねに日常につきまとうし、恥によって引き起こされる痛みも実際に存在する。

ただし、いい知らせもある。恥からの回復は可能であり、しかも学ぶことでだれでも身につけることができるのだ。

「恥から回復する力」とは、恥ずかしい思いをしてもありのままの自分でいられる能力、その価値を損なうことなく乗り越え、恥に足を取られるのではなく、さらなる勇気、思いやり、つながりをもってそこから脱出する能力である。要するに恥からの回復とは、「恥を共感に変えること」であり、これこそが恥に対する真の解毒剤なのだ。

次項で「共感」と「自己に対する思いやり」について掘り下げていくが、ひとまずここでは、「共感や理解を示しながら耳を傾けてくれるだれかに自分の話をすれば、恥は消滅する」ということを覚えておいてほしい。

自己に対する思いやりも非常に重要だが、恥は人と人との間で生じる社会概念であるため、やはり他者との関係で癒すのが最善なのだ。

社会的な傷には社会的な薬が必要で、「共感」はその薬である。自己に対する思いやりが重要なのは、恥ずかしい思いをしているときに自分に優しくできれば、助けやつながりを求めやすくなり、共感も得やすくなるからだ。

共感

共感は、「つながり」や「信頼」に基づいて築かれた文化の要《かなめ》であり、また、リスクや議論を厭わないチームにとって不可欠な要素でもある。その一方で、「同情」「助言」「気遣うふりをした判断」などと混同されることも多い。

のちほど順番に見ていくが、共感には「5つの要素」がある。共感を勇気の道具箱に加えるためには、共感を、学んで実践できるスキルにつくり変え、同情との線引きを明確にし、共感にとっての大きな障壁を理解することが重要だ。

ここで、ひとつ紹介したい話がある。

数年前、わが社の社長兼COO（最高執行責任者）のスザンヌと一緒に、ノースカロライナ州のフォートブラッグ軍事基地で、リーダーシップに関するプログラムを取り仕切ったことがある。それはすばらしい経験で、旅程も完璧だった。

その旅程というのは、仕事が終わり次第、基地を出発し、ローリー・ダーラム国際空港まで119キロの道のりを運転、レンタカーを返したあと、ランチを食べて、出発の90分前に搭乗ゲートに着くというものだ。

念のため、いくつかのシナリオを想定し、飛行機の時間をチェックした私は、これで今夜の大切な試合に間に合うと確信していた。


娘のエレンは高校入学前の夏に、はじめてフィールドホッケーのスティックを手にした。新入生のためのオープンハウスで出会ったコーチの励ましと、うだるような暑さのなかおこなわれた厳しい練習の甲斐あって、エレンは1年目でレギュラーに選ばれた。

残念ながら、こと陸上スポーツに関しては、夫も私も子どもたちに引き継がせるような才能はまったくもちあわせていなかった。私たち夫婦は泳ぎが得意で、夫は現在も水球をやっているが、芝での機敏さは皆無だった。

エレンはコーチのことも仲間のことも大切に思っていた。懸命にトレーニングに励み、試合や練習は一度も休まず、自宅の庭で何時間もスティックの使い方を稽古しながら、高校の4年間、真剣にフィールドホッケーに取り組んできた。

私たちは試合の2時間前に、ヒューストンに到着する予定だった。2時間あれば服を着替えて、ファット・ヘッド20体を車に積んで、試合会場へたどり着ける（ファット・ヘッドとは、高さ90センチ、幅60センチに引き伸ばした選手の顔写真をスティックに張りつけた応援用の張りぼてである）。

それはエレンにとって高校最後のフィールドホッケーの試合で、ハーフタイムには両親が娘たちに花を贈り、フィールドまでエスコートすることになっていた。

すべてが予定どおりに運んでいた。エレンからメールが届いたときには興奮が抑えられなかった。「ママ、早く会いたい。これが最後の試合なんて信じられない！！！　ほんと嘘みたい！どうして時間が過ぎるのはこんなに早いんだろう？？？」

搭乗口で並びながら私も返事を打った。「あなたを誇りに思うわ！　あと数時間で帰るからね。ゴー、タイガース！！！」

やがて機械トラブルにより10分ほど遅れるというアナウンスが入ったが、搭乗の列に動きはなかった。「大丈夫。1時間くらいの遅延は想定内だから。もし90分以上遅れるようならプランBを実行すればいい。空港から試合会場に直行して、ファット・ヘッドは友人のクッキーにもってきてもらおう」……。

20分後、パイロットがゲートスタッフと話しているのを見て、私はスザンヌの腕をつかんだ。スザンヌはびくりとして、私に小声で尋ねた。「何？　どうかした？　大丈夫？」

変に騒ぎたてないよう、私も小声で答えた。「この飛行機、飛ばないみたい。パソコンですぐにつぎのフライトを予約しましょう」

スザンヌの数ある利点のひとつは、迅速な行動力だ。だれかともめたときには、彼女を味方につけたほうがいい。

スザンヌは何も言わずに別のフライトを探しはじめたが、ノースカロライナを出るには、アトランタで飛行機を乗り換え、ヒューストンに行くしかなかった。到着は午後10時。スザンヌはそのフライトを予約すると、私を見てこう尋ねた。「どうしてこの飛行機が飛ばないと思ったの？」

私が答える前に、ゲートスタッフから機械トラブルによるフライトのキャンセルが発表され、すぐに人びとはデスクに殺到した。スザンヌと私は空いている椅子に腰を下ろすと、ヒューストンのオフィスへ電話をかけた。

私たちはすぐに試合に間に合う方法を模索しはじめたが、45分後、スザンヌが私を見てこう言った。「ごめんなさい。どうやっても試合には間に合いそうにない」

「でも、車で行けば……」

スザンヌは私の腕に触れた。「可能性は全部考慮した。残念だけど」

私は絶望に打ちのめされ「どうして、どうして……」と言いつづけた。

スザンヌが私の目を見て言う。「今夜は10時過ぎにしか家に帰れないの」

私は泣きだしてしまった。周囲の人が驚いてこちらを見つめるほど、激しく。だが、そんな私の姿に動じないスザンヌを見て、私は彼女の深い共感を感じた。

しかもスザンヌは、その場を取り繕おうともせず、ただこう言ったのだ。「最悪よね。ほんと、最低。あなたの気がすむならヒューストンまで一緒に歩いて帰ってもいいわ」

「どうして」と、私は力なくくり返した。

「今夜は、あなたにとってすごく大切な試合だったのに。ほんと最悪。私もすごくつらい」

「本当に大事な試合なの」と、私は未練がましく言い募った。

スザンヌは私を見てこう言った。「ええ、もちろん大事な試合だわ。とってもね。あなたはできることはすべてやった。だって大切な夜だもの」


だれかがつらい思いをしているときに「うん、つらいよね。大変だと思う。ほんと最悪」と言ってあげるのはむずかしい。その場の状況をよくしなければと思って、相手の痛みをやわらげようとするからだ。

だがスザンヌは、私の痛みをやわらげようとはしなかった。スザンヌには、私の感情を受け止める勇気があった。

私は彼女を通じて、その夜、娘の大切な試合に行けずに打ちのめされている自分の姿を見た。スザンヌはその場の気まずい空気をどうにかするより、私に「共感」することを選んだのだ。

「本当につらい」と彼女が言ったとき、彼女は私の感情を言い当てていた。いま思えば、たしかにあれは大事な試合だったし、特別な行事だったが、数か月後に家を出て大学に行くエレンにとって、あれは数ある高校生活での最初の別れのひとつであり、悲しみのすべてではなかった。

私はスザンヌに言った。「客観的に見れば、たいしたことじゃないのはわかってる。普段は空港でお別れのときに泣きだす人がいたら、私は彼らの気持ちをおもんぱかって、悲しいけど、また会えるって気持ちをこめて笑顔を向けるようにしているの。これだって、お葬式や、事故や、とんでもない不幸が起きたわけじゃないのに、私、いったいどうしちゃったのかしら」

スザンヌは、**私の苦しみを何かと比較**したりはしなかった。私の痛みをやわらげることもしなければ、その苦しみをランク付けしたりもしなかった。

「たしかにお葬式でも事故でもないけど、やっぱり一大事よ。つらいに決まってる」

私はこれまでの研究で、苦しみを比較したり、惨めさを競ったりすることについてたくさんのことを学んできた。もしも共感がピザのように限りがあり、共感するたびに残りが少なくなっていくとするなら、苦しみのレベルを比較する必要があるかもしれない。

だが幸いにも共感は無限で、しかも再生可能である。与えれば与えるほど、増えていく。だからどんな痛みも共感を受け取ることができるのだ。ランク付けしたり制限したりする理由はない。

スザンヌとの一連のやり取りは、「共感の実践」だった。

悪い状況に陥った際、私たちの仕事は「状況をよくすること」ではない。そうではなく、大切なのは「つながること」「相手の立場に立つこと」だ。

共感は「経験」につながるのではなく、「経験を支える感情」につながるのである。

未経験の事柄に共感するにはどうしたらいいか、と聞かれることがよくある。もう一度言うが、共感は経験の裏にある「感情」につながっており、経験そのものにつながっているわけではない。あなたがこれまでに、悲しみ、失望、恥、恐怖、孤独、怒りを感じたことがあるなら、あなたにはすでにその資格がある。あとは共感力を磨き、高める勇気があればいい。

空港での話に戻るが、私は派手に泣き叫んで騒ぎを起こすぎりぎり前に、空港内の土産物店に隠れ場所を見つけた。

店名は〈Life is Good〉。なんという皮肉だろう。もしあの日店で働いていた女性がこれを読んでいたら、「大丈夫ですか?」と私を気遣ってくれたことに感謝を伝えたい。何より、30分も床に座り込んで人目を避けていた私をそっとしておいてくれたことに深く感謝している。あなたの親切にどれほど助けられたことか。

色とりどりのTシャツが並んだラックの背後で、私は娘にメールを送り、試合に行けないことを伝えた。電話ではなくメールにしたのは、大事な試合の前に電話口で取り乱したくなかったからだ。娘からの返信は愛にあふれていた。

飛行機の件、残念。ぶっちゃけ、いまママ取り乱してるでしょう？　でもママはこれまで１００試合くらい見にきてくれたし、練習にもつきあってくれたし、うちでパーティーをしたくないって言ったら、チームのみんなをキャンプに連れて行ってくれたよね。そういうことのほうが大事だから。愛してる。パパに写真たくさん撮ってって頼んでおくね。

夫のスティーヴには、Ｔシャツのラックの後ろから電話をかけた。夫は黙って私の話を聞いていた。

私がこれきり仕事を辞めて、もう飛行機には乗らないと言うと、夫は「きみは悪くないよ。あんなにがんばってファット・ヘッドと花飾りをつくったじゃないか。もう十分エレンの力になってるさ。試合に来られなくて残念だったね」と言った。

そしてスザンヌには、やはり感謝してもしきれない。飛行機に乗ってからも、私は何度も時計を見ては涙にくれた。そんなときスザンヌは、私の手を握り「わかってる」と言ってくれたのだ。

20時半をまわると、私はスザンヌを見て言った。「試合が終わった」。するとスザンヌは私を見てこう言った。「私たち宛てに写真は送られてきた？」私たちと彼女は言った。「つらかったけど、ともかく終わったのね」とは言わなかった。

　私たち宛てに写真は送られてきたかと尋ねた彼女は、まだ私の気持ちに寄り添ってくれていた。つらい経験だったが、一度も孤独は感じなかった。

　共感は、「選択」だ。しかも「脆さをともなう選択」である。なぜなら共感で「相手」とつながろうとすれば、その感情を知っている「自分」とまずつながる必要があるからだ。

　気まずい会話のなかで、相手の傷や痛みに気づいたら、それをやわらげてあげたいと思うのが人間のサガである。状況を改善し、助言をしてあげたいと思う。

　しかし共感とは「改善すること」ではなく、「相手の暗闇のなかで一緒に過ごす」という勇気ある選択である。自分の気分をよくするために、光を灯すことではない。

　自分でもどうしたらいいのかわからないことを相談されたら、私はこう言うだろう。「正直、何て言ったらいいかわからないけど、とにかく話してくれてとてもうれしい」

　というのも、そういう場合の返答が状況を改善することはほとんどないからだ。癒しをもたらすのは、「だれかとつながっている」という事実である。

　一方で、だれかが穴のなかで苦しんでいる場合、そのだれかと一緒に穴に飛び込み、その人の感情や苦しみを引き受けてどうにかしようとすることは共感ではない。苦しみが自分のものになってしまえば、ふたりの人間が穴のなかで動けなくなる。そうなってはどうしようもない。

ここでは「境界線」が重要だ。本当の意味で共感を示したいなら、自分と相手の領分を把握しておく必要がある。

イギリスの看護学研究者であるテレサ・ワイズマンは、深いつながりと人間関係が求められる職業を対象に共感を研究し、「4つの特性」を突き止めた。

これらの特性は、私のデータとも完全に一致したが、私の研究で示された「細部に目を配る」という項目に多少のずれがあったため、クリスティーン・ネフの研究から5番目の特性を拝借し、齟齬の解消を図った。ネフ博士は、テキサス大学オースティン校で教鞭をとる「セルフ・コンパッション（自分を思いやる力）」の研究者である。彼女の研究についてはのちほど詳述する。

どの要素についても、多くの研究がなされているが（5つの要素のいずれにも、何百冊という研究書がある）、ここではどのようにそれらの要素が合わさって、信頼を構築し、つながりを増幅するための燃料、つまり共感を生むのかを見ていきたい。

■共感のスキル＃1：他者の視点で世界を見ること

私たちは自分らしさ、出自、広大な経験を宿した「独自のレンズ」を通じて世界を見ている。そのレンズに年齢、人種、民族、能力、信仰といった要素が含まれているのは言うまでもないが、知識、洞察、経験もまた、私たちが世界を見る際のレンズを形づくっている。

過去や経験の産物であるその視点は、独自の世界を映しだす。10人が同じ出来事を見たら、何が、どのように、どうして起こったかという、10個の異なる視点が生まれるのはこのためだ。では、目で見て知り得る「普遍的な真実」は存在するのだろうか？　もちろんだ。数学や科学は多くの実例を提供してくれる。

その一方で、人間の感情、行動、言語、認知といった目まぐるしい要素に関しては、さまざまな見方がある。

「共感」に関するよくある誤解のひとつは、「自分のレンズを外して、他人のレンズで見ることができる」というものだ。それは不可能だし、私たちのレンズはそれぞれに接合されている。私たちにできるのは、たとえ自分のそれとは違っても、「他人の視点を、真実として尊重すること」だ。

異性愛者、中流階級、男性、白人、クリスチャンといった「マジョリティ文化」のなかで育ち、自分の視点は正しく、視点を合わせるべきは周囲の連中だと言われてきた人にとってはむずかしいかもしれない。さらに言えば、「視点の違い」について知らなければ、自分の真実こそがすべてであるという考えが、ことあるごとに強くなっていく。

子どもたちは、世界や世の中の仕組みに興味をもち、「視点」を敏感に取り入れる。子どものころに身についたものの見方は、「両親」の影響が極めて大きい。その年代に多様なものの見方を教わらなかった人たちは、大人になってから、武装したい気持ちをぐっととこらえて、そうした視点を身につけていかなければならない。

「他者の立場に立って世界を見る」には、「知識」ではなく、「学習」が必要だ。

たとえば私が、シカゴの高級住宅街で育った、同性愛者でアフリカ系アメリカ人の25歳の同僚と話しているとする。新たに開発を検討しているプログラムについて、私たちの意見はまったく嚙みあわない。

彼が「ぼくの経験上、そのやり方だと失敗します」と言う。

私は、自分の白人、中年、女性というレンズを外すことも相手のレンズを装着することもできないが、代わりにこう尋ねる。「あなたの意見をもっと詳しく聞かせてくれる?」

そして、たとえ「自分の意見」と違っても、「彼の意見」も真実として尊重する。

これまで私たちが見てきたあらゆる研究が、包括性、革新性、パフォーマンスにポジティブな相関関係を認めている理由はここにある。**多様な視点をもち、他者を尊重し、評価したときにはじめて、自分がだれのために働き、相手が何を求め、あるべき場所であるべき人と出会う**

にはどうすればいいのかといった、世界の全体像を把握できるようになるのだ。

２０１８年９月の『ヴォーグ』誌に寄稿したビヨンセの言葉を紹介したい。

力のある人びとが、見た目も話し方も育った環境も自分に似たキャストだけを使いつづけるなら、自分の知る経験以上のものを理解することは決してありません。同じようなモデルを雇い、同じような芸術作品を収集し、同じような俳優をくり返し使いつづければ、やがて私たちはすべてを失うでしょう。

ソーシャルメディアのいいところは、完全に民主的なところです。みんなが発言権をもち、どの声も尊重され、だれもが自分の視点で世界を塗り替えるチャンスを与えられています。

このときビヨンセの表紙写真を撮影したのはタイラー・ミッチェルという人物で、彼は１２６年の歴史をもつ『ヴォーグ』誌史上はじめて、表紙写真を撮影したアフリカ系アメリカ人となった。

こうした問題を追求し、自分の盲点（だれもがもっている）に気づいたら、鎧で身を守らないようくれぐれも注意してほしい。知ったかぶりをするなら共感はできないし、学ぶ気がなくても共感はできない。

もっと言えば、何もかも知っているような顔をしてしまうと、失うのは共感だけではない。好奇心はヴァルネラビリティと向きあうためのカギであり、知ったかぶりは勇気を構成する4つの要素すべてを遠ざけてしまうからだ。

■共感のスキル #2：批判的にならないこと

批判好きな人にとっては簡単なことではないし、大半の人は批判が好きだ。調査によると、私たちが「批判的になる」のはつぎのような場合だという。

ひとつは、「自分が恥を覚えやすい領域」、もうひとつは、「その領域でだれかがしくじっているとき」。つまり、よくわからないけれどひどく批判的な気持ちになっているときは、あなたが厄介な問題を抱えているというしるしである。

批判的な感情の原因を調べるのは重要で、というのも、それはすぐに恥の悪循環へと陥ることがあるからだ。

他人を批判すると恥じる気持ちが生じるため、さらに他人を批判することで自分の傷を軽減しようとする。この悪循環は組織内で頻繁に発生し、上から下へと転がり落ちて消費者のもとまで行ってしまう。恥や批判の文化と、顧客へのすばらしいサービスを両立させている企業には、いまだかつて出会ったことがない。

「批判をやめる」ということは、私たち自身が自分の恥や苦しみで傷つきやすい部分を認識するということだ。幸いにも、私たちは自分に自信のある領域では他人を批判しない。つまり**自信をつけるほど、批判とは無縁になっていく**のである。

■共感のスキル #3：他者の気持ちを理解すること
■共感のスキル #4：相手の感情を理解したと伝えること

このふたつの特性を一緒に語るのは、それぞれを分解していくと、両者は密接に関連しているからだ。

他者の気持ちを理解し、また理解したことを伝えるには、自分自身の感情に触れる必要がある。理想的なのは、感情をすらすらと言葉にできることだが、それが無理でも、感情を語ることに苦痛を感じない程度には慣れておきたい。

これまでインタビューした人の多くは感情の世界に慣れておらず、感情を雄弁に語るにはほど遠かった。

個人的に、「感情を理解する能力」、いわゆる感情のリテラシーは、「言語能力」と同じくらい重要だと思っている。そのときどきの感情を明確に説明できないと、それを乗り越えることは不可能だ。

たとえば、右肩に激痛が走って医者に行ったとする。痛みを感じるたびに息をのみ、前かがみになってしまうほどの激痛だ。ところが診察室に入ったとたん、口にガムテープをはられ、両手を後ろ手に縛られてしまう。

医者は助けになりたいと思っているが、事情を尋ねてもあなたはガムテープ越しにモゴモゴ言うばかり。あなたは説明したくてたまらないのに、言葉を発することができなくて、だから痛みに名前をつけることも、状況を説明することも叶わない。

そこで医者は痛む箇所を指さすよう指示するが、両手を縛られているので、右下に視線を落として身をよじらせるしかない。あなたはどうにか伝えようともがくものの、やがてあなたも医者も疲れ果て、諦めてしまう。

これが、「感情を説明できないとき」に起こっている状態である。経験を特定したり、名づけたり、言葉にしたりできないと、感情を処理するのは極めて困難になる。

また、「感情を理解する能力」は、共感、恥、回復に必要な、そして挫折から立ちあがり再スタートを切るために必要な能力でもある。

たとえば、「失望と怒り」「恥と罪悪感」「恐怖と悲しみ」といった、似て非なる感情の違いがわからずにつまずいてしまった場合、どうやって立ちあがればいいだろう？　こうした感情を自分自身で認識できなければ、他人のそれを認めるのは不可能に近い。

私たちの**「感情のリテラシー」**の研究は、最終段階に差しかかっている。映画で言えば、そろそろ音楽とともにドラマチックなナレーションが流れてくる頃合いだ。感情を理解できるようになった世界では、自分や他者のなかに存在する30から40の感情に名前をつけ、認識できるようになるだろう。

「感情の種類」に関しては、最終確認がおこなわれている最中なので、はっきりとした数字は明言できないが、感情的な対話を滞りなくおこなうなら、少なくとも30種類の名づけられた感情が必要だろう。

「相手の気持ちを理解した」と伝えることに関しては、間違った理解をしてしまう恐れがあるため、リスクが大きいと感じるかもしれない。「理解した」と思っていたけれどそうでなかった場合、「引き返す勇気」が必要になる。

実際、私たちが誠実で、相手に注意を払い、好奇心をもちつづけていれば、軌道修正は可能だ。セラピストがよく「つまり、あなたの言っているのはこういうことですね……」と尋ねるのは、相手の気持ちを確認するためだ。確認されたことで相手は「違う。そうじゃない。私は悲しいんじゃなくて怒っているんです」と言うかもしれない。

セラピーの場でなければ、「プロジェクトの件は残念だったね。ほんと腹が立つよね。話聞こうか？」と言えばいい。これはあなたが同僚と同じ立場に身を置き、彼らの気持ちに一緒に向きあう意思を示している。

あなたが感情を示すことで、相手に引き返す機会を与えることもできる。「腹が立ったというより、すごく恥ずかしくてがっかりした。だって、みんなには私にぴったりの仕事だって言われていたのに、まさか失敗するなんて思わなかったから。みんなに失敗した理由を説明しなきゃいけないけれど、自分でも理由がわからない」

このやり取りだけでも、有意義で、信頼を築き、癒しさえもたらす会話に必要なつながりと連携を築くことができる。

氷山の間を進む

感情を特定し、名づけるのがむずかしい理由のひとつに**「氷山効果」**というのがある。氷山を想像してみてほしい。水面にその一角が見えていて、その下には氷がおそらく何キロもつづいている。

同様に、私たちが経験する感情の多くは、怒りや拒絶として表面化する。そしてその下には、はるかにややこしくて深い感情が存在している。

「恥」と「悲しみ」は、あらわにするのがむずかしい感情の代表格で、だからこそ「怒り」や

「沈黙」に変換されやすい。

これはある意味、わかりやすい。大半の人間は、「傷つく」よりも「腹を立てる」ほうが楽だからだ。また、私たちの文化も「痛み」より「怒り」のほうを好んで受け入れる。今度拒絶や怒りの感情を抱いたら、その奥にわだかまっているものを自問してみてほしい。

ここまでの要素をまとめると、共感に必要なのは「他人の視点に立って、つまり、知っているというスタンスを取るのではなく、耳を傾け、学ぶ姿勢を示すこと」。

つぎに「批判的にならないこと」。それから、「相手がどんな感情を表しているのかを読み取り、その感情をこちらがどう理解したかを伝えること」。

■共感のスキル ＃5：マインドフルネス

5番目の要素「マインドフルネス」は、クリスティーン・ネフ博士から拝借した。博士はマインドフルネスをつぎのように説明している。

「感情が抑制されたり誇張されたりしないよう、ネガティブな感情に対してバランスの取れたアプローチをすること〔中略〕痛みを無視しながら思いやることはできない〔中略〕マインドフルネスでは、思考や感情を〝過剰に認識〟し、ネガティブな反応に取り込まれないようにすることが必要だ」

マインドフルネスとは言い換えれば、「細部に目を配ること」である。マインドフルネスに関するネフ博士の発見、とくに感情を過大評価したり、誇張したりしないことに関する調査結果は、私たちの調査結果と完全に一致する。考えすぎて身動きが取れなくなるのは、まったく気づいていないのと同じくらい意味がない。

だから私は、会話のなかで起きていること、会話によって引き起こされる自分の感情、自分のボディランゲージ、相手のボディランゲージに意識を向けながらマインドフルネスを実践するようにしている。感情を過小評価したり誇張したりすると、正しく共感できないことがある。

共感とはどのようなものか

「共感」について教えていると、人から「もっと確実なもの」を求められる。

私が駆けだしの教師だったころ、ソーシャルワークを勉強している学生から「共感性の決定木」をつくれるかと訊かれたことがある。決定木とは「こう言われたらこう返す。相手がこう動いたらこう切り返す」という、予測を分析した図表のことだ。

残念ながら、そんな便利なものは存在しない。共感とはつながりであり、つながりは最高のナビゲーション・システムである。苦しんでいる人に寄り添うつもりで間違った方向に進んでしまったとしても、つながりは寛大だ。すぐにやり直しが利く。

共感の決定木が存在しないのは、「人間はひとりひとり違う」からだ。たとえばあなたが言いにくい話をだれかに打ち明ける場合、相手に望むのはどれだろう。

視線を合わせる?
そっぽをむく?
手を伸ばしてハグ?
そっとしておく?
即座に反応?
黙って耳を傾ける?

この質問を100人にすれば、100通りの答えが返ってくるだろう。正解を知るには、相手とつながり、注意を向けるしかない。

空港で取り乱した私に、「エレンの試合は見られない」と明確に告げたスザンヌは、少し身を引き、それでも私のそばにいてくれた。もしあのときハグをされていたら、ハグなど求めていなかった私は、実際にパンチをしたりヘッドロックをしたりすることはなかったにしても、そういう衝動くらいは覚えたかもしれない。

スザンヌは私の気持ちに寄り添ったからこそ、私の目をまっすぐ見て、エレンの試合に行けないことを告げ、私にスペースを与えてくれたのだ。

この一件は、スザンヌと私が出張先できずなを深めたあとの出来事だったが、これはよく知らない相手であっても有効な手段である。

好奇心を抱いて相手とかかわり、つながること。間違ったことを言ったらどうしようという恐怖、事態を修正しなければという思い、完璧な対応ですべてを癒してあげようという気持ちを手放すこと。

物事を完璧にこなす必要はない。ただ、行動するだけでいいのだ。

数年前、ビル・アンド・メリンダ・ゲイツ財団のリーダーたちと仕事をした際に、財団一の勇気の持ち主であるメリンダと出会った。彼女と出会えたことは、私の大きな喜びとなった。メリンダは、「共感」と「ヴァルネラビリティ」がいかに連携してつながりのある文化を生みだしているかを、積極的に体現している。

1987年にマイクロソフトに入社したメリンダは、マルチメディア製品の開発リーダーとして頭角を現し、のちに同社の情報製品部門の責任者に任命される。

1996年にマイクロソフトを退社後は、慈善事業と家族に専念するようになる。彼女は夫のビルとともに財団の戦略を練り、承認し、結果を考察し、組織の方向性を決めながら、被文援者や支援者と会って、米国および世界の公平性を向上させるという財団の目標を推進中だ（なお、ふたりは2021年に婚姻関係を解消している）。

メリンダは、「女性や少女が力をもてば、家庭や地域や社会の健康や繁栄に劇的な変化をもたらせる」という事実を目の当たりにしてきた。現在メリンダは、重要な変革の過程として、「男女平等」に焦点を当てている。

ヴァルネラビリティに関する自身の経験を、メリンダはつぎのように記している。

ヴァルネラビリティの実践をはじめてみたところ、正直、その手応えに驚いた。ビルと私は財団のスタッフ全員と年に数回会うのだが、こうした会合はみんなとつながりを築くための大切な機会である。

最近、こうした会合の席で、私たち夫婦がやるべき、またはやるべきでないリストがあることを公表した。リストの内容は、基本的に、私たちふたりが模範を示すために取り組むべき事柄だ。会議後、多くの人が私のもとへやってきて、「あなたが私たちのためにやるべきことを理解しているのを知って安心しました」と言った。

また、私は会議の席で、子どもたちの話もするようになった。これまで個人的な事柄だと思ってあまり話したことはなかったが、話してみると、仕事と家庭のバランスを取ろうと奮闘し、またこの財団で働き、子育てをしながら自分らしく生きている多くのスタッフたちの胸に響いたようだった。

自分のヴァルネラビリティを解放することで、財団に所属する個人とも、集団文化ともつながりが強くなったように感じる。

共感を実践する

困難にぶつかり、つながりや共感がほしいときには、こちらの長所も悩みも受け入れたうえで、**「きちんと話を聞いてくれる人物」**に現状を打ち明ける必要がある。「適任者」を見つけるには、経験がものを言うが、自分がだれかにとっての適切な人物になる場合も同じである。共感に関して重要なのは、「適切な人物」「適切なタイミング」「適切な問題」である。

共感には「6つの障壁」というものがあり、その壁のせいで経験を積んでも上達しない、もしくはうまく共感できないことがある。

個人的で繊細な悩みをだれかに相談し、あるいは興奮したことやうれしかったことを話しても、相手からの手応えを感じないときの気持ちは、だれもが知っていると思う。がっくりと気落ちし、自分がさらし者になった気になり、場合によっては羞恥の淵に立たされる。

専門的に言えば、これは「**共感の失敗**」と呼ばれる状態だが、ここでは少し言葉を変えて「**間違った共感**」と呼ぶことにする。

では、これから、「共感の6つの障壁」を見ていこう。これらの障壁を知っていれば、遭遇したときにはすぐにピンとくるだろうし、悩みを抱えた人たちとつながる機会を得た際にも、うまく対処できるはずだ。

■間違った共感＃1：同情 vs. 共感

あのとき空港で、私を孤独の淵に追いやり、最悪な気分に追い打ちをかけるものがあったとしたら、それは「同情」だっただろう。

もしスザンヌに「残念だったわね。本当にかわいそう」とか「あなたがどれほどつらいか想像もできないわ」などと言われていたら……。だが彼女は私のために残念がるのではなく、一緒に痛みを分かちあってくれた。

「共感」とは、相手と分かちあう感情で、「同情」とは、相手に対して抱く感情である。共感はつながりを促進し、同情は断絶を促す。私はいつも共感と聞くと、深い井戸のなかにいる人が、井戸の底で「暗くて怖いよ。もう限界だ」と叫んでいるところを想像する。

私たちは井戸の縁からのぞき込み、「あなたの姿は見えてるよ」と言い、また地上に戻れるという自信とともに、はしごを降りていく。「そこがどんな場所かは知っている。大丈夫、あなたはひとりじゃない」。もちろんあなたは、自分の脱出方法を確保したうえで降りていく。策もなしに穴に飛び込めば苦境に陥るが、自分の領分を明確にして穴に飛び込めば、それは共感である。

一方「同情」は、井戸の縁をのぞき込んで「ああ、大変なことになったね。本当に残念だよ」と言って、そのまま歩き去ってしまう。

私がロンドンでおこなった共感に関する講演をもとに、王立技芸協会が作成した共感と同情の違いを示す愉快な短編アニメーションがあるので、よければ見てみてほしい。brenebrown.com/videos/

だれかが苦しんでいるときに、もっとも効力を発揮する言葉は**「私も」**である。

実際、タラナ・バークが巻き起こした「#Me Too」運動は、この言葉を行動が後押しすることで、現代における一大ムーブメントとなった。とくに職場でのセクハラや暴力の横行に異を唱えるこの運動は、共感がいかに勇気を養い、大きな変化を促すかという好例を示している。

「Me too」は言う。*私の経験とあなたのそれとはまったく同じものではないかもしれないけれど、私もこの苦しみを知っている。だから、あなたはひとりじゃない。*

一方で「同情」は言う。それは最悪だ。本当に気の毒に思うよ。あなたの経験はわからないし、理解もできないけど、できれば知りたくもない経験だろうね。

要するに「共感」と「同情」の違いは、「自分ごととして考えるか」「他人ごとですますか」ということだ。

共感的な反応は、**「理解し、分かちあい、同じ場所に立つこと」**で、同情的な反応は、**「相手を気の毒に思うこと」**である。

恥の暴風を極限まで高めたいなら、「ああ、かわいそうに！」と言えばいい。だれかにかわいそうだと思われると、私たちの孤独は深くなる。そしてだれかと気持ちを分かちあえると、つながっている感覚が強まり、自分は正常なんだという気持ちが増す。

■間違った共感 #2：大げさに驚く

たとえばあなたの話を聞いた同僚が、あなたの代わりに恥ずかしさを覚えたとする。彼らは息をのみ、それがいかに大変なことかをこちらにわからせようとする。彼らはぎょっとし、動揺する。ぎこちない沈黙が流れ、あなたは同僚の気持ちをやわらげなければならなくなる。

たとえばこんな話をしたとする。「昨日ようやく報告書を提出して浮かれていたら、しばらくして社長から連絡があって、最後の2ページが抜けていたっていうんだ。どうも添付するのを忘れちゃったみたいで」

あなたは同僚がこう言ってくれるのを期待する。「ああ、私もやったことある。最悪だよね」だが同僚が驚いて「ええ、私なら死んじゃうかも」と言う。すると、あなたは急いでフォローにまわり、「ううん、そんなに大変なことじゃないから」と相手の気持ちを気遣わなければならなくなる。

■ **間違った共感 #3：失墜**

このケースでは、あなたの友人があなたのことを完全無欠の人物だと思っている。そして完璧なはずのあなたの不完全さが露見すると、友人は失望のあまり、手を差し伸べることができなくなってしまう。

あなたは信頼している友人にこう打ち明ける。「業務評価が思ったより悪くて……。これが恥ずかしいことなのかなんなのか自分でもよくわからないけど……いまは何にも考えられない。今期の評価がこんなに悪いなんて信じられないよ」

相手の反応はこうだ。「うそでしょ。あなたがそんな評価を受けるなんて。いったいどうしたの？」

そして突然、共感的なつながりが断ち切られる。相手に失望され、あなたが自分の身を守ろうとするからだ（これは幼少期によく起こり、完璧主義の原因になりやすい）。

■間違った共感 #4：楽なほうへ流される

このケースでは、あなたの友人が気まずさに耐えきれず、あなたにきつく当たってくる。「どうしてこんなことに？　いったい何を考えていたんだ？」またはその友人がだれかに非を押しつける。「何なの、あいつ？　さっさと追い出そう。じゃなきゃ、通報しよう！」これは大きな共感の欠如である。こっちは悩んでいるから助けを求めたのに、相手は不快感を拒絶して楽なほうに逃げている。そうしてだれかに腹を立てたり、批判したりすることを選んでしまう。これでは何の役にも立たない。

■間違った共感 #5：取り繕う

気まずさを打破するために、状況を改善しようと必死な同僚がいる。その人物はあなたがミスや誤った選択をしたことを受け入れようとしない。そしてこう言う。「そこまで悪くないよ。悪いわけがない。きみは優秀だ。できる人間なんだ」

彼は、あなたの気分をよくしようと躍起になるばかりで、あなたの気持ちには耳を貸さず、あなたの感情を分かちあおうとしない。これはかなり当惑する状況であり、嘘くささがプンプンにおう。

■間違った共感 #6：私のほうが……

このケースではつながりと優位性を混同している。「そんなの大したことじゃない。私の1994年度の四半期の業務評価なんて……」

比較や競争は危険である。苦しいときにいちばん聞きたいのは「私もだよ。あなたはひとりじゃない」という言葉であって、これは「へえ？　私もだよ。この前なんて……」とは違う。

主な違いは、後者は主眼が「自分のほう」に移っていることである。

これが、私たちである

ここで残念なお知らせだ。「世間には、共感力が足りない人がいる」ということはご存じだろう。

しかし実のところ、私たちはみんな共感力が足りていない。共感力とはスキルである。だからいい知らせとしては、このスキルを身につければ、共感力も高まるということだ。これは大きな贈り物である。

スキルを身につけるにあたり、考えるべき点は以下のとおりだ。

（1）先述した6つの「間違った共感」について考えたとき、自分がされて嫌なものはどれだろう？

（2）その障壁に遭遇したら、どんな感情が湧きあがり、相手とのつながりにどんな影響があるだろう？
（3）反対に、あなた自身の共感のスキルはどうだろう？
（4）これまでの共感の仕方で変えたほうがいいものはあるだろうか？

くり返しになるが、「間違った共感」を示す友人や同僚は、必ずいる。そして私たち自身も、間違った共感を示す友人や同僚である。これは彼我の問題ではない。私たち全員の問題である。自分も含めて、私はこのスキルを20年間教えてきた。

だれかの話が完璧主義者として私の恐怖をかきたて、とくにそれが私に影響すると思った場合、私は俯瞰的に考える。そういう状況では、「間違った共感」を発揮しがちになるからだ。

長年共感と同情を研究してきた私は、同情しないすべを心得ている。「気の毒ですね」とか「残念です」とはめったに言わないし、というのも、自分がそう言われるとひどく傷つくからだ。また、「共感のふりをした失望」にもしょっちゅう遭遇する。

以前ある講座で、「とにかくだれかを殴りたい」と言ったことがある。すると質疑応答のときに、手をあげてこう発言した人がいた。「あの、だれかを殴るという話には賛同できませんが、それでもあなたは私の憧れです」

私はすぐにこう言った。「私に憧れてはいけません。私もあなたと同じようにまだ旅の途上にあり、たどり着いてはいないのです」。**だれかが完璧であるという思い込みは、間違った共感である。**

「共感のスキル」を身につけるのは、容易ではない。身につけるには訓練が必要だし、それには何度も失敗がともなう。だが、訓練とはそういうものだ。バスケのフリースローでも、３７５９回の失敗があって、ようやく上達する。

私たちが主催する共感のワークショップでは、参加者につぎのように書かれた書面にサインしてもらう。

「私は共感を実践し、失敗し、もう一度確認し、整理し、再挑戦することに同意します」

大切なのは、自分の、チームの、友人の、そして家族のことを「真剣にわかろうとする姿勢」である。

あなたがあきらめずに「あなたがあの話をしてくれたとき、もっと別の対応ができればよかったと後悔しています。あなたのこともあなたの話も真剣に受け止めているので、もう一度チャンスをくれませんか?」と言ってくれたら、相手はどれほどうれしいだろう。

これこそが、勇敢なリーダーシップである。

自分を思いやる方法

共感に対する「最大の障壁」とは何だろう？

鏡を見てほしい。「失敗してしまったとき」に、思いやりや寛大な心をもって自分に接することができているだろうか。まずはこれが最初のステップだ。

「ミスを犯したとき」に自分を罰したり、恥ずかしいと思ったりする衝動を抑えることができれば合格だ。


先述したテキサス大学オースティン校のクリスティーン・ネフ博士は、セルフ・コンパッション研究所を運営しており、『セルフ・コンパッション――あるがままの自分を受け入れる』（金剛出版、２０１４年）の著者でもある。

彼女はセルフ・コンパッションを実践するにあたって、必要な要素を３つ紹介している。それは「自分への思いやり」「人間らしさ」「マインドフルネス」だ。

マインドフルネスについては先述の「共感のスキル＃５」でも触れたが、そこでは「細部に目を配ること」と言い換えた。マインドフルネスは、共感とセルフ・コンパッションのいずれにおいても活用されるが、セルフ・コンパッションの場合、自分のものではないかもしれない思考や感情を引き受けないことが重要だと博士は記している。

つまり、「他人の言葉に責任を感じることなく、自分のパートだけを引き受ければいい」ということだ。「彼女は私にイラついていた」と表現していたなら「彼女はイライラしていた」と言い換えてほしい。ひとところにとらわれて、身動きが取れなくなっては意味がない。

「自分を思いやる」というネフの定義には「苦しかったり、何かが足りないと思ったときには、自分の痛みを無視したり、責めたりするのではなく、自分に対して温かな気持ちで理解を示すこと」とある。要するに、**「大切な人に話しかけるように、自分に話しかけること」**だと個人的には解釈している。

私たちの多くは、他人にはしないようなやり方で自分を辱め、軽視し、批判する。私は娘や息子に対して「ばっかじゃないの！」などとは絶対に言わないが、自分に対してはいとも簡単に言ってのける。

私の実体験を紹介する。少し前に雑誌のインタビューを受けたときのことだ。

言葉を選んだり、台本どおりに進めたり、自分の発言を俯瞰したりすることが苦手な私は、いつもこうしたメディアのインタビューにドギマギする。

「オフレコ」ではないこうしたインタビューは、心を開き、恐怖やフィルターを取っ払い、おたがいを受け入れながら実体験を明らかにするという、私が20年以上にわたっておこなってきたインタビューとは真逆のものである。私は使わないでほしいと言われたことは決して研究には使わないし、本人の承諾なしに個人が特定されるような書き方も絶対にしない。

この2時間の（長すぎる）インタビューのなかで、複数の優先事項の扱い方について訊かれた際、私は「〝クソほど〟大変です」と答えてしまい、すぐに「失礼！　いまのはなしで！」と頼んだ。

だが、時すでに遅し。私の発言はすでに記録されていた。うかつだった。

言っておくが、私はそもそも口が悪い。だからこういう言葉遣いはよくする。文章を書くときになるべく使わないようにしているのは、たぶん、会話では多少乱暴な言葉を織り交ぜたほうがしっくりくるが、文章においてはそのかぎりではないと感じるからだろう。

夫によると、私の言葉遣いは、この仕事をはじめた当初よりもずっとひどくなっており、いまでも年々悪化しているという。だが幸いにも、人生におけるつらくて悲惨な瞬間を語る際、人びとは言葉を飾ったりはしない。彼らの言葉は、その話同様、リアルで、ざらついていて、荒々しい。

私は夫から「ボーグ」というあだ名で呼ばれている。ボーグとは、人気ＳＦシリーズ『スタートレック』に登場する架空の機械生命体の集合体である。ほかのエイリアンをコピーして複製をくり返すこのボーグのように、私はだれかとある程度の時間を過ごすと、その人物のアクセントや口調を真似ていることが多い。

数か月前、上司のことをしきりに「ゲス野郎」と呼ぶ男性に話を聞く機会があった。それからほどなく、夫と一緒にその男性の車に乗っていた私は、車列に割り込んできた車に向かって、窓に顔を押しつけながらこう言った。「このゲス野郎。勘弁してよ、ゲス野郎！」

この30年間、私がそんな言葉を使うのを聞いたことがなかった夫は、頭をふって笑った。ともかく、私の暴言が記録されてしまったことに気づくと、私は自分に毒づいた。「ブレネー、あんたはなんて愚かなの。たった2時間も我慢できないなんて」

もう一度言うが、私は家族や同僚に対してこんな口の利き方はしない。家族に声をかけるとしたら「原稿の締め切りに追われて疲れているのね。ちょっと休憩したら？　あんまり自分を追い込まないで。あなただって人間だし、だれだってそういうときはあるんだから」

だが私はそれから2日間自分を責めつづけ、上記とまったく同じなぐさめの言葉を夫にかけられるまでそれはつづいた。

自分に優しくすることは、自分に共感することだ。たとえ自分を思いやることに違和感を覚えても、これは効果的な方法である。

ネフ博士の「人間らしさ」の定義もいい。博士はそれを「きっと自分だけだ」と思い込むのではなく、気まずさのなかで団結することだと定義づけている。

人類の共通認識について、彼女はこう説いている。「苦しみや個人的な物足りなさは、だれもがもっているものであり、『私だけ』に起きているのではない。だれもが経験するものなのだ」

これは共感の基礎であり、「#Me Too運動」の要のひとつである。こうした対話をおこなうほど、よくも悪くもつながりを実感できるようになる。

「共感」は、つながりと信頼を構築するもっとも強力なツールであると同時に、「恥」に対する解毒剤でもある。恥をシャーレ（ペトリ皿）にのせて、批判、沈黙、秘密でふたをすれば、恥にとって完璧な生育環境が生まれ、あなたの人生のありとあらゆるところに入り込んでくるだろう。

一方、皿にのせた恥に共感を加えれば、恥はその効力を失い、衰えていくはずだ。共感は、恥にとって厳しい環境、恥が生き残れない環境をつくりあげる。恥には、孤独でひとりぼっちだと信じるあなたの気持ちが必要なのだ。

だからこそ、つぎの言葉には力がある。

・「うん、わかるよ」
・「わかる、本当に最悪だよね」

・「私も」
・「大丈夫、あなたはひとりじゃない」
・「私も同じような経験をしたけど、本当につらいよね」
・「そういう経験した人は多いと思う。それが普通なのか、みんなが変わっているのかはわからないけど、いずれにしてもあなただけじゃないから」
・「それがどういうことかよくわかる」

共感と、恥からの回復

共感に関する理解を深め、スキルを学んだところで、「恥からの回復に必要な4つの要素」を見ていこう。

自分にとって恥ずかしい話を、共感と理解をもって応じてくれる人に伝えることができれば、恥は消滅する。

1．恥を認識し、そのきっかけを理解する

恥ずかしくて仕方がないときにそれを身体的に認識し、そこから手探りで抜けだし、どんな意図がそれを引き起こしたのか、その「原因」を突き止めることができるだろうか？

研究によると、「恥からすぐに立ち直れる」参加者たちは、恥の具体的な症状を認識していた。彼らは恥の生体を知っており、それは注目すべき大きな手がかりだ。

私の場合、恥を感じたときには、（感情が落ち着くまで）しゃべらないし、テキストもメールもしない。なぜなら、人と交流するのに適した状態ではないからだ。

恥を理解し、認識すると、「恥のバリア」を標準装備しないですむようになる。恥のバリアとは、ウェルズリー大学の研究機関ストーン・センターの研究者リンダ・ハートリングらが**「断絶の戦略」**と呼ぶものだ。

・距離を置く：引きこもり、身を隠し、口をつぐみ、秘密を明かさない。
・距離を詰める：なだめたり、喜ばせたりしようとする。
・反発する：攻撃的になったり、恥に対抗するために恥を利用したりして、相手を支配しようとする。

あらゆる武装と同じく、自分を守るためについしがちな行為だが、これはありのままの自分や誠実さから遠ざかる行為でもある。

2. 批判的な意識の実践

恥はカメラのズーム機能のような働きをする。恥を感じると、カメラがその姿をとらえ、欠陥を抱えた自分ひとりが苦しむところだけを映しだす。そうして「こんなの私だけだ。自分はどこかおかしいのだ。ああ、孤独だ」と考える。

だがズームアウトすると、別の絵が見えてくる。多くの人たちが同じように苦しんでいる姿だ。すると「自分だけだ」と思っていたあなたは「信じられない！　あなたも？　これが普通なの？　自分だけかと思ってた！」と思うようになる。

一度全体像が見えれば、恥の引き金や、恥を助長する社会の期待を現実的に見られるようになる。

3. 他者と接する

他者と接することの最大の利点は、孤独の奈落に突き落とされるような体験も、「実は特別なことでも何でもない」と学べることだ。

どこのだれであろうと、育ちがどうであろうと、何を信じていようと、だれもが「物足りなさ」と、「どこかに帰属したいという葛藤」を胸の内に抱えている。自分の経験を話す勇気と、他人のそれを聞く思いやりがあれば、私たちは恥をあぶりだし、沈黙を破ることができる。

だれかに向かって手を伸ばさなければ、多くの場合、恐怖、非難、断絶に陥ってしまう。

4. 恥を口に出す

恥は「語られないとき」にその力を発揮する。だから恥は、簡単に口をつぐんでしまう完璧主義者を好む。恥に名前をつけ、口に出す、という認識が深まれば、たいてい恥に歯止めをかけられる。

恥は、自分にまとわりついてくる言葉が苦手である。口に出せば、恥は勢いを失う。言葉と物語は恥をあぶりだし、破壊する。自分の感情や要求を口に出せないと、心を閉ざすか、問題を起こすか、その両方をすることになる。

恥を口に出すことを学べば、恥がしかけてくる言葉の罠を見破れるようになる。これは、私たちが気持ちや要求を伝えようとする際に、恥を感じさせたり、羞恥心を隠そうとしたりするときに使われる言葉だ。つぎのような言葉を耳にしたら、くれぐれも注意してほしい。

- 「あなたは繊細ですね」
- 「あなたがそんなに脆いとは知りませんでした」
- 「これがあなたにとってそれほど大変なことだとは思いませんでした」
- 「警戒心が強いですね」
- 「あなたの近くで話すときには言葉に気をつけないと」
- 「それはあなたの妄想ですよ」

・「あなたって本当に攻撃的ですね」

私の場合、「負け犬」「つまらない」「弱い」といった言葉も全面的に禁じてきた。

また、残酷なものも好きではなく、そこには「正直さ」も含まれる。正直であることは大事だが、恥や怒りや恐怖や痛みに突き動かされたそれは、本当の「正直さ」ではない。正直を装った恥であり、怒りであり、恐怖であり、痛みである。

いくら正しくても、事実でも、それが人を傷つけないとはかぎらない。「悪いけど、本当のことだから。これが事実なの」

この章のポイントは、「共感」はつながりの要である——他人の感情に寄り添い、みんなが共有している体験をふり返り、あなたはひとりじゃないと思いださせるための基盤である——ということだ。

恥、痛み、失望、困難を抱いている人の気持ちに寄り添ったり、「あなたの姿は見えているよ、一緒に考えよう」と言えたりするのは、勇気の表れである。

何よりすばらしいのは、共感は遺伝情報に組み込まれたものではなく、「あとから学ぶことができる」という事実だ。そしてなぜ学ぶかといえば、詩人のジューン・ジョーダンが記したように「私たちは、私たちが待ち望んでいた存在」だからである。

SELF-AWARENESS AND
SELF-LOVE MATTER.

Who we are is how we lead.

自己認識と
自分を愛することの重要性。
自分が何者であるかは、
周囲をどう導くかによって決まる。

第5章

好奇心と確固たる自信

「確固たる自信」。これを身につけるプロセスは複雑で、新しいことを学んだり、古い知識を学び直したり、実践したり、失敗したり、いくつものミスを乗り越えたりしていかなければならない。

しかしこの種の自信は、傲慢でも見せかけでもなく、ハッタリでもない。現実的にぶれない、自己認識と実践に基づいたものである。

勇気によって人を導く方法が変わることがわかれば、私たちを閉じ込めている重く息苦しい鎧を確固たる自信へと変換し、もっと自由に、勇気を追求できるようになるだろう。

すぐにでも自己防衛のメカニズムを取り払って、オフィスを闊歩すればいい、と考えるのは現実的ではない。私たちの大半は、幼少期にすでに「鎧」をまとっている。

鎧が、痛みや失望、または、だれの目にも映っていない、愛されていない、という感情から守ってくれたこともあるだろうし、心身の安全のために、自分を守る必要に駆られたこともあるかもしれない。

ヴァルネラビリティは、「トラウマ」に大きく影響される。危険な環境で育ったり、人種差別、暴力、貧困、性差別、同性愛嫌悪、恥の蔓延に直面したりしていた場合、ヴァルネラビリティは生命を脅かすものとなりえるが、鎧は安全帯となる。

ミレニアル世代やZ世代の若者を見ていると、多くの親は、両親として、そして人としての自信の欠如を鎧でくるんでいたのではないかと思う。「確固たる自信」をもっている親ほど、結果を重視し、口うるさく「完璧な道」へと誘導したりはせず、勇気を教え、努力を称え、やり抜く力を具体的に示しながら、**子どもが進みたい道を提示する**。

私たちがしつこいほどヴァルネラビリティに向きあうのは、それが「勇気を養う基本的なスキル」だからだ。武装したり、逃げたり、閉じこもったり、疲れきったりするのではなく、傷つきやすさや気まずい状況と向きあうための確固たる自信を構築することで、自分の価値観で生き、信頼を築き、立ちあがるすべを学ぶ準備が整っていく。

勇気あるリーダーになるには、「ヴァルネラビリティと向きあう必要性」を理解することが不可欠だ。こうしたスキルの構築は、スポーツのそれとよく似ている。

どんなスポーツも「基礎」が、つまり**「初日から叩き込まれるスキル」**が重要だ。

水泳とテニスをしていた当時、私はいつも「そろそろ、競争しよう。もう50回もクイックターンの練習ばかりで飽きちゃった」とか「ボレーの練習はもう十分。さっさと試合をしよう！」と思っていた。しかし反復練習で培った基礎力があれば、選手は自信をもって思いきったプレイをすることができる。

リーダーにも同じことが言える。ヴァルネラビリティに向きあう訓練をくり返しおこなえば、勇気を発揮するための強さと感情的なスタミナを養うことができるのだ。


スポーツの場合、試合中に熱くなったり、プレッシャーを受けたりする局面では、これまで実戦に備えて訓練してきたスキルがものをいう。クイックターンやボレーの練習を十分に積んでいれば、どう動けばいいいかは身体が記憶している。

また、長年培ってきたスキルのおかげで確固たる自信が身についていれば、より高みを目指すことができる。私のビリヤードの経験がいい例だ。

ビリヤードなんて楽勝だと思っていた私は、大学時代に負けてばかりいたのは、ビールを片手にたばこを吸っていたせいだと思っていた。だがビリヤードの大会に出場するほどの腕前をもつ同僚のチャズによって、そうではないことが明らかになった。

私のプレイが下手なのは、数えるほどしかやったことがないからで、いとも簡単そうにプレイしていた人たちは、ビリヤードの「基本」をマスターしていたのである。

ビリヤードのプレーヤーがショットを打つ際、彼らは必ず「3つの要素」を考慮する。アングル、スピード、スピンだ。

ショットが狙いどおりにいくかどうかは、積みあげてきた基礎スキルと、狙った場所をいつでも確実につけるかどうかにかかっている。つまりプレーヤーは、何百時間という時間をかけて基礎スキルであるキューの素振りをおこなっているのだ。

当然、安定したブリッジの作り方、ストロークの加減、スタンスの取り方といった地味な練習も欠かさない。基礎練習のひとつに、「エンプティ・ボトル・ドリル」というのがある。選手は空のペットボトルを寝かせ、狭い飲み口を狙ってキューで突く。その際、キューが飲み口に触れてはいけない。これはかなりの精度が求められる。

もちろん、トーナメントでビリヤード台にボトルが置かれることはないが、一流選手は例外なくストローク、ブレイク、ショットの練習に多くの時間を費やしてきている。

プレッシャーのもとで10時間のプレイが可能な強さとスタミナを培ってきた彼らは、自分の基礎力を信じて、戦略やショットセレクションに集中する。

わが社には、スコットランド出身の元プロサッカー選手にして、私の元教え子でもある、ローレンという女性がいる。彼女はわが社のコミュニティ・エンゲージメント・アンド・リサーチ部門の責任者である。

彼女の話によると、サッカーの基本は「ボールコントロール」であり、幼いときから足のさまざまな部分でボールを触る練習を何百万回とさせられた彼女は、プロになってからも、足のさまざまな部位を使ってチームメイトとパスの練習をくり返したという。

彼女いわく、「スコットランドの自宅では、庭の周囲を高さ1メートル20センチくらいのレンガの壁で囲っていました。壁の前に立って、レンガをひとつ選んでボールで狙うんです。それを何時間もくり返したら、今度は別のレンガを狙う。ずっとボールコントロールの練習をしていました」

ローレンの話は、「確固とした基礎があって、はじめて高度な技に挑戦できる」と言ったチャズのそれと同じだった。

「試合中に顔を上げて、周囲の状況を把握するには、ボールコントロールの基礎を身につけておくことが不可欠です。選手たちはボールをもつ前からフィールドの状況を読み、自分のつぎの動きを決めなければなりません。基礎的なスキルがあってはじめて、そうしたことにも集中できるのです」

気まずい会話、難航する会議、感情的な意思決定において、リーダーは確固たる自信をもって、彼らの価値観をつなぎ留め、冷静な対応をし、自己防衛ではなく自己認識の見地から行動する必要がある。

葛藤と向きあうスキルを駆使して緊張と不快感を保っていられれば、他者を気にかけ、オープンさと好奇心を携えたまま、難題に対処することができるだろう。


今年のはじめ、シリコンバレーのエンタープライズ・クラウド・ソフトウェア会社、ニュータニックスと仕事をする機会があった。創業者兼会長兼CEOのディラージ・パンディとの会話で、リーダーシップにおけるヴァルネラビリティの重要性をはじめ、なぜそれが重要なのかを話しあったのだが、氏が語ったその理由に私は感銘を受けた。

ディラージいわく、「ヴァルネラビリティに寄り添えないリーダーは、起業家精神につきもののパラドックスがはらむ緊張感をうまく保持できない」のだという。

ディラージがあげた、「リーダーのヴァルネラビリティを刺激するパラドックス」の例は、私の研究の参加者が語っていたことと一致する。

- 楽観と妄執
- 混乱の助長（構築）と混乱のけん制（調整）
- 寛大な心と厳しい決定

・謙虚と果断
・新しいものをつくる際の速度と品質
・左脳と右脳
・簡潔であることと選択肢
・地球規模の思考と地道な活動
・野心と細部へのこだわり
・大きな志と小さな一歩
・短期と長期
・長距離と短距離、もしくはビジネス構築における全速力のマラソン

ディラージは言う。「リーダーはこうした緊張感を保ち、巧みなバランスで人生の『綱渡り』をしていかなければなりません。つまるところリーダーシップとは、パラドックスや相対するものといった両義性のなかで培われていく能力なのです」

矛盾や対立に対処するスキルを身につけるのは簡単ではないが、そもそも簡単すぎても問題だ。多くの研究が、私たちにとってはうれしくない事実、すなわち**「苦もなく身につけたものは、強力なスキルにはならない」**ことを示している。

ファスト・カンパニー誌のある記事で、ニューロリーダーシップ研究所のメアリー・スローターとデイビッド・ロックはこう書いている。

残念ながら、多くの組織は、できるかぎり簡単に学べるようにさまざまなことを設計している。社員の多忙な生活を尊重することを目的に、企業はいつでも手軽に、端末でおこなえるトレーニング・プログラムを用意している。

その結果、社員に大好評の（おかげで開発者が売り込みやすくなる）楽しくて簡単なトレーニング・プログラムが誕生するが、実際には社員たちの身にはなっていない。

さらに最悪なのは、こうしたプログラムが楽しくスムーズに進むと、社員たちの間で誤解が生じ、「いいね」や「シェア（共有）」をいかに多く得るか、あるいはどのくらい高い「ネット・プロモーター・スコア（顧客ロイヤルティを測る指標）」を得られるかを競うようになってしまうことだ。行動の変化や想起を促すためのプログラムではなく、人気を得るためのプログラムになりかねない。

現実として、効果的に学ぶには努力が必要だ。これは、学習を容易にするものは逆効果であるとか、楽しくない学習が効果的だということではない。ここでのポイントは、**「望ましい難易度」**である。

筋肉が強化されているときに「燃焼している」と感じるように、脳が学ぶときにはある程度の不快感が必要なのだ。気持ち的にはしばらくつらいかもしれないが、それはいいことなのだ。

ヴァルネラビリティと向きあう方法を身につけるのは大変だ。それに、ヴァルネラビリティに居心地のよさを感じることは決してない。

しかしその方法を身につけておけば、ヴァルネラビリティに襲われたときに確固たる自信が耳元でこう囁いてくれるはずだ。「たしかにいまはつらくて気まずくて居心地が悪いかもしれない。結果がどうなるかもわからないけど、あなたは強いし、こういう場合にどうすべきかを学んできたのだから大丈夫」

確固たる自信 ＝葛藤と向きあうスキル＋好奇心＋訓練

ここまで多くの新しい言語、スキル、ツールを紹介してきたが、すでにおわかりのように、これらに共通するのは「**好奇心**」である。

好奇心は、ヴァルネラビリティや勇気に必要な要素だ。好奇心が創造性や知性、学び、記憶、問題解決能力の向上にかかわっているという研究結果も出てきている。
ある研究によると、**「好奇心を抱くことで脳の化学物質が変化し、学びの能力と情報の保持力が向上する」**という（２０１４年10月22日発売のニューロン誌に掲載）。
一方で、好奇心は不確実性とヴァルネラビリティをともなうため、心地よいものではない。

イアン・レズリーは著書『子どもは４００００回質問する　あなたの人生を創る「好奇心」の驚くべき力』（光文社、２０１６年）でこう書いている。

「好奇心は手に負えない。それはルールを好まず、少なくともあらゆるルールを暫定的なものだとみなし、まだだれも思いつかない賢い質問によって破綻する可能性があると思っている。承認された道筋を嫌い、遠回りや無計画な旅、衝動的な左折を好む。要するに、好奇心とは逸脱なのだ」

まさにこれこそ、好奇心が、葛藤と向きあうスキルのもとで「確固たる自信」へとつながっていく理由である。
私たちは、ややこしく、先が見えない会話を恐れ、すぐに解決できないとそわそわと落ち着かなくなる。まるで問題がわからないままその場でじっとうずくまっているくらいなら、行動してよくない結果を引き寄せるほうがましだといわんばかりに。

「好奇心」と「自信」に関して言えば、アインシュタインは最高の師のひとりだ。彼の言葉で好きなものがふたつある。**「問題を解決する時間が1時間あったら、私は55分かけて問題について考え、残りの5分を解決策に費やす」**。またこんな言葉も伝わっている。**「私は飛びぬけて賢いわけではなく、ただ問題と長く向きあっているだけだ」**

内なる知ったかぶり（エゴ）は、本当の問題解決になるかどうかわからない答えで周囲を言い負かそうとしたり、あるいはこう考えたりする。「結果も、みんなの反応もわからないから、この話はしたくない。自分の話や結論は正しくないかもしれない」

一方で、好奇心はこう言う。「大丈夫。私は冒険好きだし、どこへ向かおうと平気。問題の核心にたどり着くのに時間がかかってもちっともかまわない。答えを知っている必要も、正しいことを言う必要もないし、ただ耳を傾けて、疑問を口にしつづければいい」

以下は、**「だれかと意見が対立した際」**にわが社で使用する具体的なフレーズである。

1．私がつくった話は……（これはもっとも強力な対話のツールのひとつであり、私の人生のあらゆる側面を変えた。最後の章で詳しく触れる）

2．私が興味があるのは……

3．もっと話していただけますか

4. 私にはその経験はありません（「あなたは間違っている」という代わりに）
5. ……ではないでしょうか
6. よくわからないから教えてほしいのですが……
7. ざっと説明してください
8. では、あなたの意見を聞かせてください
9. これがあなたに合わない／うまくいかない理由を教えてください
10. 私はこう思って仕事をしていますが、あなたはどうお考えですか？
11. 私たちが解決しようとしている問題は何ですか？（もしだれかが果敢にも「あの、よくわからないのですが、つまりここでの問題は何ですか？」と問えば、問題を特定するために1時間ほど紛糾する可能性がある。その結果私たちは、問題が何かもわからないまま解決策を見つけるための会議をセッティングしていたことに気づくだろう）

こうした話しあいでは、最初に30分ほど事実確認に費やし、1時間後、もしくは翌日に（長すぎてもいけない）再度集まるほうがスムーズにいくことが多い。

最近、今後のトレーニングの予定について、ふたりの同僚と話しあったのだが、席についたふたりが計画を話しはじめてすぐ、これは大変なことになるぞ、と私は直感した。

というのも、それぞれがまったく違う方向を向いていたからだ。

私は率直にこう言った。「私たち全員の考えていることが違いすぎます。どうしてこうなったか20分ほど話しあいましょう。そのうえで明日もう一度集まって一緒に考えませんか？」

そして「あなたの想定していることを全部教えてください」「このスケジュールの根拠は？」「トレーニングのゴールは？」「このやり方のメリットは？」といった疑問も話しあった。

するとたった10分で、自分たちが異なるゴールに向かって取り組み、異なる優先事項を想定し、異なるデータを参照していたことが判明した。

同僚は言った。「おかげで助かりました。各自が取りこぼしていた情報を集めて、明日また、今度は同じゴールと優先事項について話しましょう」。す、ば、ら、しい！

もうひとつ、好奇心のツールとして役に立つのは、**「展望の食い違い」**をつねに警戒しておくことだ。リーダーの役割は、「組織の展望という観点から、どこにレンズを設定するかを決めること」である。

たとえば私は、創設者兼CEOとして、長期的な運営を期待されている。だから10年先の展望を見据えて、試行錯誤をくり返している。

一方で、わが社のほかのリーダーたちにも、それぞれの展望を見据える責任がある。大型企画の立ちあげを控えたオペレーション・リーダーなら、6か月後の開始日を見据えていなくてはならない。

効果的にリーダーシップをとるには、**「異なる視点」**を尊重し、活用し、なぜそれらがしばしば対立してしまうかについて興味をもちつづけることだ。

議論が熱くなりはじめたら、「今後の展望」を確認する。それぞれが違う視点をもっているかもしれないし、組織についてまったく同じレベルで理解しているわけではないかもしれないが、組織の現状は必ず共有しておく必要がある。

たとえ展望が食い違っていても、組織として見据えるべきものは、きちんと把握しておかなければならない。5年後の目標に気を取られて、自分たちが取り組むべき文化的問題を知らないではすまされない。

好奇心と学びから「強み」を引きだす

拙著『立て直す力』の執筆中に、好奇心を妨げる一般的な要因は「空井戸」だと知った。論文「The Psychology of Curiosity（好奇心の心理学）」（1994年）のなかで、ジョージ・ローウェンスタインは、好奇心をめぐる「情報の空白の見解」について述べている。カーネギーメロン大学の心理学・行動経済学の教授であるローウェンスタインによると、好奇心とは、「知識の空白を意識した際に生まれる、喪失感を埋めようとする反応である」という。この論理で重要なのは、「ある程度の知識や認識がなければ、興味は抱けない」ということだ。人は、気づいていないことや知らないことには興味がない。涸《か》れた井戸が、好奇心を妨げる。

ローウェンスタインは、人に質問するよう促すだけではたいして好奇心を刺激しないと書いている。「好奇心を刺激するには、〝呼び水〟が必要な場合がある」。つまり、相手が興味のある情報を使って、好奇心をそそるのだ。

いい知らせがある。本書をここまで読み進めたみなさんは、すでに準備が整っている。「議論や対話の仕方」についてはもう少し学ぶ必要があるかもしれないが、「好奇心の抱き方」についてはよくわかっている。

さらに朗報なのは、「好奇心と知識の構築は表裏一体である」と考える研究者が近年ますます増えていることだ。つまり、何かを知れば知るほど、ますます知りたくなっていく。

つぎに、「対話のスキル」と「確固たる自信」のコンビネーションが、いかにして鎧をはぎ取り、好奇心を育て、組織を変革するか、ふたつの実例を紹介したいと思う。まずはステファン・ラーソンと、サニー・ベルの話だ。

ステファン・ラーソンは、小売業界の経験豊富なリーダーで、ラルフ・ローレンのCEOを務めていた人物である。アメリカを代表するアパレルブランド「オールド・ネイビー」の業績を回復したことで知られているが、彼のもとで同ブランドは12四半期連続でプラス成長を記録、3年で10億ドルの増収を達成した。

ステファンはまた、スウェーデン発のファッション大手「H&M」を世界3大アパレルの一角に組み込み、44か国でグローバル事業を展開し、売上を30億ドルから170億ドルに伸ばしたマネージメントチームに14年間在籍した経歴をもつ。

このケースを見ると、ヴァルネラビリティが「自分の価値観で生きる、果敢に信頼する、立ちあがることを学ぶ」という3つのスキルの基礎となる役割を果たしているのがわかる。

ステファンはこう書いている。

私が「オールド・ネイビー」の舵取りを任された当時、ブランドは何年も前から衰退をつづけており、私たちはそもそものビジョンに立ち返るすべを模索していた。数日かけて過去の記録からオリジナルのビジョン・ステートメントを見つけだすと、そこにはこう記されていた――「アメリカの理想のスタイルを、すべての家族のもとに届けること」

私は、さっそく作戦に取りかかった。打開に向けて必要不可欠な要素と成功のカギは、「組織文化の変革」だった。かつての企業的で、迅速で、活気あふれた文化はここ何年かの業績の悪化で、階級的になり、サイロ化し、政治的になり、恐怖が蔓延していた。

大半のチームメンバーは、会社の課題を理解し、自分たちがやるべきことと、妨げになっているものをはっきりと認識していた。にもかかわらず、自分の考えや懸念をみんなの前で発表したり、行動を起こしたりする者はほとんどいなかった。自分が悪者になったり、だれかを悪者にしたりするのが怖かったのだ。ブランドを変えるにあたって私たちがやるべきことは、信頼の文化を築くことだった。

これを実践するために、私たちはいくつかの目標を設定したのだが、これがのちに成功のカギであったことが判明する。

・まず、上位60名のリーダーを対象に、「週1回の勉強会」を開催した。毎週2時間、私たちはひとつのチームとして、結果の良し悪しで判断せず、結果は結果としてそこから学ぶべきを学んで、早急に改善していった。目的は、競合他社の先をいくこと。結果の良し悪しで恥を覚えたり非難や批判をしたりするのをやめ、「自分たちが何をし、その結果何が起こり、そこから何を学んで、どれだけ迅速に改善できるか」を問いつづけた。

・四半期ごとに集会を開き、会社全体で各自のビジョンや計画に関する結果、学び、改善点を定期的に共有した。

・経営陣は、本社の真ん中に設置された、ガラスの壁で囲まれた大きな部屋に移動し（あえて鍵は開けてある）、その空間にふさわしい「透明性」を示すことで、さらなるオープンさ、信頼、チームワークを可能にした。また、肩書に関係なく、すべてのチームメンバーに、わが社の取り組みについて意見があれば、いつでも聞かせてほしいとお願いした。

この取り組みをはじめてからほどなく、ビジネスを改善するためのアイディアがつぎつぎと生まれた。

はじめは、恥や非難を真剣に排除しようとする私たちの考えに懐疑的だった社員たちも、答えのわからない質問であろうと、期待外れの結果の報告であろうと、じょじょに会議で発言するようになっていった（以前は「失敗」とされていたことが、いまでは「学び」と考えられている）。

だれもが人前で自分のヴァルネラビリティをさらけだせるようになり、一緒に取り組むことで信頼が育まれていった。経営陣として会社を引っ張っていけるようになるまで、私たちは疑問の提示、実験、継続的な改善に力を入れつづけた。結果の良し悪しを論じるのではなく、「失敗を防ぐ」方法を導入した。

これにより、挫折を克服し、非難よりも学ぶことに着目できるようになった。失敗の恐怖や、非難される恐怖がなくなると、手ごわい競合他社よりも多くを学び、すぐれた仕事ができるようになったのだった。

その結果、非常に厳しい市場で12四半期連続の成長を記録し、3年間で売上を10億ドル増やすことができた。だが、リーダーとして私が何より誇りに思っているのは、チームのみんながヴァルネラビリティをさらし、それを力に変え、信頼、開放、協力の文化を育て、継続して学ぶ姿勢を身につけたことである。

別の会社のリーダーとして働きはじめて2年以上が経過したいまでも、当時のスタッフから、彼らが学んだことや、それをどう活かしているかを知らせるメールが届く。とても大切なメールである。

自分たちの強みを学びから得る、という考え方がとてもいい。こうした方法が機能するようすは、世界中の、自分の弱さをさらすことを厭わない人たちが働く組織のなかで何度も目にしてきた。

つぎに紹介するのは、中学校の校長サニー・ベルのケースである。

現在テキサス州ケイティにあるモートン・ラーンチ中学校で校長を務める彼女は、２００５年に、初等および中等学校のアドミニストレーター（管理責任者）を務め、中学校と高校で英語を教えるかたわら、女子バスケットボールの指導もしていた。２０１５年にはケイティ独立学区最優秀小学校校長に選出されている。

サニーはこう記している。

人を導くのは容易ではない。大人、子ども、そしてスクール・コミュニティのリーダーになるのは、さらに困難だ。「校長」という役割は複雑でむずかしく、やりがいがあると同時に孤独である。

勇敢なリーダーシップの旅路に乗りだした当初、私には学校のリーダーとしての実績があった。だが二度目の校長職で、この勇敢なリーダーシップというものを深く掘り下げていくうちに、私はこれまで、勇敢なリーダーシップというもののほんの表面しか理解していなかったことに気がついた。

この個人的かつプロフェッショナルとしての旅路は、私のリーダーとしての実践に3つ変化をもたらした。この旅路によって、ヴァルネラビリティの実践方法を知り、自己認識が高まり、むずかしい対話をするためのツールを獲得したのである。

いまでは、この大事な3項目は、私のリーダーシップにおける基本要素となっている。

ヴァルネラビリティの実践

私をここまで導いてきた古い格言がある。「人は、あなたがどれだけ気にかけてくれるかを知るまでは、あなたにどれほど知識があっても気にかけない」

私はこれまでの経験から、どれだけ相手を気にかけているかを知ってもらうには、「自分の話をすること」だと学んだ。ヴァルネラビリティを実践することで、崩壊した貧困家庭で育ったことを思いきってスタッフに話すことができた。大きな困難を乗り越えてきた私の話を聞いた相手は、学校環境をよりよくしたいという私の熱意を以前よりも理解してくれている。

リーダーとして、私はもう公私をはっきり分けたりはしない。実際、いろんな物語を共有し、さまざまな視点や経験から指導することで、学生、スタッフ、コミュニティともつながりやすく、意思の疎通がしやすくなった。自分の物語と、取り組みへの理由を共有したことで、スタッフに自分の目的、情熱、勇気への献身を理解してもらえるようになったのだ。

と同時に相手も、これまでの出来事を話し、改めて自分のものにすることで、ヴァルネラビリティを実践し、勇敢になるチャンスを得たのだった。

自己認識を高める

リーダーとして自己認識が欠如していたり、自分の思考や感情や行動を促す意識とつながっていなかったりすると、自分が導く人たちと共有すべき視点や洞察を制限することになる。

現在は、ジャーナリング（頭に浮かんだことを書きだしていくこと）をしたり、他者からのフィードバックを求めたりすることで、リーダーシップのスキルも成長し洗練され、スタッフや学生やコミュニティの声に対応できるようになった。いまでは毎週の瞑想が習慣になっている。

むずかしい対話をおこなう

この仕事を通じて、むずかしい対話を避けていては、異なる状況に置かれた学生間の教育格差に取り組むのは不可能だと気づいた。

それまでも、学校内に蔓延する「これが私たちのやり方だ」という空気を早急に取り払わなければならないことはわかっていた。そのためには、感情的になりがちな議論を取り仕切る必要があったし、それをサポートしてくれる人が必要だった。私がやらなければ、だれがやるのか？　いまやらなければ、いつやるのか？

私の思惑は、公平性の問題を語れるだけの信頼とつながりを意図的に築けるようにすることと、いつも口をつぐんでいる人たちがこうしたむずかしい対話に参加できるだけのスキルや確固たる自信をもてるように手助けすることだった。

そこで、各人の強みと、仕事上の評価に基づいて、優秀で結束力のあるチームを構成し、進捗状況のチェックなどをはじめとする、むずかしい対話を実践するためのプロトコルを作成した。

現在は、自分たちの使命、ビジョン、価値を脅かす問題に取り組みながら、組織内にこの文化を壊す者がいたら、「名指し」するようスタッフに呼びかけている。そして成功した取り組みに対しては「祝杯」をあげ、組織にとって意味がないものは変えていく。

この学校の物語が変わったのは、分配し、協力するというリーダーシップによって人びとの力が高まり、ほかの人にも「人を導く力」が備わったからだ。

結果として私は、自分に誠実になり、自分の人生を尊重し、自分の物語を自分のものとすることで、より深く人びとを導く機会を得たのだった。

さらなるランブルツール

ヴァルネラビリティと向きあうためのリソースは、本書の公式サイト（brenebrown.com）でも紹介している。そこではダウンロードが可能なワークブック、用語集、画像のほか、葛藤と向きあうスキルを構築するのに役立つ動画も紹介している。

ワークブックをダウンロードするにしても、動画を見るにしても、ロールプレイや訓練やメモの力を決して過小評価せず、大事な会議や会話に望む際にはぜひともそれらを活用してほしい。私はロールプレイも訓練もメモを取ることも、「毎日欠かさず」実践している。

以前、こんな上司のもとで働いていたことがある。その上司と辞職をめぐって非常に深刻な会話をしていたときのことだ。

会話中に手帳を見ている私の姿を見て、上司は「メモを見ているのか?」と言った。

私は「はい、本件についてじっくり考えてきました。とても重要なことですし、自分が準備してきたことを漏れなくお伝えしたいので」と答えた。

そして私が自分のメモを隠すような仕草を見せると、上司は座り直してこう言った。

「それはすばらしい。そのメモは箇条書き? それとも文章にしている?」

人、人、人。怖がる必要はない。相手も自分と同じ、普通の人なのだ。

さあ、恐れずに、対話を始めよう。

第2部

自分の価値観で生きる

Living into our values

Daring leaders who live into their values are never silent about hard things.

自分の価値観で生きている勇敢なリーダーは、
困難に際して沈黙しない。

＊

「競技場」では、ときとして混乱し、圧倒されることがある。とりわけ、先の見えない苦しみにもがきながら、真の勇気を手に入れようとしている瞬間には。気を散らすもの、雑音、不快感からの即時解放を約束する非常灯、スタンドにいる皮肉屋たち……。

こうした厳しい試合では、とくに批判の声が大きくてひどい場合には、つぎのことをやりがちだ。「証明しようとする（prove）」「完璧にやろうとする（perfect）」「実行したがる（perform）」「喜ばせようとする（please）」。私はこれを「4つのP」と呼んでいる。

私たちにできるのは、観客に競技場に立つ自分を認めさせるか、観客を怖がって逃げだすか。いずれにせよ、観客は容易に増長し、こちらの努力を奪い取る。

「自分の声」より「他人の声」に気を取られはじめた瞬間から、自分が競技場に立ったそもそもの目的を忘れてしまうだろう。自分の価値観を忘れ、もっといえば、自分の価値観とは何なのか、それをどう呼べばいいのかすら、わからなくなる。

明確な価値観がわからないと、見るべき指標が見つからないと、そして自分がそこにいる理由が思いだせないと、皮肉や批判に負けてしまう。

多くの場合、競技場の扉へ導くのは、自分のもつ「価値観」だ。「信念」があるからこそ、恐ろしいことにもあえて挑戦しようと思うのだ。

足を踏み入れた先で、つまずいたり、転んだりして、とくにうつぶせに倒れ、埃や汗や血で汚れたときには、自分をこの場所へと導いた価値観を思いだす必要がある。

その「価値観」はあなたを支えてくれるだろう。鎧や武器をまとうことなく競技場の入り口に立つには勇気がいるが、つねに丸腰でタフな会話や困難な闘いに挑む必要はないのである。

私たちが話を聞いた勇敢なリーダーのなかに、「丸腰で競技場に入っていった人」はひとりもいない。彼らは葛藤に向きあうスキルやツールに加え、つねに明確な価値観を携えて闘いに挑む。この明確さは必要不可欠なサポートであり、いわば暗闇に浮かぶ北極星のようなものである。

オックスフォード英語辞典によると、**価値観とは「行動の原則、または基準。人生において何が重要かという判断」である。**

私たちの研究では、もう少しかみ砕いてつぎのように定義している。**価値観とは、「何より重要な、人としての在り方、もしくは信念」である。自分の価値観で生きるとは、口先だけでなく実践することだ。言動を一致させ、自分の信念や大切なものを明確にし、自分の意図、言葉、思考、行動と信念がともなうようにすることだ。**

自分の価値観で生きるには、「事前の準備」が必要だ。すなわち、よく考えること。本章をワークブックのようにするのは本意ではないが、おそらく本章を読みながら作業をしてもらうことになるだろう。

これから「3つのステップ」と、私の経験(いいものと悪いもの)を紹介する。少し読み進めてもらえれば、あなた自身のことも、どうやって自分の価値観で生きればいいのかも、いまより明確になるはずだ。

ステップ1 名前をつけられない価値観では生きられない

自分の価値観で生きるための最初のステップは、「自分にとっていちばん大切なものを知ること」だ。

あなたにとっての北極星は何だろう？　何より神聖だと思うものは？　時間をかけて大切なものを知り、あるいは名前をつけなければ、一貫した価値観を保つことはできない。

この作業を組織でおこなうと、私はいつもこう訊かれる。「価値観とは、仕事の価値観ですか？　それとも私的な価値観ですか？」

ここで重要なのは、**「基本的に私たちは、ひとつの価値観しかもっていない」ということだ。**文脈で価値観は変わらないし、環境や状況に関係なく、本当に大切なものを基準に据えた生き方をするよう求められている。

もちろん、価値観に忠実に生きていくのはむずかしい。自分の価値観が、組織、友人、スーパーや投票所で並んでいる見知らぬ人たち、そして家族とさえぶつかるときがある。

以下は、「価値観のリスト」である。空白の部分には、あなたの思いつく価値観を記してほしい。そして、大切だと思うものをふたつ選ぶこと。

むずかしい選択なのはわかっている。私も含め、ほとんどの人は10個から15個選ぼうとする。まずは15個ほど選んで、そこからじょじょに減らしていくといいかもしれない。だが、最終的にはふたつに絞ってほしい。

というのも、ヴァルネラビリティと向きあって、勇気を示した私の研究の参加者たちは、その行動を、10個ではなく、ひとつかふたつの価値観と結びつけていたからだ。

これには納得いく理由がある。私はこれをジム・コリンズの「**優先事項が3つ以上あるなら、それは優先事項がないということだ**」という言葉と同義だと考えている。

もしリストのすべてが大事なら、実際にはあなたを駆り立てるものは何もないということだ。ただ耳心地のいい言葉を並べたにすぎない。

さあ、始めよう。

［価値観のリスト］

説明責任
達成
適応性
冒険
利他主義
野心
真正性
バランス
美しさ
最上であること
帰属
仕事
思いやり
協調

倫理
優秀さ
公平さ
信仰
家族
財政の安定
許し
自由
友情
楽しいこと
未来の世代
寛大さ
恩返し
上品さ

親切
知識
リーダーシップ
学習
遺産
余暇
愛
忠誠
いい変化を起こすこと
自然
開放性
楽観
命令
子育て

静寂
奉仕
簡潔
スピリチュアリティ
スポーツマンシップ
受託責任
成功
チームワーク
倹約
時間
伝統
旅行
信用
真実

献身
コミュニティ
慈悲
力量
自信
つながり
満足
貢献
協力
勇気
創造性
好奇心
尊厳
多様性
環境
効率
平等

感謝
成長
調和
健康
家庭
正直さ
希望
謙虚さ
ユーモア
包含
独立
主導権
誠実さ
直感
雇用の安定
喜び
正義

忍耐
愛国心
平和
我慢
自己実現
権力
プライド
認識
信頼
機知
敬意
責任
リスクを負うこと
安全
自制心
自己表現
自尊心

理解
独自性
有用性
ビジョン
ヴァルネラビリティ
富
幸福
誠心誠意
知恵
その他：

……………………

……………………

……………………

……………………

……………………

これまで1万人以上の人びとにこの作業をおこなってもらったが、参加者たちは大量の項目からふたつに絞る際、私とまったく同じやり方で結論を導きだした。

最終的に選ばれたふたつの重要な価値観は、丸で囲んだほかの項目をさらに深いところで支えているものだったのだ。

私の中心となる価値観は「信仰」と「勇気」である。「家族」を選ばないことには抵抗があったが、それでも掘り下げていくと、家族は私の人生でいちばん大切なものである一方、彼らへの献身は、自分の信仰と勇気に支えられていることに気づいたのだ。

たとえば、家に早く帰るために、面白そうな仕事を断るとする。そんなとき私は、勇気と信仰に身をゆだねる。人によるかもしれないが、私の場合、せっかくのオファーを断るには勇気が必要だし、そんなことをしたら恩知らずだとそしられるかもしれない、という恐怖を封じ込めなければならない。

また、自分にとって正しいことをすれば、必ず別のチャンスが訪れると信じる強さも必要だ。あるいは単純に、このチャンスは自分にめぐってくるはずのものではなかったのだと言い聞かせることもある。

「価値観」というのは、心のなかではっきりと具現化され、揺るぎないものとして明確に存在すべきものであり、状況によって選ぶものではない。生きていくうえで「自分がどんな人間か」を定義するものである。

つらいとき、私たちは「楽なこと」ではなく、そのときどきで「正しいと思うこと」をする。**なぜならそれが——快適さより勇気を選び、楽しくて、手軽で、簡単なことより正しさを選び、価値観を公言するだけでなく実践することが——誠実だからだ。**

あなたが選んだひとつ、またはふたつの価値観は、あなたにとって「本当に大切なもの」であると同時に、「暗闇を照らす道標」であり、「目的意識を与えてくれるもの」である。それらを目にすると、心が深く共鳴するはずだ。

これまで周囲から言われてきたもっともらしい言葉を、ずっと違和感を覚えてきた言葉を、手放してほしい。

■自問すべきこと：

- この価値観は私を定義するだろうか？
- この価値観のもとで自分は最高の状態にあるだろうか？
- この価値観はむずかしい決定をくだすために用いるフィルターだろうか？

ステップ❷

口先だけではなく、行動がともなう価値観を選ぶ

だれかが「価値観」の話をはじめると、みんなが呆れたような顔をするのは、大きなことを言う割に実践している人がほとんどいないためだ。

実践できていないのは、何も個人にかぎったことではない。経験上、従業員を訓練し、責任感を育むために、価値観を教えられるものとして、あるいは観測可能な行動として運用している組織は全体の「10パーセント」程度しかない。たったの10パーセントだ。

価値観を理想のままにして、行動へと変えるつもりがないのなら、すなわち、組織の価値観を体現するために必要なスキルを社員に教えるつもりがなく、各自が責任をもって価値観に沿った言動を取るという文化を形成するつもりがないのであれば、いっそ価値観など口にしないほうがいい。そんなものはただの冗談でしかないし、完全なるたわごとだ。

「自分の価値観で生きる」ためのこの2番目のステップのなかで、自分の価値観をサポートするいくつかの行動を見極めると同時に、価値観に反しているのについやってしまう「不正直な行動」も明らかにしていきたい。

自分の価値観と自分自身が一致した状態で、または一致していない状態で競技場に立ったと

きのことを思い浮かべてもらうと、行動を定義しやすいだろう。

たとえば、私はよくソーシャルメディア上で、社会正義の問題をめぐって攻撃されることがある。「執筆に専念しろ。移民問題はあんたに関係ない」とか「人種についてあれこれ言うな」といったコメントが書き込まれるのだ。

こうした感情的な意見は、講演などの質疑応答の際にも噴出する。

そんなとき、私の「勇気」という価値観は、立ちあがって信念のために声を上げるよう求めてくる。もし私に向かって、あるいは私の目の前で、人種差別、性差別、同性愛嫌悪と感じられるコメントをした人がいたら、たとえ周囲が笑っていても、私は絶対に笑わない。私の周囲でそんな発言はしないようお願いする。

そうするのは、独善や優越感のためではない。できることなら、露骨に顔をしかめて立ち去りたいと思う。それでも私が意見するのは、勇気が私の大切な価値観のひとつだからだ。その勇気が、身体的にも感情的にも精神的にも健全でいたいなら、快適さに甘んじるより声を上げて敬意を示せと主張するからだ。

情熱を燃やすような問題があれば、私はそれについて書き、ソーシャルメディアに投稿する。そして悪意あるコメントを残したり、私や、私のコミュニティに対して憎悪を向けたりする者に対しては、そのコメントを削除し、私のサイトへのアクセスを禁止する。**「沈黙よりも、正しいことを選べ。他人の気分をよくしたり、みんなから好かれたりするのは私の仕事ではな**

い」というのも、私の勇気ある行動のひとつである。

信仰はここ数年、私にとってむずかしい問題となっている。というのも、私の信仰を体現する行動は、ひとりひとりのなかに神の顔を見出すことだからだ。

つまり、人を憎むのではなく、その人の考えだけを憎み、相手に恥をかかせたり非難したりするのではなく、責任をもたせることなのだ。**非難するのは簡単だが、責任をもたせるのはものすごく時間がかかるうえに、ちっとも楽しくない。**

私は信仰への取り組みを見直し、自分の好きな人や同意できる人にだけ神の顔を見出そうとしたが、その取り組みは1日ともたなかった。すぐに自分のほうが嫌なやつになってしまい、自分のなかに神が見つけられなくなってしまったのだ。

信仰を体現するもうひとつの行動は、**「人間性を否定するような言葉は使わない」**というものだ。

私はこの価値観にしたがってかれこれ20年近く生きてきたが、いまでは対立するいずれの陣営からも人間性を否定するような言葉が聞こえてくることがあってうんざりする。うんざりしすぎて、ソーシャルメディアでの活動を定期的に休まなければいけないほどだ。私と同じ政治理念をもち、「私たちは善人だから相手を否定してもいい」と思っている人に意見するのがいちばんむずかしい。

自分の価値観から外れてしまうのがどういうことか、意見があっても口をつぐんで波風を立てないでおくのがどういうことかはだれもが知っている。だが、私はつねに自分の価値観を試している。どれくらい強く押し、あるいはどれくらい甘やかせば、それらは壊れてしまうのか。私は完全ではないし、恐いものもたくさんある。だれだってそうだ。

日常において、だれかに悲劇が起こったところを想像してみてほしい。友人や同僚のパートナーが、両親が、子どもが、けがを負ったり亡くなったりしたとしたら――。すぐにでも相手に連絡し、何かできることはないかと申し出るべきだろう。

しかし私たちは、そうする代わりにぐずぐずと先延ばしし、何度も電話の前を行ったり来たりしたあげく、いまさら電話をするのは遅すぎると言い訳をする。

「よし、電話をかけよう。でももしかしたら夕食の最中かもしれないから、もう少しあとにするか」からはじまり、数時間後「もう寝る時間だ。電話は明日にしよう」となる。そして翌朝、「きっとまだ親族が大勢いるだろうから、2、3日して落ち着いたら連絡しよう」

そして連絡をしないまま、数週間後にその同僚や友人とスーパーでばったり出くわしたら？大半の人は自分を恥ずかしく思い、己の不実を呪うだろう。

私の勇気を体現する行動のリストには、母から教わったものがある。「苦しんでいる人に寄り添い、目をそらさないこと」

自分の経験と、これまで話を聞かせてくれた勇敢なリーダーたちから学んだことを踏まえれば、自分の行動をあれこれ反省しながら家路に就くより、私はいつでも気づまりな5秒〜10秒を選ぶだろう。

自分のしたことや、していないことに対して、行動や発言の機会を逃すことは、私の価値観に対する最大の裏切りである。

快適さよりも、勇気を選ぶこと――これも私の勇気を体現する、もうひとつの行動なのだ。

こうした気づまりな数秒間について、ちょっとした雑学を紹介しよう。

数年前、強烈な気まずさがどのくらいつづくか、試してみたことがある。数か月にわたる調査ののち、それは**「8秒」**だと判明した。

ほとんどの場合、強烈な気まずさがつづくのは8秒間である。私は夫のスティーヴにこう言った。「まるでロデオみたいね！　8秒間がんばればいいのよ！」。ロデオは暴れ馬や牛に8秒間乗り切ると採点対象になり、8秒以下で振り落とされると失格になるのだ。

だからいまでは、何か「修正すべきこと」が起こると、私はいつもジョージ・ストレイトの（カウボーイをうたった）曲「アマリロ・バイ・モーニング」を思いだす。

But I'll be looking for eight
When they pull that gate
（それでもゲートが放たれたあとの、
8秒間を俺は待っている）

8秒なんて、あっという間だ。その後も気まずさはつづくかもしれないが、最悪なパートは乗り越えたのだ。

つぎの質問を通じて、自分の価値観を実践することについて考えてみてほしい。

■価値観＃1：
1．この価値観を支える3つの行動は何か。
2．この価値観と合わない3つの不正直な行動は何か。
3．この価値観を完璧に実践していたころのエピソードは？

■価値観＃2：
1．この価値観を支える3つの行動は何か。

2．この価値観と合わない3つの不正直な行動は何か。
3．この価値観を完璧に実践していたころのエピソードは？

ステップ3

共感とセルフ・コンパッション：競技場でもっとも大切なふたつの席

競技場での闘いにおいて「最大の難関」のひとつは、スタンドにいる人びとだ。なかでも、雨でも晴れでもみぞれでも競技場にやってくる、熱狂的な〝シーズンチケット〟の持ち主たちは手強い。競技場には多くの客席があるが、熱狂的な客がいる席こそ、私たちが注意を向けるべき場所である。

「恥」は、シーズンチケットを2枚もっている。（恥の）グレムリンはふたりひと組で行動するため、両側からあなたにプレッシャーをかけてくる。こんなんじゃ満足できない。いったいい、い、い、自分を何様だと思ってるんだ？

「欠乏感」と「比較」もまた、近くの席を陣取っている。欠乏感は言う。「時間もお金も愛も注目も、何もかも足りない……」。そして比較は「ほら、ほかのやつらはお前よりずっとうまくやってるぞ」。

特等席であるボックス席は、競技場を建設した人たちで占められている。人種、階級、性的指向、能力、地位などが、自分と似通った人のためにこの競技場を建設した彼らは、固定観念、誤った情報、恐怖に基づいて、すでにあなたのオッズを決めている。

私たちはこうした事実を認めたうえでなお、声を上げなければならない。**あなたがどんな価値観を選ぶにしろ、自分の価値観で生きている勇敢なリーダーは、絶対に困難な状況で沈黙したりはしないのだ。**

世界中のあらゆるリーダーや組織が話しあうべき、非常に重要かつ気づまりで、勇気がいるテーマがある。「**特権**」についてだ。

たとえば、同じ競技場に足を踏み入れても、私とほかの人たちでは状況が異なる。私は白人で、異性愛者で、教育を受けている。そしてスタンドには私に期待し、応援してくれる人たちが大勢いる。

性別についての問題は？　もちろんある。それでも、私がほかの人たちよりはるかに多くの特権を手に闘っているのは間違いない。

競技場について考える場合、人種、年齢、性別、階級、性的指向、身体能力、認知能力などの要素を考慮しなければならない。

ここ5年ほど、どの会社に行ってもこう耳打ちされる。「すばらしい考えだと思いますが、その、人種についてはどう話せばいいでしょう？」私の返答はこうだ。

「まず、人種の話にきちんと耳を傾けてください。御社はきっと多くの過ちを犯すでしょうし、とんでもなく気づまりな状況に陥るでしょう。それに、批判も避けられません。それでも口をつぐむことだけはしないでほしいのです」

気まずいからといって特権や抑圧についての会話を避けるのは、それこそ特権の典型である。

「沈黙」は勇敢なリーダーシップではないし、沈黙は勇気ある文化を構成する要素でもない。困難な対話に向けて、事前に答えを準備するのも違うだろう。勇敢なリーダーとは、あらゆる答えで武装している人ではないし、むずかしい話題についての議論をよどみなく進められる人でもない。

勇敢なリーダーとは、こういうことが言える人である。**「あなたをちゃんと見ているし、あなたの声も聞いています。全部は答えられないけれど、きちんと聞いたうえで、こちらの意見を述べさせてもらいます」**

こうした能力や、共感を育む力はだれもがもっている。いい仕事をしたいなら、むずかしい対話をおこない、秘密や沈黙や批判を押しやることが不可欠だ。これは職場から恥を一掃し、スタンドからの野次や脅しに左右されることなく、私たちの大切な価値観と連関した競技場で闘う道を切り開くための唯一の方法である。

競技場でもっとも重要な席、つまり困難な時期に目を向けるべき席は、「共感」と「セルフ・コンパッション」が座る席である。

「共感」の席には、ひとりかふたり、こちらの価値観を理解し、行動に移そうとする努力を支えてくれる人（もしくは人たち）がいればいい。

一方、「セルフ・コンパッション」の席は、自分のためにある。この席は、自分を応援できなければ他者からの応援は期待できない、ということを思いだすためのものだ。みずからの価値観を尊重できない者が、他人に「私の価値観を尊重してくれ」とは言えないだろう。

1．あなたの価値観を理解していて、それに則って生きようとするあなたの努力を支えてくれる人はだれか？
2．その人からのサポートはどのようなものか？
3．自分の価値観で生きるという難題のなかで、自分を支えるために「セルフ・コンパッション」を行動で示すとしたら、どういうものか？
4．自分の価値観で生きることから外れてしまったときの警告となるしるしや兆候は何か？
5．自分の価値観で生きるというのはどんな気分か？

6. いくつかの重要な価値観とともに生きることで、どのようにフィードバックを与えたり受け取ったりしているか？

私が恵まれていると思うのは、自分の共感の席の背後に、さらに共感のエリアが広がっていると感じられることだ。共感の席には、夫のスティーヴが座っている。スティーヴなら問題を抱え込む私の性分が、家庭にストレスをもち込むとわかっていても、そんなきみを僕はこう言ってくれる。「それがきみのやるべきことだろう。それがきみだし、そんなきみを僕は愛している。さあ、万が一に備えてやるべきことをやってくれ」

私の姉妹や、もう大きくなった子どもたちも、よく共感の席で支えてくれる。世間に知られた人物の味方をするのは（つまり私に協力することは）、必ずしも簡単なことではない。彼女たちは、残酷な反発や脅される可能性さえあることを承知している。

職場の同僚もまた、共感のエリアで多くの役割を果たしてくれている。彼らなしでは、とうていこの仕事は進められない。

サポートとは、愛であり、励ましであり、率直な意見であり、境界線の設定であり、ときどき「いいえ、その件には賛同できません。理由は――」と言ってくれるようなことである。

自分に対する思いやりをリストにするのは簡単だが、実行するのはむずかしい。私にとっては、眠ることであり、健康な食事を摂ることであり、運動することであり、つながることである。

脳震とうの話でも触れたが、自分の価値観で生きるには、何より心身ともに健全でなければならないのだ。

これは私にとって克服すべき大問題だが、「怒り」に駆られると、自分の価値観を見失うことがある。怒りは私のバロメーターであり、最初の警告システム――炭鉱のカナリアである。爆発の瞬間は、私が怒りを抑えて静かにしているときに訪れる。無理を押して仕事をしているときに訪れ、境界線の設定が甘ければ、その扉を蝶番ごと吹き飛ばす。

自分の価値観――信仰と勇気――を実践するには多大な労力が必要だ。ここまで本書を読み進めてきたあなたなら、勇敢になるのにどれほどの努力とスキルが必要かおわかりだろう。信仰も同じだ。

私のお気に入りの「精神性（スピリチュアリティ）」の定義は、友人であり師であるピットマン・マクギーが定義したものだ。ピットマンはユング派の分析家であり、牧師であり、私の仕事の大きな助けとなった研究書の著者である。

ピットマンは言う。「スピリチュアリティとは、日常のなかでわれわれが超越的な体験に対して抱く深い憧れであり、日常のなかの非日常、平凡のなかの奇跡、俗世のなかで神聖な何かを経験するという期待である」

私の信仰は、日々真剣に取り組まなければならないものだ。見知らぬだれかとＳＮＳでくだらない議論を交わしている時間はない。

私は、平凡のなかに奇跡を見つけようと忙しく立ち回っている。貴重な時間を浪費していると感じたら、私は自分に腹が立つ。「ひょっとしたらＳＮＳでの議論こそ、俗世にまぎれた神聖な何かなのでは？」と考える人がいるかもしれないが、私はまだそこにいたっていない。


「自分の価値観で生きている」とはどんな感じか――この質問に対する答えは、年を重ねるごとに変わってきている。

以前は、容易に決断できるときは自分の価値観に合っているのだと思っていたが、リーダーになってみて、実はそうではないことを学んだ。厳しい決断をくだすときのほうが、みずからの価値観にしたがっていることを実感するのだ。

正しいおこない＝簡単な行為であればいいが、そういうケースはまれである。いまはもう高揚するような瞬間は求めていない。代わりに、揺るぎない自分でいられる静かな時間を求めている。そして、そうした瞬間には、たいていぐったりしている。

レナード・コーエンの歌詞の1節を借りれば、競技場でのタフな瞬間はつぎのとおりだ。

「愛は勝利の行進なんかじゃない。冷たく、壊れた歓び《ハレルヤ》の声だ」

自分の価値観で生きることとフィードバック

とくに職場で直面する最大の課題は、「フィードバック」を与えたり受けたりする際に、自分の価値観がぶれないようにすることである。

すでに、拙著『本当の勇気は「弱さ」を認めること』でフィードバックのチェックリストをまとめたものがあるが、ここでもう一度検討したいと思う。前作は、前作のためのリサーチに基づいて執筆したが、それが今回のリーダーシップに関する新たなデータでも証明されたことをお伝えしたい。

これは、フィードバックの際に必要な「心構え」を示したガイドラインだ。あなたは適切な状態でフィードバックをおこなえているだろうか?

1．相手の「正面」ではなく、「隣」に座る

向かいあって座るのは、距離の問題だけでなく、本質的な対立関係の表れでもある。たまにだれかの向かいに座るのは問題ないが、かりにあなたと相手の間に大きな問題がある場合、大きなデスクはさらなる距離感を生みだすだけだ。これは権力の違いを示してもいる。

2. 問題を「自分と相手の間」に置くのではなく（もしくは相手のほうへ押しやるのではなく）、「おたがいの正面」に置く

大きな問題をふたりの間に置くのと、ふたりの前に置くのとではまったく違う。ふたりの正面に置けば、問題を同じ視点で見ることができる。そして多くの場合、「あなたは間違っています」を「ちょっと変更したほうがいいかもしれません」に言い換えるとうまくいく。

だれかに問題への取り組み方を指摘されるのと、だれかがあなたの側に立って障害物を乗り越えられるよう手を貸してくれるのとでは、身体的体験としても、認知的体験としても、感情的体験としても、精神的体験としてもまったく異なる。

3. 耳を傾け、質問をし、自分が問題を完全には理解しきれない可能性を受け入れる

好奇心に基づいて先を促したり、事実を求めたりするべきなのに、フィードバックの最中は、つい講義をするような口調になってしまうことがよくある。そして問題点を伝えながら、とにかくこの話しあいを時間内に終わらせようとする。

言いにくいフィードバックや気まずい会話はさっさとすませたいし、何度も話しあうはめになるのは絶対に避けたい。だがそうした機会を避けるのではなく、私たちは確固たる自信に身をゆだねなければならない。

「私はこう思います／これが私の視点から考えたことです／質問がたくさんあります／もう少

しわかるように説明してもらえますか?」それからさらに掘り下げ、メモを取り、質問をしたら、こうつづける。「少し考える時間がほしいのですが、明日またお会いできますか? 質問したいことが出てきたら連絡しますので、そちらも質問があればご連絡ください」

4. ミスを批判するだけでなく、うまくできているところも認める

これは少々厄介だ。仕事では、ときとして危機に見舞われることもあれば、スケジュールがぎりぎりで予定どおりに進まないこともある。

そんなときに落ち着いて「ごくろうさま。あなたはあれとこれとそれの3つにうまく対処してくれましたね」とはなかなか言えないし、できるなら「これではダメ。5時までに直して」とずばり言いたいところだ。

しかし、それではうまくいかない。ケン・ブランチャードの言葉ではないが、だれかの正しいおこないを見つけるのは、怒りにまかせてミスを並べたてるよりもはるかに意味がある。

少しだけ丁寧に、言葉を重ねてこう伝えよう。「5時までに間に合わせたいんだけど、計画書はおおむね問題なさそうね。一覧表だけきちんと直してくれる? サポートはどんな感じ?」

5. 相手の長所を見つけ、その長所を取り組んでいる課題にどう活かすべきかを伝える

フィードバックをするなら、相手の「長所」に基づいておこなうのが最善だ。相手に、現時点で活かされていない強みや長所を教えてあげるといいだろう。

「あなたの最大の強みは細部へのこだわりです。細かいことにまでこだわってくれるおかげで、チームにもいい影響を与えています。けれど見たところ、その能力がこの件には活かされていないようなので、ぜひその力を発揮してください」

もしあなたが、相手のいいところを見つけられないくらいカッとなっていたら、気持ちが落ち着くまでフィードバックは控えてほしい。

6. 恥をかかせたり非難したりせずに、説明責任を負わせる

残念ながら、私たちのほとんどが、もれなく恥や非難がセットになったフィードバックを受けて育ってきた。生産的で敬意あるフィードバックを与える方法をだれかに学んだことがある人はほとんどいない。

だれかと交わした会話をじっくりと考え、相手に恥をかかせる可能性がある部分をメモしておくと、今後役に立つだろう。そうした可能性を認識しておけば、うまく回避するためのマインドセットが育つだろう。

7．自分の責任を引き受ける

自分が責任を負うべき部分がわかっていない、もしくはこの問題に自分は関係ないと思っているなら、フィードバックをするべきではない。第2章で述べたように、何の責任も負っていない人からのフィードバックが必要な状況など見たことがない。

8．失敗をただ非難するのではなく、相手の努力に心から感謝する

褒める機会を見つけること。「先日の電話の件について少し話しておきたいのですが、あなたがクライアントと一緒にタイム・フェンス（計画確定期間）を設けてくれて、とても助かりました。簡単な調整じゃなかったと思いますが、見事な手際でしたね」

9．課題を解決することが、成長とチャンスにつながることを伝える

生産的なフィードバック、およびキャリア・パスにかかわる文脈のなかで、変える必要があるものについて話しあう準備をしておくこと。「私があなたに求めていることは、あなた自身の成長や取り組むべき課題のひとつとして、これまで話してきたこととつながっています」

あなたが目にしていることを、話している相手にとって大切なことに必ず結びつけてほしい。

10．相手に期待するヴァルネラビリティやオープンな姿勢をみずから示す

相手に受け入れてほしいなら、自分も心を開き、好奇心やヴァルネラビリティを示し、質問をたくさんして、みずから「手本」となることだ。

理不尽な期待や基準で、自分を縛ってはいけない。自分を守ろうとして痛烈なフィードバックで相手をやり込めようとすると、あなたの目の前に座っている、同じく守りに入って、だれかをやり込めようと待ち受けている人物にあたって跳ね返ってくるだろう。

以上の心構えに加え、人に意見したり、されたりしながら、自分の価値観で生きていくにはどうすればいいかを考える必要がある。

私はフィードバックをおこなう前に、それが部下であろうと、ほかのリーダーであろうと、社外のパートナーであろうと、彼らとどのように話すべきか、よくよく考える。複雑な人間関係のなかで、とくに苦痛に感じることのひとつは、自分の価値観を逸脱し、誠実さを欠くことである。

私はフィードバックをおこなうときはいつも、自分の核となる価値観を会話のなかに織り交ぜている。とくに「勇気」は大切で、勇気をもつことで、楽なことや礼儀正しさより、敬意や誠意を選ぶことができる。丁寧で礼儀正しいことは、敬意を払うこととは別物なのだ。

それから、その場の「感情」に責任を負わずに、感情を抱けることも重要だ。だれかと困難

なことを共有する場合、相手が自由に感情を発散できるスペースを設ける必要がある。

こちらが不愉快だからといって同じ気持ちを押しつけるべきではないし、また、相手のつらい感情をやわらげたり、助けてあげようと思ったりする必要もない。それは勇気ではないし、私の仕事ではないからだ。そうした行為は往々にして適切なフィードバックの妨げになる。

フィードバックをうまく受け取るには

ここでも、核となる「価値観」がかかわってくる。ただしこれまでとは少し違い、ここでの大事な問いは、**「どんなフィードバックであろうと、フィードバックを受けながら自分の価値観を保つにはどうすればいいか？」**ということだ。

人生における厄介ごとのひとつは、私たちは「生まれたときからフィードバックを受ける側にいる」という事実である。両親、先生、コーチ、教授、神父、牧師、そして30年来の上司、マネージャー、同僚など。適切なフィードバックをするには高い技術が必要で、うまくできる人もいれば、できない人もいる。

どんなフィードバックであれ、私たちはそれをきちんと受け止め、活用できるようにしなければならない。理由は単純だ。「物事を極めるには、フィードバックが必要」だからだ。何であれ、達人になるには人からの意見が不可欠なのだ。

フィードバックを受け取るのが厄介な理由は、いくつかある。

第1に、相手の伝え方がまずい場合。第2に、伝え方がうまくても、意図がわからない場合。第3に、不意打ちでフィードバックを受けた場合（時や言葉を選ぶことのできる「与える側」とは異なり、受け取る側はタイミングを選べない）。

たとえば、だれかのオフィスに呼びだされ、あるいはクライアントから電話でこう言われるとする。「そちらの提案を検討しているのですが、はっきりいってくだらないですし、まったく的外れです。こんな企画にこちらが多額の資金を投じると思われているなんて心外です」これが相手からのフィードバックである。

はたして生産的だろうか？　すぐに心を開いて受け止められるだろうか？「くだらない」などと言われてはむずかしいだろう。


それでも、役に立つ戦略がいくつかある。フィードバックを受けたら、「自分の価値観を支える行動や、自分を肯定する言葉を見つける」のだ。

たとえば私の場合、フィードバックを受けて、勇気という価値観を保ちたければ、こう言い聞かせる。「私は勇気をもって人の意見を聞いている」と。実際に私は、「勇気をもって人の意見を聞いている。言われたことを全部取り入れる必要はないけれど、ともかく聞く耳をもつだけの勇気はある」と何度も自分に言い聞かせてきた。

さらにフィードバックの伝え方がうまくない人と一緒のときには、こうくり返す。「ここにも何らかの貴重な意見があるはず。それを見極めて残りはスルーしよう」

また、相手のフィードバックが巧みで、かつ生産的な会話をしているのだけど、耳が痛くて動揺してしまうときには「これは仕事を極めるための試練だ、これは仕事を極めるための試練だ」とくり返したり「彼らも私に劣らずこの一件を気にかけているのだ」と言い聞かせたりする。

公の場での話し方、服装、映像にどう映ったかなど、私はつねに他者からのフィードバックを受けている。そうした意見を受け止める際には、相手が私たちの取り組みのためによかれと思って指摘してくれているのだということを思いだす。困難な状況に直面したら、私はそう言い聞かせることで、勇気という価値観を保ちつづけている。

私たちの講座を受け、自分の核となる価値観が「知識」だと気づいた男性は、自分をより理解するためにはフィードバックが不可欠だと語った。「自分に対するフィードバックが毎回興味深いのは、そこから学んだり、その知識を使っていろいろなことを改善したり向上したりできることがわかっているからです」

核となる価値観が「家族」である女性にフィードバックの受け止め方を尋ねると、こんな感動的な答えが返ってきた。「姪が理想とする自分でいるようにしています。穏やかに、敬意を払い、耳を傾け、弱気にならず、相手に質問をしつづけるように」

現実を受け止め、守りに入らないようにするには訓練が必要だ。これができれば、それだけでもう大成功と言えるだろう。

というのも、あなたの内面はいつも、断絶という戦略を用いてあらゆるものを遮断しようとしているからだ。もしも私の身体が「これはちょっと危なそうだし、よくなさそうだから、遮断したほうがいい」と言えば、私はもう他人の言葉には耳を貸さず、口先だけこう言うだろう。

「ええ、まあ、……そうですね」

最近、フィードバックを受けて身構えたことはなかっただろうか。

身体的兆候としては、胸の前で腕を組み（あるいはポケットに両手を突っ込み）、口はカラカラ。頭のなかでは、「こっちの話を全然聞いてくれない」「この人たちは全体像が見えていない」などと考え、納得していない。感情的兆候は、不安、いらだち、絶望感。

よくこうした状態に陥っているなら、肯定的な行動やフレーズを用いて自分を鼓舞し、好奇心や質問や他者の視点を思いだし、会話のペースを落とすことが重要だ。もしも完全に打ちのめされているなら、時間をおいて話しあえるようにするといい。

フィードバックを受け取る際の「理想形」は、相手の意見に耳を傾け、フィードバックの内容を統合し、責任の所在を認めたうえで、つぎにつなげることである。不快感を認識し、保持できる能力は、フィードバックを与える側にも受け取る側にもプラスに働く。

厳しいフィードバックを受けたり、自分の苦手なことや失敗したことで頭がいっぱいになってパンクしてしまったりしたら、こう言えばいい。「私はいま、余裕がありません。できることなら問題を掘り下げて、あとでまた改めて話しあう、ということをしたいのだけど、いまは受け止めるだけで精いっぱいです」と。これこそが生産的で、敬意を払い、勇敢であるということだ。

勇気が価値観の中核をなす私は、以下の台詞を言うことを自分に許している。「ちょっと休ませて」あるいは「その態度のせいで、あなたの言葉を素直に聞けません。怒っているのはわかるし、それはかまわないけれど、態度を改めてくれないと、私は自分を守るだけで精いっぱいになってしまいます」。

これは、私なりの勇気の体現である。時間がほしいと頼むこと。改めて話しあうよう頼むこと。もっと意見を言ってほしいと頼むこと。

厳しいフィードバックが終わったあとに「相手とのつながりを断ち切ることなく、勇気と誠意と好奇心をもっていられた」と言えたなら、それだけで十分勇敢だし、それ自体が勝利である。

フィードバックに関する話を締めくくるにあたり、マイオビジョン社の最高文化責任者、ナタリー・デュモンドの話を紹介したい。

同社は、データやツールを用いて交通量を削減し、洗練された都市計画や、よりよい交通安全システムを提供するスマートシティーテクノロジー企業である。これは効果的なフィードバック文化の創出に関する見事な実例である。

ナタリーはこう記している。

多くの組織同様、マイオビジョン社も、どのようなパフォーマンスマネジメントをおこなえば――とりわけどのようなフィードバックをおこなえば――各社員に大事な視点を提供できるか、長い間頭を悩ませてきた。

この旅路がはじまったばかりのころ、私たちは星の数で評価できる長期的な評価フォームとコンピテンシー（高い業績や成果につながる行動特性）のリストを実装した。作成されたフォームには、最終的に360の評価項目が織り込まれたが、結果として、受動的攻撃行動を促進し、自分の評価を気に病む社員が増えてしまったようだった。

さらに、人事部とチームリーダーは、このプログラムに全員が参加するよう目を光らせておかなければならず、厳しい対話に向きあう準備もできていなかった。その結果、彼らは対話を完全に避けるか、しても中途半端に言葉を交わすだけに終始した。

結局プログラムは機能せず、何の意味も価値も社員にもたらさなかった。私たちが組織のいたるところで目にしたいと望んだ、信頼、ヴァルネラビリティ、好奇心、強い意志、自己認識といった行動を育むことも、促すこともできなかったのだ。

有意義なパフォーマンスマネジメントシステムを長年模索した結果、私たちはそれらをすべて放棄し、もっと過激で危うい方法を決行することにした。社員を「運転席」に座らせ、「その隣」に上司を乗せたのだ。これにより、フィードバックや成長は各自の責任となった。

私たちの目標は、勇気あるフィードバックを通じて信頼の文化を育むことだった。つまり、社員が「自分のヴァルネラビリティ」に向きあい、同僚に「1対1のフィードバック」を求める環境をつくれるようにしたかったのだ。

社員が仲間に言いにくいことを話せる勇気やスキルをもつこと、リーダーが率直さに価値を見出し、むずかしい会話が成長へつながることを理解すること、それができる文化を私たちは思い描いていた。

私たちはこのアプローチ法を見事に実装し、いまでは社内文化の一部となった。このプログラムは、ブレネー・ブラウンの「Daring Leadership（勇敢なリーダーシップ）」プログラムから多くのビジョンと着想を得たが、なかでも私たちは勇気あるフィードバックに着目した。

彼女の研究が教えてくれたのは、意味のあるフィードバックをするには、きちんと問題の核心をつき、適切なヴァルネラビリティのスキルを教え、奨励する必要があるということだった。

今後も、勇気と心で人を導くよう社員やリーダーを指導し、大胆なフィードバックを与えたり受け取ったりする方法を教えていきたい。これが、わが社が信頼、好奇心、強い意志、自己認識の文化を、繁栄するための文化を構築する方法である。

現在、マイオビジョンでは、社員たちが同僚と定期的にフィードバックを交わすパフォーマンスマネジメントプログラムを実践している。そこに匿名性はなく、厳しい会話も普通のことで、こうした過程はすべて（フィードバックの受け取り方も含め）社員主導でおこなわれている。

社員が仲間からのフィードバックを尊重し、そこから学んだことを上司と共有し、上司がそれをもとに指導できるよう、社をあげて取り組んでいる。各自が行動に責任をもち、自分はもっと成長できるのだという気持ちを育みながら、仲間と誠実な関係を築いてくれれば、これほどうれしいことはない。

このプログラムを成功に導くカギは、「勇気あるフィードバック」とはどういうものかを、リーダーと社員の両方に教えることにある。

わが社では、「フィードバック筋肉」を鍛えるために、社員どうしがフィードバックを与えあう訓練ができる場を提供している。組織として、社員が自分のパフォーマンスやフィードバックに責任をもってくれるのはありがたいことだし、厳しい会話に対応できるリーダーがいれば、これほど心強いことはない。このやり方は、すべての社員の適切な行動を構築・促進し、みずからの勇気を信じるよう励ましている。

自分の価値を知ることは、自分を知ることであり、だれにでも価値はある

「価値観の共有」は、チームの信頼とつながりを築くうえで大きな要素である。

私自身、自分が導くべき相手とつながっていることに誇りをもっている。だがそれには、時間をかけて相手の価値観を理解しなければ、本当の意味で理解したことにはならない。

そう改めて実感させられたのは、ある日の午前中、部下と価値観について、またそれに対する疑問についてたがいに打ち明けあったときのことだ。

その部下は、入社して日も浅く、会社の雰囲気になかなかなじめず悩んでいた。私もいろいろなことを試してみたが、たいして助けにはなっていないようだった。

価値観を共有する訓練のなかで、私は彼女の大切な価値観が「つながり」であることを知った。彼女の価値観を支える行動のひとつは、仕事の同僚としてつながりをもつだけでなく、ちょっとした機会に人としてつながりを築いていくことだった。

たとえば出社したら毎朝挨拶し、仕事以外の雑談を交わす。ごく簡単なことだ。私も何気ない交流は好きだったが、毎日はしていなかった。

現在、私は毎日それらを実践し、彼女と同じくらい楽しんでいる。この行動が彼女と、私たちとの関係を大きく変えた。

「価値観の共有」が人間関係を強くするもうひとつの事例は、友人のチャズとの話だ。

正直なところ、長い付きあいである私たちが、これ以上つながりを強化できるかどうかは疑問だった。しかしチャズが順風満帆だった広告代理店の最高財務責任者を辞め、私のもとへきてくれたときに、大きな変化が訪れた。価値観を共有する訓練のなかで、私はチャズの大事な価値観のひとつが「財政の安定」であることを知ったのだ。

みなさんはきっとこう思うだろう。「それはそうだろう。彼は最高財務責任者で、あなたの右腕なのだから」と。けれど正直、私は何もわかっていなかった。

私が大きなリスクを冒したり、新事業に多額の投資をしようとしたりすると、チャズが山ほど質問を浴びせて問い詰めてくるのは、彼が私を信用していないから、あるいは私がそうしないよう説得するのが彼の仕事だからだと勝手に思い込んでいた。

しかしそれが彼の「仕事」ではなく、「価値観」だと理解したとき、私は泣きたくなった。そしてそんなチャズのことをもっと好きになった。

こう書いているだけでも泣きそうなくらい、チャズのことは信頼している。相手の価値観を知るまで、本当に理解することはできないのだ。


私はこのエクササイズを、世界中のリーダーたちとおこなってきた。なかには20年以上の付きあいになる人たちもいるが、彼らもやはり、同僚や友人の価値観を知って驚いていた。

昨年は、その年を締めくくるのにふさわしい取り組みをおこなった。私たちは社をあげて勉強会をおこない、そこから学んだことを2〜3盛り込みながら20分程度、チームごとに年末の進行状況を発表するようお願いした。

これはまさに、大学教授の手法と同じである。知識を体得するには、「要約して他者に教えること」がいちばんなのだ。

そして2日間のイベントのはじめに、それぞれ自分のふたつの価値観を大きなポスターに書きつけてもらった。さらに期間中、各ポスターに、その人物のすばらしさと、その生き方を評価する理由をみんなにひとつずつ書いてもらった。とても感動的だった。

私はいまも自分のポスターをもっている。いつでも思いだせるよう、研究室に飾ってある。

価値観運用ネーター

私がいちばん好きな発明家は、ハインツ・ドゥーフェンシュマーツ博士である。ドゥルーススティン生まれの彼は、悪のドゥーフェンシュマーツ社の創設者で、世界を大混乱に陥れ、「3つの州」を支配しようともくろんでいる。

ディズニー・アニメ『フィニアスとファーブ』（2007年〜2015年放送）のファンなら、何の話かおわかりだろう。このアニメを見たことがない人は、ぜひ見てほしい。ハインツ・ドゥーフェンシュマーツ博士は、そのアニメに登場する魅力的なキャラクターである。

この博士のいいところは、自分の発明品にすべて「○○ネーター」とつけるところだ。知らない人のためにいくつか紹介したい。

- **ポップアップネーター**：自身の邪悪なポップアップ広告を3つの州全体にくまなく設置するための発明品。
- **ドードー鳥孵卵器ネーター**：3つの州を支配するための手先として獰猛な鳥を生みだすための発明品。
- **ソルトウォータータータフィーネーター**：3つの州に住むすべての子どもたちを虫歯にする

ための発明品。

- **チキンスープネーター**：博士に仕えることを拒否した店（デリカテッセン）を廃業に追い込むための発明品。

ドゥーフェンシュマーツ博士に対抗するつもりはないが、私たちは「価値観運用ネーター」なるものを考案した。弊社と提携している企業からの依頼で多いのは、自社の価値観をスキルベースの行動として、教え、観察し、評価できるようにしてほしいというものだ。私たちには巨大なじょうごを備えたマシンも、いかしたアルゴリズムも（まだ）ないが、多くの組織で広く採用されている価値観に見合う行動ならいくらでも紹介できる。

わが社の例を紹介したい。「ブレネー・ブラウン・エデュケーション・アンド・リサーチ・グループ」では、つぎの価値観を実践するよう求めている。

- 勇敢であること
- 仕事に従事すること
- 気遣いを大事にすること

それぞれの価値観は、責任をもって実践すべき行動として運用されている。

各行動は、アンケート調査などでよく使用される、リッカート尺度（1点～5点、「いつも」～「一度もない」）で社員、マネージャーによって個別に評価され、その評価は年間を通じておこなわれる1対1の対話の結果と比較される。1対1の対話では、各自の強みや成長の機会、指導が必要な分野、人の助けとなれる分野を特定する。

「勇敢であること」は、すでに触れた勇気の構築にもつながっている。この価値観を支える行動の例を3つ紹介する。

・他者との境界線をはっきりと設ける。
・むずかしい会話、会議、決定に積極的に取り組む。
・だれかについて話すのではなく、当事者どうしで話をする。

「仕事に従事すること」は、責任をもって務めるということである。3つの行動を以下にあげる。

・コミュニティに対しても消費者に対しても責任を負う。
・自分がその場にもたらしたエネルギーに責任をもち、いつでも前向きな態度を保つよう努める。

・おかれている環境に早く慣れるよう努める。

「気遣いを大事にすること」は、自分と他者への接し方、双方に関連している。

・同僚には適切なタイミングと姿勢で、敬意と思いやりをもって接する。
・チームや同僚に感謝する訓練をする。
・他人の時間を大切にする。

こうしたプロセスが、崇高で主観的な価値観を、現実的かつ実用的なものへと変えていく。**明確に伝えるのは親切だが、曖昧にするのは不親切**なのだ。

明確な期待を示すことに加え、このプロセスは私たちに共通の言語と、明確に定義された文化をもたらしてくれる。これは雇用の際に、その人物が社風に合うかどうかを判断するのに役立つし、仕事と関係のない問題が生じた場合など、極めてわかりやすい行動基準を提供してくれる。

「運用可能な価値観」は、生産的な意思決定も促進する。価値観が曖昧だと、すぐにどうしたらいいのかわからなくなってしまうか、あるいは、衝動的になりすぎて危険な場合がある。一方で、価値観が明確だと、思慮深さや決断力が増す。これは意思決定においてとくに重要な点である。

メリンダ・ゲイツは自著のなかで、勇敢なリーダーシップに関する経験をいくつか語っている。

チームメンバーがそれぞれの価値観を尊重して対話できるようになれば、対立を収めるのはずっと楽になる。

人はだれしも、私もビルも含めて、特定のやり方を好む傾向がある。しかしそうしたやり方を自分の大事な価値観に結びつけて相手に説明できるようになれば、自分の思い込みを、そして相手の思い込みをうまく正せるようになる。

われわれ財団の基本原則は「公平」である。したがって、いま、生命を救うために未完成のツールにお金を使うべきか、のちにもっと多くの生命を救う優れたツールを発見するためにお金を使うべきかでかりに議論が紛糾した場合、それぞれの言い分が、この組織のコアバリューである公平性に一致するかどうかを確認すればいい。

ポイントは、こうした議論に「正解はない」ということだ。どちらの言い分にも一理ある。それでも公平性というレンズを通して意見を述べることで、自分の感情とその理由に確固たる自信がもてるようになる。

ときには、私が最初に提案した方向性とは別の道へ向かうこともあるが、それぞれが自分なりのやり方で公平性の向上を目指しているということが理解できれば問題はない。

価値観に焦点を当てると、はるかに生産的な会話ができるようになるうえに、どんな結論が出るにしろ、意見を聞いてもらえたという気持ちで満たされ、充足感を得ることができるのだ。

「運用可能な価値観」は、価値観を支えるスキルについても明確にする。「肯定的意図を想定する」という価値観はその好例である。これは、さまざまな組織で採用されている非常に評価の高い価値観で、要するに、他者の意図、言葉、行動に対して、できるかぎり寛大な解釈をするということだ。

当たり前のように聞こえるが、肯定的意図を長年研究してきた私から言えば、これはそう簡単にできることではないし、この価値観を掲げながら「肯定的意図の想定」について詳しく説明したり、教えたりしている組織も見たことがない。

人のいちばんいいところを想定するための基本スキルは何か？　境界線の設定と保持である。では、「肯定的意図の想定」を支える基本的な信念は？　各自が最善を尽くしていること。

これから順番に見ていくが、まず、大半の人は境界線を設定する方法を知らないし、「人が最善を尽くしている」と信じている人は、私たちがインタビューしたうちの半数だけだった、ということを伝えておきたい。

先ほども述べたが、会社の宣伝として価値観を掲げるのは簡単だが、実践するのははるかにむずかしいのだ。では、「境界線の設定」から見ていこう。

他者に対して寛大な人というのは、明確な**「境界線」**をもっている。これまでインタビューしたなかで、とくに思いやり深くて寛大な人たちは、きちんと境界線をもっていた。

人は、「相手が自分の境界線を尊重してくれないと、その相手の意図に対してよくない印象を抱く」ことがわかっている。この人はわざとこちらを失望させようとしているのだ、と。一方で、どこまではよくて、どこからがだめなのか、こちらの限界を理解して尊重してくれる人に対しては、私たちはとても寛大になる。

こうした価値観を、「境界線（Boundaries）」「誠実さ（Integrity）」「寛大さ（Generosity）」の頭文字を取って、「Living BIG（ＢＩＧに生きる）」と呼んでいる。「肯定的意図の想定」は、人びとがこう自問したときにだけ保たれる。

相手の意図、言葉、行動に対する自分の前提に誠実で寛大でいるためには、どんな境界線が必要だろう？

価値観を印刷したポスターを廊下に貼っておきながら、それを支える行動を深く知ることも、教えることもしなければ、それはただのざれごとであり、信頼は浸食されていく。

「肯定的意図の想定」は、境界線のほかにも、人びとができる範囲で最善を尽くしていると信じるか、あるいはやる気がなくてサボっている、いや、むしろわざと怒らせようとしていると考えるかによっても実践の成否が異なってくる。たしかに、私たちは変わることも成長することもできるが、肯定的意図を想定するには、いままさに相手が努力していると信じることが必要なのだ。


私はこの考えを、何年もかけて調査してきた。もしあなたが「人はみな最善を尽くしていると思うか?」と道行く人に尋ねたら、自分にも人にも厳しい人に「思わない」と切り捨てられるか、セルフ・コンパッションや共感を日々実践している人に、おずおずとした口調で「ええ、そう信じています」と言われるかのいずれかだろう。おずおずとした口調になるのは、おそらく、その答えが今日の世界ではメジャーではないとわかっているからだ。

初期の研究によると、もともと「思わない」と答えていた人間としては言いづらいが、誠実さを実践している人たちはつねに「はい、人は最善を尽くしています」と答える側にいて、私のようにみずから完璧主義にはまり込んでいた人間は「いいえ、彼らは最善を尽くしていません」と答える側にいることがわかった。

勇敢なリーダーシップに焦点を当てた新たな研究でも、このパターンは変わらなかった。勇敢な指導者たちは、みんなが最善を尽くしていると想定して働きかけるのに対して、エゴや武装に苦しみ、スキルが欠如しているリーダーは、この想定をしていなかった。

頑なに「最善なんて尽くしていない」と言いはる私を最終的に変えたのは、夫のスティーヴだった。

夫に「みんな最善を尽くしていると思うか」と尋ねると、彼はこう答えたのだ。「そんなこと、きみにはわからないと思うよ。でもみんながんばっていると思っていたほうが、楽しく暮らせるのは間違いないよね」

拙著『立て直す力』のなかで、私がときどき講演やワークショップなどでおこなうエクササイズについて記したが、ここでもう一度紹介しておきたい。

そのエクササイズでは、「不満や失望、怒りを覚える人物の名前」を書きだしてもらい、「**それでも、その人物は最善を尽くしている**」と仮定してもらう。

人びとの反応はさまざまだった。「うそだろう」とある男性は言った。「こいつが精いっぱい努力しているなら、俺は最低の人間だ。いやがらせをやめて、助けてやらなくちゃ」

ある女性の意見はこうだ。「もしこれが本当で、母が最善を尽くしていたなら、悲しすぎる。でも嘆くより腹を立てていたほうがましだし、だから、理想の母親になれない彼女を思って悲嘆にくれるより、わざと私を失望させていると思ったほうが楽なのかも」

リーダーたちにこの質問に答えるよう頼むのは、とてもむずかしい。というのも、相手が最善を尽くしているとしたら、彼らをどう指導したらいいかわからなくなるからだ。相手を急き立てたり、同じ問題に何度も取り組ませたりするやり方では、チームを教育し、能力不足を見直し、適材適所に人を配置するというむずかしいタスクをこなすことはできない。

不思議なことに、多くの人は、「この人はがんばっても本当にできないんだ」という事実に向きあうよりも、「相手の努力不足のせいにして怒り、失望、いらだちを抱える」ほうを選ぶ。このエクササイズでもっとも印象的だった反応は、陸軍士官学校のリーダーたちのものである。ひとりの士官が「情報の正確さ」を求めて、私に「あなたは本当に、100パーセント彼が最善を尽くしていると思いますか？」と何度も念を押してきた。

私が2、3回肯定したあとで、彼は深く息を吸ってこう言った。「では、石を動かしましょう」

私は戸惑って聞き返した。「石を動かす、とはどういうことですか？」

彼は頭をふった。「私は石を蹴るのをやめたい。だからどかさなくてはならないのです。蹴飛ばせばおたがいに傷つく。彼はこのポジションにふさわしくないし、だからといって押したり蹴ったりしても変わらない。彼は自分が貢献できるポジションに移動するべきです」

「肯定的に信じること」は、相手が目標を定めることに手を貸すのをやめたり、相手の変化や成長に期待したりしないということではない。それは、「これくらいできるはず」という自分本位の価値観で相手を評価することをやめ、まずは敬意をもって、彼らの得意分野で責任を果たしてもらう、ということである。

と同時に、自分が苦しいときには、前向きに自分を信じてあげることでもある。**「私はいま、自分にできる精いっぱいのことをしている」**と。

一見シンプルな価値観を支える行動やスキルは、「肯定的意図を想定する」という価値観ほど複雑ではないにしても、多くの場合、思っているより複雑だ。

価値観に基づいた行動を取りたいのであれば、その価値観を学んだり観察したりできる行動やスキルに変換する必要がある。そして、自分にも他人にもその価値観を体現する責任を負わせるという、困難な仕事を成し遂げなければならない。

次章では「信頼」という概念を掘り下げながら、その運用方法について詳しく見ていきたい。さしあたっていまは、競技場では何の保証もないということを覚えておいてほしい。全力で戦っても負けることはあるし、暗闇に包まれることもある。

それでも、指針となる価値観が明確なら必ず光は見つけられる。そして、勇敢に生きるとはどういうことかを知るだろう。

第3部

果敢に信頼する

Braving Trust

Integrity is choosing courage over comfort;

IT'S CHOOSING WHAT'S RIGHT OVER WHAT'S FUN, FAST, OR EASY; AND IT'S PRACTICING YOUR VALUES, NOT JUST PROFESSING THEM.

誠実さとは、
快適さではなく勇気を選ぶことである。
楽しくて、手軽で、簡単なことよりも、
正しいことを選ぶことである。
価値観を公言するだけでなく、
実践することである。

*

「信頼」という言葉が、寛大で率直な人びとを、あっという間に別人へと変えてしまう場面を目にしたことがある。自分の信頼性がほんの少しでも「疑われている」と感じただけで、私たちはヴァルネラビリティを内に閉じ込めてしまうのだ。

そういう場面で、自分がバリアを張りめぐらし、武装し、心を閉じ、防御態勢に入っていないかチェックしてみてほしい。一度心を閉ざすと、大脳辺縁系を乗っとられ、感情的なサバイバルモードに陥ってしまい、相手の言葉に耳を傾けたり、きちんと処理したりすることができなくなる。

自分は信頼に足る人間でありたいと思っている一方で、皮肉にも、私たちは他人をなかなか信頼することができない。

ほとんどの人は、自分は完全に信頼に値する人物だと思っているにもかかわらず、自分が信頼している同僚はひと握りしかいない。こうなると計算が合わなくなるが、自分が信頼できる人間であると思うことと、人から信頼できると思われることとは別なのだ。

講演家でありコーチでもあるチャールズ・フェルトマンの「信頼」と「不信」の定義は、私たちの研究の参加者が信頼について語ったことと完全に一致する。フェルトマンは自著『The Thin Book of Trust』（未邦訳）のなかで、信頼を「自分の大切なものが、他人の行動で傷つくリスクを選択すること」と定義し、不信については「この状況下で（もしくはどんな状況下でも）この人物と一緒だと、自分の大切なものは安全ではない」と判断すること、と述べている。

こうした定義を読むだけでも、なぜ信頼について話すと人はこうも変わってしまうのか、その理由がわかってくる。

たとえば、「ブレネー、あなたと一緒だと、私の大切なものが傷つきそうで不安なの」と言われたら、とてもつらいだろう。それが事実かどうかは別としても、社会性動物にとってもっとも重要な側面の一部が脅かされることになるのだから、ダメージは相当に大きい。信頼がなければ、つながりはない。

「信頼」についての会話はむずかしく、容易に悪い方向へ進む可能性があることから、私たちはついこうした対話を避けがちだが、そうすると、さらに危険が増す。

というのも、信頼関係に悩んでいるときに相手と直接話しあうスキルやツールをもっていないと、当人に対して言うべきことを周囲に話すことになるうえ、その行為はエネルギーの大きな無駄遣いにつながるからだ。いずれも私たちの組織では価値観を損なうおこないだし、大半の個々人の価値観にも反する可能性が高い。

また、「信頼」は、チームと組織を結びつける接着剤でもある。私たちは信頼の問題に気づかないふりをして、みずからのパフォーマンスやチームの成功を犠牲にすることがあるが、信頼の重要性を裏づける研究は多数ある。


「リーダーとしてどうあるべきか」を私に示してくれた、ふたりのリーダーがいる。経営コンサルタントで作家のスティーブン・R・コヴィーと、大手食品メーカー・キャンベル・スープ・カンパニー社前CEOダグラス・R・コナントだ。

彼らは、ハーバード・ビジネス・レビュー誌の記事で、**「信頼を促進すること」**が、キャンベル・スープ・カンパニー社を10年かけて立て直したコナントの最大の使命だった、と述べている。

記事にはフォーチュン誌が毎年発表する「働きがいのある会社100」が引用されているが、フォーチュン誌の調査によると、**「管理職と従業員の間にある〝信頼関係〟が、働きがいのあ**

る会社の最大の特徴」であり、信頼度の高い会社は「S&P500（株価指数）の年間平均リターンを3倍も上回っている」という。
この記事のお気に入りの箇所を抜粋する。

優れたパフォーマンスの構築には「信頼」が必要だ、という考えに異を唱えるリーダーはほとんどいないにもかかわらず、その重要性を十分に理解せず、信頼の構築を「軟弱」あるいは「次善の策」とみなして軽視している人が多すぎる。

しかしわれわれは共同実験において、「信頼」こそがすべてを変えるものだと知った。それは「もっていたほうがいい」というものではなく、「絶対にもっていなければならない」ものなのだ。

信頼がなければ、組織はあらゆる面において文字どおり、荒廃するだろう。しかし信頼があれば、あらゆることが可能となる。

何より重要なのは、継続的な改善と、市場における持続可能かつ測定可能かつ具体的な結果である。

実際に耳にする信頼の話

信頼は「絶対にもっていなければならないもの」であるのに、多くのリーダーが信頼に関する会話を「絶対に避けるべきもの」とみなしている場合は、どうすればいいだろう。

ここでは**「具体性」**がポイントになる。漠然と信頼性に向きあったり、信頼という言葉を使ったりするよりも、具体的な行動を提示できるようにしなければならない。

それにはまず、「問題のありか」をピンポイントで特定し、それから話しあう必要がある。指摘が「具体的」であるほど相手が耳を傾けてくれる可能性は高くなるし、こちらも相手の人となりではなく行動に対してフィードバックをおこなえるようになる。そうなってようやく、本当の変化をサポートできるようになるだろう。

たとえば、上司のハビエルが、私を自分のオフィスに招いてこう言ったとする。「昇進できなくてさぞかしがっかりしていることだろう。きみにはいくつか信頼の問題があって、それが昇進を妨げているんだ」

こんなことを言われたら、私のなかの恐怖や自己防衛が頭をもたげ、恥を煽られるに違いない。これまで築いてきたどんな信頼も木っ端みじんに壊れてしまうだろう。昇進を逃したあとで、なぜ自分の性格を批判するような言葉だけを聞かされなければならないのか、と。

この例をあげたのは、これが典型的な事例だからだ。私たちは信頼について話すのを恐れるあまり、「取り返しのつかない結果」が起こるまでそれが問題であることにすら気づかない。これはまったくよろしくない。

私たちの信頼に関する調査は、とても興味深い質問からはじまった。**「信頼について話すとき、私たちは実際に何について話しているのか？」**

この大きなトリガーとなっている言葉を解体し、つまり信頼を定義している要素を特定できたらどうだろう？　上司は昇進を逃した理由を説明する際に、私の問題点を改善するための具体的な方法を教えてくれるのではないだろうか？

できれば、決定をくだす前に私に連絡して「昇進したいのなら、改めてもらいたい行動があるから、少し話しあおう」と言ってくれるとなおありがたい。

信頼の「具体性」を明らかにするために、われわれのチームは信頼を掘り下げ、信頼を構成する「7つの行動」を特定した。その名も「BRAVING《ブレイヴィング》」。信頼は、傷つきやすく、勇気（BRAVE）のいるプロセスであるため、これはぴったりのネーミングだと思う。

BRAVINGインヴェントリー

パプアニューギニアのアサロ族の言葉に、私の好きなものがある。**「知識は骨に刻まれるまで単なる噂に過ぎない」**。知識を骨に刻み込むには、実践して、失敗して、そこから学んで、それをくり返すしかないことを私たちは知っている。

BRAVINGインヴェントリー、つまり、「信頼を客観的に評価するこの方法」は、第1に、対話のためのツールであり、好奇心や学びから、そして最終的には信頼構築という観点から同僚たちと会話を進めていくためのガイドである。

現在私たちは、チームの信頼評価と、7つの行動に基づいて個人の信頼レベルを測る方法を開発中だ（詳細はDare to Lead Hubのbrenebrown.comにアクセスしてほしい）。

私たちはこのインヴェントリー（評価項目）を、同僚たちと価値観について話すのと同じ要領で使用している。各自BRAVINGインヴェントリーに記入し、その後1対1で一致する部分と異なる部分について話しあうのだ。これは関係構築のプロセスであり、安全な範囲でうまく実践すれば関係性は変わっていく。

7つの要素を見てみよう。わかりやすいものもあれば、説明が必要なものもあるが、後者についてはリストを見た後で説明する。

（1）**境界線**（**Boundaries**）**：**相手の境界線を尊重する。何が大丈夫で何がそうでないかわからないときは尋ねること。ノーと言ってもかまわない。

（2）**信頼性**（**Reliability**）**：**やると決めたことは実行する。仕事においてこれは、自分の能力と限界をつねに認識し、過度な約束をせず、約束を果たし、競合する優先事項のバランスを取るということだ。

（3）**責任**（**Accountability**）**：**自分の過ちを認め、謝罪し、償いをする。

（4）**機密性**（**Vault**）**：**自分の情報や経験以外は共有しない。他人の秘密を漏らしてはいけない。

（5）**誠実さ**（**Integrity**）**：**快適さより勇気を選ぶ。楽しくて手軽で簡単なことより正しいことを選択し、自分の価値観を公言するだけでなく実践することを選択する。

（6）**非難しない**（**Nonjudgment**）**：**だれしも自分に必要なものを求めてよい。非難されることなく自分の気持ちを打ち明け、助けを求めることができる。

（7）**寛大さ**（**Generosity**）**：**他人の意図、言葉、行動に対して可能なかぎり寛大に解釈する。

■機密性について

「機密保持」に関するむずかしさは、私にとって最大の学びのひとつである。ここで、私の昇進を拒否したハビエルとの、信頼に関する会話に戻ろうと思う。

彼は私に「信頼の問題がある」とは言わず「機密保持に関して問題がある」と言ったとする。私は驚き、ハビエルを見てこう言う。「会社の機密事項は共有していますが、ここで聞いた話を口外したことは一度もありません」

ハビエルはうなずいてこう言う。「きみの話は信じるが、きみは私のオフィスへ頻繁にやってきては、ほかの人の話をするだろう」

人は、機密保持に関するその側面を忘れている。あなたのことは裏切らなくても、他人の秘密をあなたにしょっちゅう話してしまう人に出会った経験はないだろうか？　会社の外でも彼らのことを信頼できるだろうか？

自分を裏切った証拠はなくても、そういう人たちは他人の話をだれかに話したくてうずうずしているに違いなく、情報を漏らさないでいられるかは疑問が残る。

秘密に関して言えば、言いたくなる気持ちはよくわかる。噂や秘密が、つながりを強固にするという神話を信じている人は多いだろう。しかし、そうではない。

同僚のオフィスに立ち寄って秘密の話をすれば、その瞬間はつながりができるかもしれないが、それは「偽物のつながり」だ。私がそのオフィスを出た瞬間、相手はこう思うはずだ。「ブレネーと話すときは気をつけないと。あの人には境界線がないらしい」

■誠実さについて

「誠実」という言葉は、必要以上に多用され、薄められ、また、スローガンとして日常的に掲げられることが多いかもしれないが、その概念の重要性が損なわれることはない。

拙著『立て直す力』のリサーチ中に、私はデータから読み取れる誠実さの定義について徹底的に調査した。そしてデータから浮かびあがった3つの特性を参考に、つぎのように定義した。

「誠実さとは、快適さより勇気を選ぶことであり、楽しみや手軽さ、簡単なことより正しいことを選択し、自分の価値観を公言するだけでなく実行に移すことである」

「楽しく、手軽に、簡単に」という今日の文化は、誠実さの最大の障壁になっている。利便性やコストを理由に、「近道」を正当化するのは簡単だ。しかし誠実さはそのやり方では機能しない。

私はこれまでの人生で苦労したり、時間をかけたりせずに有意義なことを成し遂げたことはないと断言できる。誠実さは重要だ。これが欠けていると、あるいは近道をしようと思うだけでも、たちまち相手に警戒されるだろう。

こうした新しいスキルやツールを実践するための最善の方法のひとつは、「誠実なパートナー」を社内で見つけて、自分が誠実に行動できているかどうかをその人に確認してもらうことだ。このパートナーは、ここ最近のやり取りで疑問に思ったり、むずかしい会話を練習したいと思ったりしたときに相談できる相手でなければならない。

私は職場に誠実なパートナーがふたりいるが、日常的にロールプレイをしたり、フィードバックをしたり、会話の練習をしたりしている。パートナーやチームとともに勇気を構築していくほうが、ひとりでおこなうよりも心強い。

非難しないことについて

この要素はむずかしい。人は概して非難をしたがるものだ。興味深いのは、研究でこの事実が「定量化」できるという点だ。

私たちが「いつ、だれを非難するか」を予測する変数がふたつある。たいてい自分がもっとも恥をかきやすい分野で、自分よりも成績が悪い人物を選ぶのだ。

「ほら、あの人。私も散々だけど、あの人なんてもっとひどい」

これは、子育てが批判の地雷原になる理由でもある。子育てには、つねに失敗がつきまとう。だから「自分よりもひどい失敗」をしている人を見つけると、たとえそれが束の間であっても安心するのだ。

職場で私たちが恐れているのは、知識や理解の欠如を非難されることだろう。

私たちは「助けを求める」ことが苦手だ。しかし面白いことに、1000人のリーダーたちに、いいことをしたら瓶のなかにビー玉を貯めていく行動――チームメンバーがリーダーの信頼を勝ち取るためにおこなっている行動――を列挙するよう依頼したところ、いちばん多かった答えは「助けを求める」ことだった。

習慣的に助けを求めない人びとについて、調査に協力してくれたリーダーたちはこう説明している。「手をあげて助けを求めない部下は信用できないので、重要な仕事は任せられない」と。驚愕の事実だ。

助けを求めることを拒否すると、いつしか同じような仕事ばかりが、これなら心配ないとリーダーから思われている仕事ばかりが割り振られていることに気づくだろう。新たな仕事が手に余ったときに、助けを求めてこないと思われているせいで、自分の能力やスキルセットを伸ばすような仕事が与えられないのだ。

私のチームでも同様の光景をよく見かける。私がチームでもっとも信頼しているメンバーにプロジェクトを引き継ぐのは、行き詰まったり、不明な点があったり、自分の手に余ったり、納得いかなかったりすれば、私に「報告」があるからで――それがわかっているからこそ、安心して任せることができるのだ。

また、これにより物事が間違った方向へ暴走するのを食い止められるだけでなく、サポートの必要性を認識しているメンバーは、私に立ち入って手を貸す隙も与えてくれる。これは知性や能力や生まれもった才能とは関係ない。「信頼関係」の問題である。

必要なものを求めたり、求められたりするような、公平な空間で仕事をしていれば、非難される心配をせずにたがいの気持ちを話すことができるだろう。

独善的な非難をしたくなると、私はすぐにこう自問する。「その不安はどこから来ているの、ブレネー？」

「助けを求めること」は、力の行使である。他人が手をあげたら、それは質問できる強さのしるしであり、批判をかわす強さのしるしだ。そこには、勇気ある信頼に必要不可欠な要素、自己認識が反映されている。

■寛大さの事例

前章で「Living BIG」について触れ、寛大さには「境界線」が必要だという話をした。

他人の意図、言葉、行動に対する自分の前提に誠実で寛大でいるためには、どんな境界線が必要だろう？

具体的な事例として、米シーダーラピッズ図書館長のダーラ・シュミットの話を紹介したい。

ダーラはこう書いている。

「Daring Leadershipプログラム」に参加したことで、チームとの働き方が変わりました。私は相手の話をよく聞くようになり、いつもは避けてきた事柄に勇気をもって対処できるツールを手に入れました。「簡単なこと」より「正しいこと」を選ぶ、というのが私の信条になりました。

すべての行動は、自己認識と個人の責任に返ってきます。私は、自分が何者で、何をすべきかを知ることで——たとえば従来のやり方に対する非生産的なパターンを直視することで、「正しい行動」を起こす勇気を手に入れました。

結局のところ、個人の責任を受け入れたことで、変わる勇気が生まれたのです。

リーダーとしての私のいちばんの問題は、ときとして「周りに翻弄されてしまうこと」でした。

以前は、まるでみんなから意図的に無視されているような気がしていました。しかし、実際は無視されているのではなく、聞こえていないだけだと思い直し、みんなに聞こえるように大きな声で話すようになりました。ポジティブな意図を想定することの意味や、境界線を定めることの意味を学んだときに、すべては変わったのです。

何かを否定的にとらえたときは、それは相手のせいではなく自分のせいだと考えるようになりました。私が否定的に解釈していた時期をふり返ると、私もこの組織も、適切な境界線やガイドラインを提供できていませんでした。「おかしくなりそう」とか「イライラする」と感じるのは、自分自身の行動に対する重大な危険信号なのだと気づくようになりました。

だからいまは、後ろ向きな考えが忍び寄ってきたら、そこでストップします。深呼吸をして、もう一度よく考え、誠実さを保ちます。感情的に反応するのではなく、準備が整ったときに、まず自分に問題があるのではないかと自問します。

やってほしいことを明確に示し、境界線を設ければ、みんなすばらしい仕事をしてくれます。人びとを成功へと導く役割を担う際、相手の意図を前向きにとらえるのはむずかしいことではありません。

意識を変えたおかげで私は優秀なリーダーに、いい人間になれました。

BRAVINGインヴェントリーを実践する

このインヴェントリーを、チームで実践しているリーダーがいる。そのリーダーの事例を紹介しよう。

最近、私は直属の部下とBRAVINGインヴェントリーをおこない、私たちの仕事上の関係性における強みと成長分野について話しあいました。

R（reliability／信頼性）の項目では、私がチームの会議にしょっちゅう遅れたり、延期したりするといった問題が浮上しました。経営陣との会議が長引いたり、直前で招集がかかったりするためです。そのせいでチームメンバーは、私が彼らとの時間を優先していないのではないかと考えるようになったと言います。

そこで、私が時間に間に合うように会議と会議の間の時間を空けるようにしたり、私のスケジュールが変わった場合に会議の変更をどうするかについて明確なコミュニケーションを取るようにするなど、この問題への対応策を一緒に考えました。

そうして私たちは、より深い信頼につながる新しい作業方法を実践していると実感しながら話しあいを終えました。

BRAVINGインヴェントリーをおこなって問題に取り組む時間をつくらなければ、この問題は表面化しなかったかもしれません。ツールや時間を使わなければ、こちらが気づく前にチームの状態はあっという間に悪くなってしまいます。

ほかにもチームで協力して、7つの要素ごとに観察可能な行動を1、2個決めておくのもお勧めだ。そうした行動は、それぞれのワークスタイルや文化に特有のものでかまわない。ただし、その要素をどのように運用したいかを明確に示し、各自がみずから実行し、実行することに責任がともなう行動でなければならない。

ここでもう一度、「ビー玉の瓶」と、「信頼はちょっとした瞬間に得られる」という研究結果の話に戻りたいのだが、BRAVINGの7つの要素は具体的であるほど、信頼を構築するどの瞬間が、どのように、さまざまな信頼の要素に結びついていくかを特定しやすくなる。

組織のリーダーたちが、チームメンバーや投資家、取締役会に向かって「私を信じてください」と訴えかける恐ろしいパターンがある。

通常このパターンは危機的状況で発生し、すでに手遅れだ。信頼とは、「長年にわたる小さな瞬間の積み重ね」であり、頼んでどうこうなるものではない。ビー玉の瓶にビー玉が入っているかいないか、なのだ。

信頼は「信じて！」と訴えて得られるものではない。日ごろから「お母さんの化学療法の調子はどう？」と気にかけたり、「あなたの質問についてずっと考えていたんだけど、もっと詳しく調べて一緒に解決したい」と真摯な姿勢を見せたりするたびに、積み重なっていくものである。

たとえ信頼の強固な基礎を築くために努力をしても、ＢＲＡＶＩＮＧを使って仲間との関係性を確認しあっても、信頼が生きたプロセスである以上、継続的な目配りが欠かせない。信頼に投資をせず、実績が何もない場合、それをガムテープで貼りつけることは不可能だ。組織が危機に陥ったからといって、２日で信頼を確立することはできないし、そのときになければ、それは存在しないのだ。

メリンダ・ゲイツが、ビー玉の瓶とＢＲＡＶＩＮＧのプロセスについて語った内容がすばらしいので紹介したい。

ブレネーから「ビー玉の瓶」の比喩について聞いたあと、私はそれを信頼について考えるための枠組みとして採用しました。

同僚のためにささやかなサポートをするたびに、私は瓶にビー玉を入れます。しかし私が同僚を傷つけたり、信頼を裏切ったりするたびに、大量のビー玉が瓶から出ていきます。こう考えることで、信頼の構築や裏切りにつながる、一見ささいな事柄にも一層目を配るようになっていきます。

ＢＲＡＶＩＮＧの７つの要素のおかげで、そうしたささやかな事柄について明確に考えられるようになりました。

たとえば、私は「誠実であること」と、「言行を一致させること」をとくに心がけています。

ゲイツ財団は価値主導型の組織です。組織の「主張」と「行動」が一致しているなら――すべての人びとを平等に扱い、オープンな対話を歓迎するなら――私はビー玉を瓶に入れます。けれどもし、私がそれらの価値観に反する行動を取っていれば、たとえばリスクを恐れて革新的なアプローチを拒否していたら、私は大量のビー玉を失います。

私は「責任」についても重く受け止めています。組織の構造上、リーダーとして私が責任を負わなければいけない場面はそれほど多くありませんし、上司との定期的な会合もありません。

ですから、自分自身の上司として、自分の行為を自覚し、間違いを認めることについて大いに注意を払わなければならないのです。


くり返しになるが、ＢＲＡＶＩＮＧインヴェントリーは、生産的で行動可能な手法で信頼について話すための時間、空間、意図をつくりだすためのツールである。これは、対話のためのツールであり、ガイドであり、試金石である。

自分を信頼するための基盤

信頼とは本質的に「関係性」であり、他人と接する際にその真意を問われるものだが、他者と結ぶ信頼の基盤は「自分自身を信頼する能力」に基づいている。

残念ながら「自分への信頼」は、失敗や失望や挫折を経験すると、最初に犠牲になるもののひとつである。

意識的であってもそうでなくても、競技場で失敗したときのことをあれこれ考えると、すべてに対して「もう自分を信じられない」という結論にいたってしまうことが多い。そうして、自分が間違った決断をくだしたに違いない、だから自分にできると思うのは誤りだと思い込む。

「挫折」や「失望」を経験したときのことを思いだしてほしい。ほんのささいな、よけいな負担が増えるような大袈裟なものではないちょっとした失敗を。あるいは困難にぶつかり、重要なことをやり抜くために頼りにしてきた自分の能力に疑問を抱くような失敗を。

そういう経験はだれにでもある。ここでは、その記憶とともにＢＲＡＶＩＮＧをふり返り、自分を信頼するための要素に再構築していこうと思う。

・**境界線**（Boundaries）：（挫折に直面した）あのとき、自分の境界線を尊重しただろうか？　自分に対しても、他人に対しても、何がよくて何がだめかを明確に示せていただろうか？
・**信頼性**（Reliability）：自分自身を信頼していただろうか？　それとも「朝7時の起床時に決めたことを、疲れもピークに達した午後4時に、朝目覚めたときと同じ熱量でおこなう必要があるのだ」という根性論を掲げていただけだろうか？
・**責任**（Accountability）：自分で責任を取っただろうか、それともだれかを責めただろうか？　自分が責任を負うべきときにだれかに押しつけたりはしなかっただろうか？
・**機密性**（Vault）：機密を尊重し、共有すべきときとそうでないときをわきまえているだろうか？　不適切に他人の秘密を漏らす人をたしなめただろうか？
・**誠実さ**（Integrity）：居心地のよさより勇気を選んだだろうか？　自分の価値観を実践しただろうか？　自分が正しいと思うことをしただろうか？　速くて簡単なほうに流されていないだろうか？
・**非難しない**（Nonjudgment）：必要なときに助けを求めただろうか？　助けを求めることに抵抗はなかっただろうか？　自分を非難しない訓練をしただろうか？
・**寛大さ**（Generosity）：自分に対して寛大だろうか？　自分への思いやりがあるだろうか？　大切な人に話しかけるように優しく敬意をもって自分に話しかけているだろうか？　失敗

した際に「自分はやれるだけのことをやった。あのときもっていたデータではこれが精いっぱいだった。またやり直せばいい。大丈夫」と言えただろうか？　それとも愛情を示すことなく、ただちに自分を責めただろうか？

あなたは自分を信じるか否かを自分でコントロールできるし、足りない部分には自分で責任を負うことができる。だが、他人とBRAVINGに取り組んでいるときは必ずしもこれは可能ではない。たがいの意図が明確でないと、信頼の欠如が隠されてしまうことがあるからだ。ひとりなら、取り組むべき場所にスポットを当てるのははるかに容易になる。

改善が必要な事柄に取り組む際は、このパートの基本概念のひとつ「信頼はささいな瞬間に構築される」を思いだしてほしい。（自分をいまいち信頼できないなど）信頼性に問題があるなら、信頼の歯車がふたたび回りだすまで、達成するのが簡単な約束を自分自身としてみてほしい。

境界線に悩んでいるなら、ひとりで料理の準備から後片づけまでしないなど、あなたのパートナーと小さな境界線をひとつ設定し、そこから少しずつ有意義な境界線を設定していけるようにするといい。これがビー玉の瓶をいっぱいにする方法だ。

くれぐれも覚えておいてほしいのは、「自分がもっていないものを、人に与えることはできない」ということだ。

最後に、パデュー大学で米国立科学財団プロジェクトの教育ディレクターを務めるブレント・ラッドの話を紹介してこの章を終えたいと思う。

これは他者を、そして自分自身を勇気をもって信頼したことで生まれた、心に響く物語だ。

ブレントはつぎのように書いている。

私は、ある専門分野のスタッフとして、大きな研究大学で働いています。

そこでは、ほかの研究者、講師、管理者などの仕事と自分の仕事が重複するため、私はよく「No Man's Land（所有者のいない土地）」にいるような気がします。

これまでさまざまな役割をこなしてきましたが、たいていはひとりでおこなってきました。ほとんど「個人事業主」のようなものです。私は内向的な性格で、成功者は助けを求めず自力でやるものだという、ピューリタンの労働倫理と田舎の文化にどっぷりつかっていました。

しかし、「Daring Leadership のプログラム」に参加して、職場でほかの人たちといい関係を築く努力をしてこなかったことに気づいてはっとしました。

結果を出そうとする私のやり方は、同じグループにいる人たちに「ブレントは私たちを信頼していない」と思わせる可能性があったことに気づいたのです。

また、自分が完璧主義者っぽい雰囲気を漂わせて、他人の仕事を厳しく評価していることにも気がつきました。もちろん外には出さないようにしていましたが、そういう気持ちはどうしたって漏れてしまうものです。

さらに、ほかの人がスムーズに仕事ができるようにと「手を貸す」ことで、知らないうちに自分の役目を大きく超えてしまうこともありました。まったくお恥ずかしいかぎりです。けれどこうしたすべては、私にとって大きな気づきでした。

私は、信頼とつながりを築くために、毎日一緒に働く人たちにあれこれ尋ねたり、相手の話や私生活にもきちんと興味を向けたりしながら、数分でもいいので「ちょっとした交流」をもつことからはじめようと心に決めました。

人の話を聞くのは苦手ではありませんし、1対1ならうまく接することができます。ただ、最初は変な感じがして、スムーズにはいきませんでした。私には人を避ける傾向があり、もっと言えば「仕事」と「その他の生活」で分ける傾向があったのです。

けれどそのうち、こうした交流も自然にできるようになりました。私はオフィスにいる人たちに毎日適度に話しかけることを心がけました。

やがて、同僚として彼らの前に「姿をさらす」ことができるようになりました。もはや同僚を競争相手だと思ったり、無能だと考えたりすることはありませんでした。みんなも私と同じように最善を尽くしているのだと考えるようになったのです。

その数か月で、信頼とつながりは深まりました。チームの一員であるという思いも深まり、自分の仕事を積極的にみんなと共有するようになりました。


同僚との関係構築と並行して、自分のなかに長年くすぶりつづけている「恐怖」があることにも気づきました。その「洞窟」には入りたくありませんでしたが、入らなければいけないことはわかっていました。

この話は、私が博士号取得に向けて勉強をはじめたころにさかのぼります。博士号の取得は夢でしたが、残念ながら、すべてが悪いほうへ悪いほうへと転がってしまいました。

結局私は博士課程を中退し、離婚もして、いっとき世間から身を隠しました。実家に戻ってから、しばらくして再婚し、子どもが生まれました。それをきっかけに、もう一度博士課程に戻ろうと思いましたが、子どもたちや妻、フルタイムの仕事に集中する必要があったため、結局は戻りませんでした。

博士号を取得できなかったことで、「自分には何かが足りない」という感覚がつねにつきまとっていました。

そして数か月前のことです。私が設計し実装した7年間の教育プロジェクトのデータを追跡し、分析したところ、いくつかの非常に興味深いパターンと結果を発見したのです。

その結果の一部は、文献にもほとんど載っていないもので、なかにはまったく掲載されていないものもありました。私は何年も、こうした研究結果を専門会議に提出し、科学界で発表することをためらってきました。「きみはそっち側に属していないし、博士号をもってもいない。真剣に取りあってもらえないよ」という心の声が私を落ち込ませていたのです。

しかしこのときは、苦労して手がけた研究結果を提出しようと決めました。

すると、私の論文が選ばれ、知り合いのひとりもいない会議に参加することになりました。完全に部外者でしたが、しかしそこで、もしかすると彼らは「私の仲間」かもしれないという帰属意識が芽生えたのです。

最終的に私の研究は真剣に検討され、科学界の人たちから本物の関心を得ることができました。

この決断をしてもうひとつよかったのは、その科学会議に出向くために、「7年間ずっと握りしめていたもの」を手放すことができたことです。

私は毎年、ワークショップを開催していました。そのワークショップは、すべてが「私のコントロール下」にありました。しかし今回、このワークショップが、科学会議での発表の週と重なってしまったのです。

私は同僚のひとりに連絡を取り、共同でワークショップを運営してもらえないかと頼みました。その際、彼女の好きなことができるよう、プログラムの大部分を譲る旨も告げました。

当時、私たちは競いあっていましたが、協力しあったおかげで彼女から多くのことを学びましたし、彼女のほうも私の不在中にワークショップの運営の仕方について多くを学んだようです。

それ以来、私たちはたがいを尊敬するようになり、チームになれたような気がしました。信頼が築かれたのです。

半年間にわたってこうした経験をしたおかげで、いくつか重要なことに気がつきました。私は自分の姿を人目にさらし、その場所に身を置き、洞窟に入りましたが、それができたのは、ひとえに「無防備な自分」をさらけだしたおかげです。一匹オオカミのままでは成し遂げられなかったでしょう。私は、ありのままの自分を見せたのです。他人に手を伸ばし、つながりを築いたのです。

そして自分が大きな科学コミュニティの一員であり、いまのままの自分で十分だということに気づきました。自分がもたらす結果に個人的な付加価値をつける必要はないのです。私は私だけの経験や知恵で、チームの一員として貢献できるのだから。

「自分を信じること」と、「他人を信じること」との関係性を間違えてはいけない。詩人で活動家のマヤ・アンジェロウは、つぎのように述べている。

「私は、自分のことを愛していないのに、私に向かって『愛しています』と言ってくる人たちのことを信用していません。アフリカにこんなことわざがあります。『裸の人がシャツをあげると言ってきたら気をつけなさい』」

第4部

立ちあがる方法を学ぶ

Learning to Rise

When we have the courage to walk into our story and own it, we get to write the ending.

AND WHEN WE DON'T OWN OUR STORIES OF FAILURE, SETBACKS, AND HURT-THEY OWN US.

自分の物語に入り込み、
それを自分のものにする勇気があれば、
結末を書くことができる。
しかし失敗、挫折、傷心の物語を
自分のものとして受け止められなければ、
物語に主導権を握られてしまうだろう。

＊

相手が飛ぶ前に、着陸の仕方を教える必要がある。

スカイダイビングに行くと、「どうやって梯子から手を放し、無事に着地できるか」を、事前に時間をかけて教わるそうだ。私はスカイダイビングをしたことはないが、そのようすなら見たことはある。

リーダーシップも同じだ。むずかしい着陸の準備ができていない相手に、勇気を出して失敗のリスクを負うよう期待してはいけない。

リーダーシップに関する研究で明らかになった意外な発見のひとつに、立ち直り方やレジリエンス（回復）のスキルを教える「タイミング」についてのものがある。

多くの場合、リーダーやエグゼクティブコーチは、人びとが「挫折や失敗を経験した後」に、その人たちを集めてレジリエンスのスキルを教えようとする。だがこれは、最初のスカイダイビングで地面にたたきつけられた後に着地の仕方を教えるようなものだし、もっと言えば無防備に自由落下させるようなものだ。

私たちの調査によると、勇気構築プログラムの一環として（事前に）立ちあがるスキルを学んだリーダーたちは、立ち直るすべを知っているので、勇気ある行動を起こす確率が高い。

このスキルを適切に身につけていないと、勇敢なリーダーシップの妨げになるだけでなく、一度地面にたたきつけられてしまった人びとに立ちあがる方法を教えるのは極めて困難となる。だからこそ私たちは、「事前に」転倒や失敗について教えるのだ。

実際私たちの組織では、勇気を養う一環として、新人研修中に失敗についてこんなふうに教えている。「あなたには勇敢であってほしい。つまり、失敗を覚悟してほしいのです。その心構えを教えます」

ここ数年、転倒や失敗のメリットが世界的に注目を集める一方で、「前向きに倒れろ」「まずは失敗しろ」というスローガンが、実際のリセットスキルや、失敗につきものの恥についての率直な対話とともに実践されるのをほとんど見かけたことがない。

スキルを教えたり、システムを整えたりすることなく単にスローガンを掲げるのは、正常化への中途半端な試みであり、人びとはきっとこう感じてしまうだろう。「ああ、なんてつらいんだ。これで殻を破れるんじゃなかったのか。いま、自分を恥ずかしいと思っていることが恥ずかしい。これはだれにも言わないでおこう」

ミレニアル世代（1981年〜1996年生まれ）が米国の全労働力人口の35パーセントを占めている今日、「失敗をチャンスとして受け入れる方法」を教えることはますます重要になっている。

私は20年間大学で教えてきたが、一部の学生の回復力が低下し、トラウマにさらされる機会が増えているようすを目の当たりにしてきた。その一方で、大人たちは昔もいまもつねに介入し、修正し、手を出しつづけている。

これは息子の学校の校長の言だ。「多くの親は（子どもを頭上から見張る過保護な）ヘリコプターペアレンツから、（子どもの行く手を阻むものすべて刈り取るさらに過保護な）芝刈り機ペアレンツになってしまいました。子どもに自分の進むべき道を準備させるのではなく、子どものために道を準備するようになってしまったのです」。これはどう考えても勇気の構築ではない。

と同時に、疎外されたコミュニティに蔓延する暴力、辛辣なソーシャルメディア環境、毎月学校でおこなわれる銃撃に対処する訓練といった、絶え間ない困難のなかで私たちは子どもを育てている。

いまの時代、過保護に守られている子どももいれば、まったく守られていない子どももいる。完璧主義のせいで身動きが取れなくなったり、ほかの人の意見に流されてしまう子もいれば、心を閉ざしたり、鎧をまとったりしたほうが心身ともに安全だと感じる子もいるだろう。いずれにしても私たちは若者をうまく導いているとは言い難く、彼らの多くが確固とした自信や失敗との向きあい方を知らずに労働者になっていくのも容易に理解できる。

弊社ではミレニアル世代がスタッフの48パーセントを占めており、インターンを含めるとその割合は56パーセントになる。もちろんひとりひとり個性は違うが、概して彼らは好奇心旺盛で、希望に満ち、勤勉で、世界で苦しんでいる人びとに痛いほど共感し、それに対して何かをしたいと切望しているように見える。

しかし個人の見解は経験によって異なるため、集団として意義ある変化をもたらすには、ある程度の時間と忍耐が必要だ。そしてそれを教え、彼らの視野を広げる経験を提供するのは、ほかならぬ私たちの仕事である。

新人研修で「Daring Leadership のプログラム」を終えたミレニアル世代のスタッフは、ほぼ全員が口をそろえてこう話す。「こんな会話の仕方を教えてもらったのははじめてです。これまで感情についても、失敗についても、これほど率直に話す方法を教わったことはありませんでしたし、こういうことがモデル化されているのもはじめて知りました。何にでもテクノロジーを使うことに慣れてしまうと、気まずい場面で面と向かって話をするのはきまりが悪いし緊張します」

唯一の例外はセラピーを受けたことのある新人スタッフで、うちが通常の健康保険に加えてメンタルヘルス通院に対する特別な補償を設けているのも、これが理由のひとつである。

私の経験では、ミレニアル世代とZ世代（1996年以降生まれ）は「学ぶこと」に前向きだ。彼らは勇気を実践する能力を渇望している。

私は典型的なX世代だが、かくいう私もその能力に飢えている。きっとだれもがそうなのだろう。もちろんなかには、私たちがモデル化し、若者に教えてきた以上のことを、みずからの成長過程で学んできた人たちもいる。

まとめると、こういうことだ。**「立ち直るスキル」**がなければ、転ぶ危険は冒せないかもしれない。けれど、勇敢な人なら間違いなく転ぶ。

高い回復力をもつ研究参加者は、失望しても失敗しても立ち直り、そうしてますます勇敢で粘り強くなっていく。彼らはそれを**「Learning to Rise」**というプロセスを通じておこなう。それは**「推算」「ランブル」「革命」**の3つのパートで構成されている。

ここでの目標は、このプロセスの根幹を成す言葉、ツール、スキルを提供し、すぐに実践できるようにすることだ。この研究はその潜在的な影響において深遠であり、あなたの脳を神経生物学的にハッキングするようなものである。

どういうことかは、物語を用いて説明していく。なぜならそれ以外に、「推算」「ランブル」

「革命」のプロセスを説明するいい方法を思いつかないからだ。

ハムサンドの大失敗

数年前、会社を大きくしようと奔走していたころのことだ。私はその年の9月になったら、3週間で新しい会社を立ちあげ、新刊ツアーをおこない、さらには私のトレーニングを受けた1500人をスキルアップさせようと決意した。

2月にこれを思いついたときには、妙案だと思った。これまでの話でもわかるとおり、私の脳にはタイミングを司る部分が欠けており、どうやらこれは科学的事実のようだ。

この件をチームと夫のスティーヴに告げると、全員が反対した。が、私にはだれにも言っていない秘密の作戦があった。それは、9月までにピラティスをインストラクターレベルまで極め、ハーフマラソンを走れる体づくりをしておく、というものだ。そうすればいまの10倍のエネルギーが得られ、これくらいの計画は、お茶の子さいさい楽勝でこなせるはずだった。

8月になった。全然、まったく楽勝じゃなかった。

家庭でも職場でも、私の予定は完全に狂ってしまった。ピラティス教室は性に合わず、足を運んだのは一度だけ。ランニングのほうは、以前と同じ3マイルのコースを相変わらず走ったり歩いたりしている状態。そのうえ、私が占拠していた自宅のダイニングルームは、まるで犯罪現場のようだった。

壁一面に貼られたさまざまな資料、隙間なくテーブルを覆う大量の紙と箱の山、新しいウェブサイト用の写真やフォントシートの束、あちこちに散乱したトレーニング用の書類……。まさにカオスそのものだ。

ダイニングに座って泣き崩れそうになっていると、裏口からスティーヴが入ってくる音が聞こえた。スティーヴは廊下を抜けてキッチンへ向かい、荷物をテーブルに置いて冷蔵庫を開けた。そして開口一番こう言った。「この家にはランチミート（ハムやソーセージなどの加工肉）もないのか」

以前この話を聴衆の前でしたとき、スティーヴの発言についてどう思うか尋ねたことがある。聴衆の女性たちはもれなくこう叫んだ。「肉くらい自分で買ってくればいい！」「いつもこっちが責められる！」「妻をいたわるべき！」なかには「離婚だ！」と言う人もいた。なかなか思い切った選択だ。

実際には、その発言を聞いた私は「は？　なに言ってんの？」と思って奥歯をかみしめ、こぶしを握り締めた。スティーヴがこんなひどいことを言うなんて信じられない。

私はキッチンへ行くとこう言った。「ヘイ、ベイブ？」もちろん甘いトーンではない。世界中のキッチンで何千回とくり広げられてきた闘いの火ぶたを切るあの口調だ。

彼は少しの警戒と期待をこめて答えた。「ああ、どうした？」

「あなた、大きな車に乗ってるでしょ？」

「ああ……」彼の警戒が期待を上回る。

「それに乗って1・5マイルほど西に向かえば、HEBっていう大きなスーパーがあるはずだから、そこでクレジットカードを渡せばハムがひと袋買えるんじゃない？」

この時点では、自分の皮肉にとても満足していた。

しかし彼の反応はいまいちで、むしろ不安そうに顔を曇らせた。「またHEBにクレジットカードを忘れてきたのか？」

そうじゃない。これじゃせっかくの皮肉が台無しだ。

「違う。カードは忘れてない。ランチミートくらい自分で調達してきたらってこと」

すると彼の顔にますます不安が広がった。「なあ、大丈夫か？」

「私は大丈夫。わかってる。もう6時半なのに夕飯の準備もしていないから怒ってるんでしょ？　わかってるってば」

「いや、ちょっと待ってよ」

「だから、もう6時半で、あなたはお腹がすいている。夕食はまだ用意されていない。そういうことでしょ」

「ブレネー、30×365は」

なんてこと。この期に及んで計算問題で恥をかかせようとするなんて！　これは完全なる侮辱だ。

私は動揺をにじませて彼を見つめた。

そっちがその気ならやってやろうじゃないの。

私は皮肉をこめてこう答えた。「わからない。答えは何？」

私の挑発にはまったく乗らずに、スティーヴは言った。「僕にもわからない。ただこの数字は僕らが一緒に過ごした年月だ。そのなかで、その日数が何日であれ、帰ってきて夕食が用意されてたことなんて一度もないだろ。ただの一度も」

彼はつづけた。「第1に、帰宅して夕飯が用意されていたら僕はいずれかの事態を想定する。きみが僕のもとを去ったか、家族のだれかが深刻な病気になったか。第2に、夕飯づくりはたいてい一緒にやる。第3に、この5年、わが家で食料品の買い出しをしていたのはだれか？」

まずい。私の台本とまったく違う方向に話が進んでいる。

私は肩をすくめると、幼い子どものようにキッチンの床を蹴った。「そうね、買い物はあなたがしてくれてる」
スティーヴは相変わらず冷静なまま、怒りよりも好奇心をその声ににじませて言う。「そうだね。食料品は僕が買ってくる。それで、何があったの?」

私は10年ほど前から、データ上に気になる一文が見え隠れしていることに気づいていた。だが、すべてのインタビューに該当していたわけではなかったので、きちんと調べたことはなかった。

しかし『立て直す力』の取材をおこない、データをまとめた際に、高い回復力を示した参加者らは、たしかにつぎのような文章を使っていた。

「いま自分が考えている話は……」(The story I'm telling myself……)
「私がつくった話は……」(The story I make up……)
「私は……という話をつくりあげた」(I make up that……)

要するに彼らは、それが自分側から見たストーリーであること、そして自分が勝手に物語をつくりあげている可能性を自覚していたのだ。

「立ち直るスキル」を実践するなら、まずはここからはじめてほしい。これはゲームチェンジャーだ。大袈裟だと非難されるかもしれないが、あえて言おう。これはあなたの生き方、愛し方、育て方、導き方を変える力をもっている。まずはどういうものか見てほしい。

わが家のキッチンに話を戻そう。私はスティーヴを見て、こう言った。

「いま私が考えているのはこういうことなの。私は中途半端なリーダーで、母親で、妻で、娘で、人生で出会ったあらゆる人を失望させている。それは自分に能力がないからじゃなくて、あまりに多くのことを抱えすぎて、結局ひとつもまともにこなせていないから。

いま考えているのは、現状がどれだけ悲惨なことになっているかを、あなたは私にわからせたいんでしょってこと。つまり、わが家がどれだけ最悪な状況か、私には――その元凶である私には――わからないかもしれないから知らせる必要があるんでしょってこと」

スティーヴは私を見て、こう言った。

「なるほど、そういうことか。きみがそういう話をつくるときは、苦境に陥っている証拠だよ。たしかにここ数年でもとくに大変そうだし、きみの目の前にある仕事は人間の限界を超えている。きみはまだ水中にいて、水面にあがる方法さえ見つけられていない。

だから、こうしよう。僕も一緒に潜る。それできみを見つけて水面まで引きあげる。僕が道に迷ったときは、いつもきみが僕を見つけて助けてくれるから。

それで水曜日には子どもたちをファミリーレストランに連れて行こう。子どもたちにほうれん草を食べさせるっていう、子育ての試練に挑戦するのもいいかもしれないよ。少しずつ、整理していこう。一緒に考えればいいよ」

この時点で私は泣きだしていた。「ありがとう。やることが多すぎてどうしたらいいかわからないの。ひとりじゃここから抜けだせない。本当にいっぱいいっぱいで。みんなの生活が私にかかっているの」

スティーヴはしばらくの間、私をぎゅっと抱きしめてくれた。やがて体を離すと、鼻水を拭きながら私は顔を上げてこう言った。「ひとつ、訊いていい？」

「もちろん、何？」スティーヴはそう言うと、私の顔にかかった髪の毛を払った。

「どうして冷蔵庫の前で大きな声を出したの？『この家にはランチミートもないのか』って。私への当てこすり？　別にかまわないけどね。わかるから。ただ、私への嫌みだったのか、たまたまだったのかが気になって」

「それは……」スティーヴはとても誠実な人だ。だからきっとこう言うと思った。「そうだね、ちょっとストレスがたまっていたから、遠回しに当てこすってしまったかもしれないね」

だが彼はこう言った。「お腹がすいていたからだよ」

「え？」私は完全に面食らった。

「いや、お腹がすいていたからああ言っただけだよ。患者さんを診てたらお昼を食べ損ねちゃって。でも夕飯はきっと7時過ぎるだろうから、帰ったらハムサンドでもつくって軽く小腹を満たそうと思ってたんだ」

「それで……?」私はまだ戸惑っていた。

「それだけだよ。お腹がすいていたからハムサンドが食べたかった。以上」

これぞ〝ハムサンドの大失敗〟だ。

いま本書を手にしている人、あるいは音声で聞いている人もみんな似たような経験をしたことがあるのではないだろうか。自分の恐怖や欠乏感から、なんでもないことまで自分に関係あるのではないかと疑心暗鬼になって、結局、自分中心に世界が回っているわけではないことを思い知らされるのだ。

これは歴史上最古の罠であるだけでなく、脳の作用でもある。皮肉にも、そうやって私たちを守ろうとしているのだ。

この話を踏まえて、「Learning to Rise」の3つのプロセスを掘り下げていこう。

推算、ランブル、革命

このプロセスでは、つまずいても起きあがり、失敗を克服し、人生に知恵と真心をもたらすようなやり方で「痛みと向きあう方法」を学んでいく。

簡単なことではないが、その見返りはとてつもなく大きい。**自分の物語に入り込み、それを自分のものにする勇気があれば、結末を書くことができる。しかし失敗、挫折、傷心の物語を自分のものとして受け止められなければ、物語に主導権を握られてしまうだろう。**

私は「回復力」や「リセット力」の高い研究参加者たちを「ライザー（riser）」と呼んでいる。これはぴったりの呼び名である。ダークス・ベントリーが歌う『Riser』を聴くたびにこの「競技場」のことを思いだす。

I'm a riser（俺はライザーだ）
I'm a get up off the ground, don't run and hider（地面から立ちあがり、逃げも隠れもしない）
Pushin, comes to shove（風当たりがますます強くなる）
And hey, I'm a fighter（それでも、俺はファイターだ）

推算

人間は「感情的」な存在であり、何か困難なことが起きると感情を掻き立てられる。「認知」や「思考」は、「行動」が運転するトラックの助手席に控えているわけではない。トラックを猛スピードで運転するのは「感情」で、「思考」と「行動」は後部座席に縛りつけられている。夫のスティーヴがハムについて叫んだときに、ダイニングルームにいた私の姿を想像してもらえばわかるだろう。

「ライザー」は感情に流されると、すぐに「あれ、何かがおかしいぞ」と気づく。そしてその感情に興味を抱く。その感情を正確に特定する必要はない。ただ、何かを感じているということを自覚すればいい。その感情について整理する時間はのちほどやってくる。

こんな場合は、感情に流されているかもしれない。

・何が起こっているのかわからないけど不安になる。
・同じ会話を何度も何度も頭のなかでくり返す。
・気づくとパントリー（食べ物が置いてある棚）に来ている。
・失望／後悔／いらいら／傷心／怒り／悲しみ／混乱／恐怖／不安などを感じる。

・とても傷ついている／心もとなく感じる／恥ずかしくてたまらない／圧倒されている／苦痛を感じる。
・胃がキリキリする。
・だれかを殴りたい。

「推算」はとても簡単だ。感情的になっていると思ったら、その感情に関心を向ければいいのだ。

問題は、「自分が感じていること」について感情的に興味を抱くよう育てられた人がほとんどいないことだ。

失敗であれ、同僚からの横やりであれ、断絶といらだちに満ちた会議であれ、ほかの人より多くを求められたときの憤りであれ、「感情」を刺激された私たちは、「ペースを落とす」「深呼吸をする」「いま起きていることに興味をもつ」といった、回復力の高い人びとが共有している「スキル」を教わっていない。だからそれをする代わりに、一斉に鎧をまとってしまうのだ。

たいていの人は気持ちを抑えたり、無視したり、他人にぶつけたり（完全武装をしてキッチンに乗り込んだり）するのに忙しい。だが、実際に起きていることに注意を向けているライザーは、自分の感情を深く掘り下げ、その「正体」と「理由」を探っていく。

これはいわゆる「口を開く前に考える」ということだが、この場合は「動揺したり隠したりする前に感情を自覚する」といったところだ。

とはいえ、「感情にとらわれていること」に気づくにはどうすればいいだろう？　人間のもっとも賢いパーツ――**「身体」**がその答えだ。

私たちが心の動きを「感情」と呼ぶのは、「身体」がそれを感じるからだ。つまり、私たちは感情に対して生理的に反応するのである。

自分の身体ときちんとつながっているライザーは、感情を揺さぶられるとそれを察知し、注意を払う。たとえば私は、この方法を実践しはじめてから、感情的になっているときは時が経つのが遅くなり、脇の下がムズムズし、口が乾き、起きたことをすぐさま頭のなかでくり返し再生していることに気がついた。

いまではこうした兆候があると、それに注意を向け、「合図」としてとらえるよう心がけている。とはいえ、まだ未熟な私は、興味を抱けることもあれば、われを失うこともある。ハムサンドの一件を思い返すと、歯を食いしばり、こぶしを丸めたのはわかりやすいサインだったと思う。やれやれ。

このプロセスに関して厳しい知らせがある。こうした「推算」をやり遂げられる人はほとんどいない、という事実だ。

理由のひとつは、感情や好奇心を抱く代わりに、それを他人に押しつけてしまうからだ。私たちは文字どおり、自分の内側から湧きあがってくる感情のエネルギーの塊を他人に向かって投げつけている。

拙著『立て直す力』から、ごく一般的な6つの**「感情をそらす方法（オフローディング戦略）」**を紹介する。

その際、つぎのふたつのことを自問してみてほしい。

「自分はこれをしていないだろうか？」

「自分がされる側になったらどう思うだろう？」

■オフローディング戦略 #1　シャンデリア／感情を爆発させる

私たちは、過去に受けた痛みを二度と味わわないよう心の奥底に閉じ込めているつもりでも、突然、なんでもないような意見に腹が立ったり泣いてしまったりすることがある。あるいは、仕事でのささいなミスが大きな恥を思いだす引き金になったり、同僚の建設的なフィードバックがぐさりと刺さって、驚いてしまうことがあるかもしれない。

「シャンデリア」という用語は夫のスティーヴに教わった。これは医療現場で使われる隠語で、そこに触れられると患者が思わず飛びあがってしまうような激しい痛みを指す。どれほど傷を隠そうと、ほかのことに意識を向けていようと、ひとたび触れられると、患者は天井に向かって、そこに吊るされたシャンデリアに向かって飛びあがってしまうのだ。

ここでいうシャンデリアは、「感情の爆発」のことであり、とくに「力関係」のはっきりした状況でよく見られるものだ。

これが危険なのは、力の差がある場合、立場や地位の高い人ほど自制心を失ったり、過剰に反応したりしても責任を問われにくくなるからだ。この種の一貫性のなさは、不信と意欲の喪失を生みだす。

たとえば、顧客や、感銘を与えたい人びとの前で見事に冷静さを保っていた人物が、自分より感情的、経済的、肉体的に劣るとみなした人びとを前にした途端に爆発してしまうことがある。そして上層部はほとんどこうした行動を見ていないので、たいてい力のある側の話が真実となる。私たちは家族、学校、地域、オフィス、教会などでこうした権力を目にする。ここに性別、階級、人種、性的指向、年齢などが合わさるとさらに有害になる可能性が高い。

大半の人は、こうした爆発の被害に遭ったことがあるのではないだろうか。上司や友人、同僚、パートナーの怒りが爆発すると、それが、だれかが地雷を踏んだせいだとわかっていても、そして自分たちは実際のところ無関係だとしても、やはり信頼や尊敬は打ち砕かれる。

気を遣いながらの生活、成長、労働は、安全や自尊心に大きな亀裂を生み、職場であれ、家庭であれ、この亀裂はいずれトラウマになる可能性がある。

■オフローディング戦略 #2　痛みを締めだす

痛みはつらく、「傷ついたことを認める」より、「腹を立てる」ほうが簡単だ。だから「エゴ」が間に入って汚れ仕事を引き受ける。

自分の物語をもたないエゴは、もちろん、新たなエンディングを書くつもりはない。エゴは感情を否定し、好奇心を嫌悪する。そして物語を鎧やアリバイとして利用する。エゴは言う。「感情は敗者や弱者のものである」と。

優秀な元締めよろしく、エゴは私たちが要求にしたがわない場合に備えて、悪い奴らを雇っている。怒り、非難、回避はエゴの取り巻きだ。私たちが経験を感情的なものとして認識しようとすると、この3人が出張ってくる。「傷ついた」と言うより「どうでもいい」と言うほうがずっと楽なのだ。

エゴは非難したり、あら探しをしたり、言い訳をしたり、仕返しをしたり、激しく責め立てたりするのが好きだが、つまるところどれも「自己防衛」の一種である。

エゴは回避も気に入っていて、私たちに「大丈夫だから、何の問題もないし、こっちには関係ない」とうそぶいてみせる。そうして私たちは無関心や冷静さを装い、ユーモアや皮肉で軽くあしらおうとする。どうでもいいでしょう？　どうせたいしたことじゃないし。

取り巻きたちがうまく立ち回ると――怒り、非難、回避が、傷や失望や痛みを遠くへ押しやると――エゴは自分のやりたいようにふるまう。たいてい最初におこなうのは、他人の「感情のコントロール」の欠如を揶揄することだ。エゴは脅威を感じると、狡猾で危険な嘘をつく。

■オフローディング戦略 ＃3　痛みを麻痺させる

「麻痺」については、第3章でたっぷり説明した。ここで重要なのは、鎧は一般的な形で心を麻痺させるだけでなく、それによって感情を消してしまうことがあるという点だ。

■オフローディング戦略 ＃4　痛みを抱え込む

「シャンデリア」や「締めだし」や「麻痺」に代わる、静かで陰湿な手段がある。「自分のなかに抱え込む」というものだ。

この場合、見当違いの感情を爆発させたり、こちらの本音を悟られないよう相手をなじったり、痛みを麻痺させたりはしない。シャンデリアと同じく、痛みを蓄積していくこの戦略は、感情を他人にぶつける代わりに、身体が限界を感じるまでひたすら溜め込みつづけていく。

とはいえ、身体からのメッセージはいつだって明白で、私たちはその意向に逆らえない――蓄積をやめなければ、身体機能はシャットダウンする。その影響が出はじめるのは、たいてい人生やキャリアの中盤に差しかかったころで、身体が感情の砦を押さえつけた結果、私たちは不安、憂うつ、燃え尽き症候群、不眠、身体的痛みなどの症状を経験することになる。

■オフローディング戦略 #5 〝アンブリッジ〟／見た目を繕う

この戦略はJ・K・ローリングの『ハリー・ポッターと不死鳥の騎士団』に出てくるドローレス・アンブリッジにちなんで名づけたが、あまり馴染みはないかもしれない。

映画でイメルダ・スタウントンが見事に演じたアンブリッジは、かわいらしいピンクのスーツにピルボックス帽をかぶり、ピンク色のオフィスをリボンや子猫の絵皿で飾りつけ、行儀の悪い子どもに罰を与えることを喜びとしている。

ローリングは彼女について「甘くてかわいらしいものに愛情を注いでいるように見える一方で、真の温かさや慈愛はもちあわせていない」と評している。

「すべて完璧」「私は怒ったり動揺したりしたことがない」「前向きでいればしかめ面も笑顔になる」など、あまりにポジティブな発言ばかりが目立つ人は、痛みや傷を隠していることが多い。

直感に反しているように思えるが、私たちは「苦労していない人」や「つらい日々や時期を経験したことのない人」を信頼しない、というのが真実だ。

また、「共感できない人」とはつながりを築けない。光と闇が共存しておらず、過度に優しく親切な人には、その優しさの下に時限爆弾を仕込んでいるのではないかと思わせるような不吉さがある。

■オフローディング戦略 #6 ハイ・センタードに対する恐怖／感情を直視しない

「ハイ・センタード（high-centered）」という言葉をネットで検索しないでほしい。おそらく、柵の上でひっかかり、前にも後ろにも行けず身動きが取れなくなった牛の画像がヒットするだろう。見ていて楽しいものではない。

私がこの言葉を知ったのは、米テキサス州のサンアントニオに住む祖母の家の私道が、並行した2本のアスファルトの道でできていて、その真ん中に盛りあがった土と草が走っていたからだ。祖母は折に触れてこう言った。「（道路の真ん中の）土と草が高くなりすぎて、いまに車がハイ・センタードになるよ」

私たちは、よくシャベルを使って道路の真ん中を平らにしたものだ。祖母の言う「ハイ・センタード」とは、車底の真ん中が盛り土に引っかかってタイヤが浮きあがり、身動きが取れなくなることを指している。

私たちが自分の感情を否定する理由のひとつに、感情的にハイ・センタードになることへの、つまり、「前に進むことも後ろに下がることも困難な状況」に陥ることへの恐怖がある。自分の傷や恐怖、怒りを認識してしまえば、身動きが取れなくなる。少しでも直視すれば、後戻りも、なんでもないふりをすることもできなくなり、かといって前に進めば、制御不能な感情の堰《せき》を切ってしまうかもしれない。

感情を認識することは、感情を感じることにつながる。もし感情を認識し、その拍子にタガが外れて制御できなくなってしまったら？　私は職場で泣きたくないし、教室でも、学生たちと一緒のときにも泣きたくない。ハイ・センタードになることだけは絶対に避けたい。そうなればすべてを制御不能に感じ、無力さに苛まれてしまうだろう。

感情を抱いたまま推算する方法

奇妙に聞こえるかもしれないが、感情を締めださずに、自分のなかにうまくとどめておくための効果的な方法は、ヨガの先生と、軍の特殊部隊員から教わった。それは、**「呼吸」**だ。ヨガ講師はこれを**「ボックスブリージング」**と呼び、軍人は**「戦術呼吸法」**と呼んでいた。このふたつは結局のところ同じもので、元アメリカ陸軍特殊部隊のマーク・ミラーが教えてくれた戦術呼吸法は、つぎのようなものだ。

（1）4秒かけてお腹を膨らませるように鼻から深く息を吸い込む。
（2）そのまま4秒間息を止める。
（3）お腹をへこませるように4秒かけて口からゆっくりと息を吐きだす。
（4）吐ききった状態で4秒数える。

仕事中、私たちは「深い呼吸」をしていない。立ち止まって自分の身体をチェックすることもない。

私は息を止めてしまうタイプで、だから仕事がものすごく忙しくなって忙殺モードに突入すると、いったん立ち止まって机の四隅をなぞりながら、「4秒ずつかけて、息を吸って、止めて、吐いて、止めて」という呼吸をおこなう。これをほんの2、3回くり返すだけで間違いなく頭のなかがすっきりする。

自分の子どもや学生にもやり方を教えた。呼吸は、感情を自覚しながら推算するためのもうひとつのカギであり、もっとも過小評価されているリーダーシップのスーパーパワー「冷静さを保つ」ためのカギでもある。

私は、「冷静さ」を、**「感情的な反応を管理しながら、新たな視点やマインドフルネスの状態を生みだすこと」**だと定義している。

冷静さがスーパーパワーと言えるのは、職場でとくに蔓延しやすいストレス要因、不安を和らげてくれる鎮静剤だからだ。

不安に関する私の最高の師は、心理学者のハリエット・ラーナーだ。著書『The Dance of Connection』（未邦訳）のなかで博士は、不安に対する対処法はそれぞれ異なり、不安によって過剰に動いてしまう人もいれば、機能不全に陥ってしまう人もいると説明している。

私のように過剰に動いてしまう人は、内面に目を向ける代わりに、すぐにアドバイスや助けを申し出たり、仕事を引き受けたり、細かく管理したり、人の仕事に介入する傾向がある。

機能不全に陥ってしまう人は、ストレスを受けると能力が低下する傾向があり、だれかに仕事を引き継いでもらって、身内の噂話、不安、懸念にばかり目を向けるようになる。そうして「無責任」「問題児」「傷つきやすい人」というレッテルを貼られてしまうのだ。

ラーナー博士はこれらの行動を「その人本来の姿ではなく、不安に対する決まった反応としてとらえることで、人は変わることができるのだと理解してもらえるのではないか」と語っている。

過剰に動いてしまう人にとって大切なのは、不安に直面した際に自分の弱さをもっと受け入れられるようになることだ。そして機能不全に陥ってしまう人が目指すべきは、自分の強みと能力を高めることだ。

過剰に動く人も機能不全に陥ってしまう人も、冷静さを保てるようになれば、感情を安定させるために必要なゆとりを生みだせるようになるだろう。

ただし、残念ながら、「不安」は伝染しやすい感情のひとつであり、容易に集団へと広がっていく。あまりの感染力の強さに、とても個人のうちにとどめてはおけない。ひとりの人間によってグループ全体が動揺した、という経験をもつ人は多いだろう。

ではいい知らせは？　冷静さも感染する、という点だ。

過去20年の取材で冷静さを実践していた人びとは、呼吸と好奇心の組み合わせの大切さ（およびその不思議さ）を語り、具体的な実践法を話してくれた。

たとえば、質問に答えたり、尋ねたりする前に深呼吸をする、議論が熱くなりがちなときはペースを落として、ゆっくりとした話し方、呼吸、ファクトファインディング（事実を聞きだすこと）を意識する。

さらには、意識的に何回か深呼吸をしてから、つぎのことを自問していたという。

（1）自分はこの状況に熱狂するほど十分な情報をもっているか？

（2）かりに十分なデータがあったとして、熱くなるのは有益か？

好奇心と呼吸のほかに、「許可書」も忘れてはいけない。私たちはときとして、自分自身に感情を抱いてもいいのだと言ってあげる必要がある。とくに感情を探求したり、それについて話しあったりすることが明確に禁止されている、あるいはそういう習慣のない家庭で育った場合であればなおさらだ。

もし私が自分の怒りや傷に目を向け、関心を抱き、深呼吸を数回おこなっていれば、先のスティーヴとの会話はまったく違うものになっただろう。

ランブル：陰謀、作話、くだらない草稿

「推算」が困難な物語に足を踏み入れる方法だとすれば、「ランブル（葛藤と向きあうための徹底的な対話）」は推算とともに舞台へ上がり、その物語を自分のものにすることだ。

ランブルはまず、**「データがないと、私たちはいつでも物語をつくりあげる」**という普遍的な真実からはじまる。これは人間のサガだ。

「意味の創出」は生物学的に備わったものであり、困難に陥ると、私たちは起きていることに対する合理的な物語をつくりだし、自分を守る最善の方法に関する情報を脳に与えることがよくある。これは職場でも毎日何百回とくり返されている。

私たちの組織には、情報にアクセスできない人びとがつくりあげた物語がそこここに存在す

る。チームを率いて変革に取り組んだ経験がある人なら、ろくでもない物語がどれほどの時間、お金、エネルギー、労力を浪費するか知っているだろう。

神経学者で小説家のロバート・バートンによると、私たちがさまざまなパターンを認識して完成させると、脳からドーパミンという報酬（すなわち「アハ体験」）が与えられるという。物語はパターンである。脳が、物語の「起承転結」という構造を認識し、曖昧さが解消されることで報酬がもたらされる。残念ながら、脳は物語が正しいかどうかに関係なく、いい物語、つまり善玉と悪玉が明確な物語に対して報酬を与える。

アハ体験、つまり「解決したぞ！」という感覚は、真実を知るのに必要な不確実性やヴァルネラビリティをシャットダウンするよう誘ってくることがある。

脳は、未解決の疑問や大きな可能性のもつれを残すような曖昧な物語が好きではない。「まだできることがあるかもしれない」とか「ひょっとしたら私が事態を大げさにしているのだろうか」といった（疑問の余地が残る）ことには興味がないのだ。保護モードに入った脳の一部は、二項対立を好む。善か悪か？　危険か安全か？　味方か敵か？

バートンはこう書いている。「私たちは物語をつくらざるを得ないために、不完全な物語を入手してそれに同調せざるを得なくなっている」。そして物語が途中までしかできていなくても、「説明が不完全だったり、間違ったりしていても、この世界を理解する助けになればドーパミンの『報酬』が与えられる」のだという。

人が最初につくる物語のことを、私たちは「くだらない草稿（shitty first draft：SFD）」と呼んでいる。「くだらない（shitty）」という言葉に抵抗がある場合は、「散らかった草稿（stormy first draft）」と言い換えてもらってもかまわない。

子どもに説明する際、私は後者を使うが、子どもたちはこの概念を完璧に理解しており、つらい経験をした後に、自分たちが愛されていることや、ここにいていいんだと明確にしてくれるこのSFDについて楽しそうに話す。

「くだらない草稿」のアイディアは、アン・ラモットの名著『ひとつずつ、ひとつずつ――「書く」ことで人は癒される』（パンローリング、2013年）を参考にさせてもらった。彼女はこう書いている。

本当に、本当にくだらない草稿を書くことで、私はようやく何かを書くことができる。その草稿は子どもの落書きみたいだ。だれも見ないし、あとで形にすればいいとわかっているから、思いついたことをとにかく走り書きしていく。

こと感情に関して言えば、私たちのつくる最初の物語、つまりSFDは、間違いなく恐怖や不安が飛び交う、最悪の事態を想定したシナリオになる。

たとえばこんなふうに。スティーヴは本当に意地悪だ。私がビジネスを経営し、すばらしいパートナーや母親になれるとは考えていない。あの人は私にも、私の抱えるストレスにもうんざりしている。この30年は全部嘘だったのだ。

あのとき感情的になってキッチンに突撃するのではなく、ハムのコメントに対する自分の反応に気づいて、その感情に目を向ければよかったのにと思う。

もし時間をかけて自分のＳＦＤを見直していたら、キッチンに行ってこう言えたかもしれない。「いまハムがどうとかって聞こえて思ったんだけど、ひょっとして私にも、私が仕事で抱えているストレスにもうんざりしてる？」

30年以上の付き合いだからわかるが、もし私がそう言っていたら、スティーヴはほぼ間違いなく私を抱き寄せてこう言っただろう。「ずいぶん参っているんだね。一緒にどうするか考えよう」

これならケンカにはならないし、ふたりの関係にもそれほど影響はないだろう。

私たちのＳＦＤは、データの空白部分が恐怖で満たされている。これが恐ろしいのは、**かぎられた実際のデータと、際限のない空想のデータを融合して、それらしく、気持ち的に満足できるものとしてつくりだされた物語が、陰謀論と呼ばれることだ。**

そう、私たちはみな独自の物語をもつ陰謀論者であり、恐怖や不安でデータの空白を埋めているのだ。

多くの変化や混乱が渦巻く職場環境では、チームはＳＦＤに翻弄される。しかし勇気の文化が根づいていれば、あなたはできるかぎりの事実を人びとに伝え、すべてを伝えられないときでもなるべく多くを伝えるようにし、その後も情報を共有できるようにするだろう。

明確であることは親切だ。そしてその明確さは、間違いなく、つくり話や陰謀論を減らすだろう。

勇気あるリーダーは、ＳＦＤを求める。そして部下たちがそのストーリーの真偽をチェックするための時間、空間、安全性を確保する。

これまで私たちの会社では、だれかを解雇せざるを得なかった場合、まずその影響を直接受けるチームメンバーを集め、つぎにチーム全体にアナウンスをした後で、個別の時間をつくって「話したり、質問をしたり、ＳＦＤを確認する」時間を設けてきた。

覚えておいてほしいのは、あなたは感情や恐怖心（および陰謀論）に対処するために合理的に時間を使うこともできれば、非生産的な行動をどうにかしようといたずらに時間を浪費することもできるということだ。

さらに言えば、「陰謀論」だけでなく**「作話」**にも注意する必要がある。作話には「正直な嘘」という絶妙な定義があり、これは不完全な情報を、自分が真実であると信じている偽りの情報に置き換えることだ。

ジョナサン・ゴットシャルは著書『The Storytelling Animal』（未邦訳）のなかで、「精神的に健全な普通の人びとは、驚くほど日常的に作話をする傾向にあるという証拠が増えている」と述べている。

彼の本に記載されている私の好きな研究のひとつに、「心理学者のチームが買い物客に7足のなかから好きな靴下を選ぶよう伝え、その後選んだ理由を尋ねる」というものがある。

買い物客たちは、色、質感、縫い目など、細かな違いに基づいて選んだことを研究者らに告げた。「どうしてこれを選んだのかわからない」「なぜこれを手にしたのかわからない」と言った人はいなかった。全員が、自分の決断を説明する完璧な物語をもっていた。

だが、ここがポイントだ——靴下は、どれも同じだったのだ。

買い物客たちは自分の決断を合理的だと思わせる物語を語ったが、実際は合理的でも何でもなかったのだ。

ゴットシャルはこう綴る。**「彼らの物語は作話であり、正直に語られた嘘だった」**

職場で作話が生まれるのは、自分では事実だと思っていることをみんなに話し、それが実際には単なる個人の意見にすぎなかった場合だ。

たとえば私が同僚にこう言ったとする。「9月になったら全員お払い箱だって。この会社潰れるみたいだよ」。同僚たちはパニックになって「どうして知っているのか」と私に尋ねるだろう。「だってそう聞いたから。本当だよ」

しかしこの情報にはまったく根拠がなく、作話の可能性もある。自分ではそう信じているけれど、実際は自分の抱く恐怖にほんのちょっとした情報が加味された結果かもしれない。これは危険だ。

私たちはSFDを用いて、陰謀論めいた作話や頭のなかで走り書きした最初の物語を一旦ストップし、とらえ直す必要がある。「どうしよう、彼女が会議中にあんな顔をするのは私のことを信頼していないからだ。私の意見なんてくだらないと思っているんだ。きっとこのプロジェクトから外される」

つくり話が手に負えなくなる前に、実際の状況を把握しておくことは非常に重要だ。いままでは、私は行動を起こす前に携帯電話を使ってSFDを見直すようにしている。私がインタビューをした70パーセントのライザーがそうしていると聞き、私も時間があればSFDを書き留めているのだ。

とくにむずかしいことはない。つぎのようなことをメモしていくだけだ。

自分が事実だと思っている話‥
自分の感情‥
身体的反応‥
自分の考え‥
自分が信じていること‥
自分の行動‥

テキサス大学オースティン校の研究者、ジェームズ・Ｗ・ペネベーカーは、人は厄介で困難な経験を言語に翻訳することで、本質的に「理解できるもの」にしていることを発見した。これは心というものが、起きた出来事を理解しようとするよう設計されているためだ。「ストーリーテリング」は、あなたがつくりあげた物語を共有するためのもうひとつの手段である。話を辛抱強く聞いてくれる友人や同僚がいる人は、ＳＦＤで書き留めたものを参照しながら話を聞いてもらうといい。

ＳＦＤを書き留めることで、その物語に力が宿るわけではない。私たちが力をもらうのだ。書きだすことで「あれ、ちょっと支離滅裂じゃない？　これって本当に正しい？」と考える機会が与えられるのだ。

「書くこと」で風が弱まり、海が凪いでいく。そして、非難や怒りに満ちた、未熟で、不満をまき散らすようなSFDがだれかに知られたときのことを想像して恥ずかしいと思えたなら、上出来だ。

SFDは、「フィルターを外して見ること」が重要なのだ。

作家のマーガレット・アトウッドはこう書いている。

あなたが物語の途中にいるなら、それは物語ではなく、ただの混乱だ。不吉なうなり声であり、何も見えていない状態であり、割れたガラスや折れた木材の残骸である。要するに、つむじ風のただなかにある家や、氷山にぶつかり、あるいは急流に押し流されたボートのようなもので、乗船者のだれひとり止める力はない。それが物語らしきものになるのはその後だ。自分自身に、あるいはだれかに伝えたときだ。

アトウッドの言う「割れたガラスや折れた木材の残骸」から、伝えるべき真実の物語を組み立てるにあたって、ライザーたちはつぎのことを自問する。

（1）この状況で自分がさらに知るべきこと、理解すべきことは？

自分は客観的に何を知っているか？

どんな前提に立っているか？

（2）この物語に登場するほかの人びとについてさらに知るべきこと、理解すべきことは？
必要な追加情報は？
どんな質問や説明が役に立つ？

つぎはさらにむずかしい質問――答えるのに勇気と訓練が必要な質問だ。

（3）自分自身についてさらに知るべきこと、理解すべきことは？
自分の反応の根底にあるものは？
本当の感情は？
自分はどの役を演じているのか？

（1）と（2）の質問に答えられれば、陰謀や作話に対処する勇気があるということだ。（3）の質問に答えるには、感情のリテラシー、つまり感情を認識して名づけることが必要で、これは共感とセルフ・コンパッションに必要なスキルセットと同じである。

自分がSFDをつくっていることを認識し、しばらくその物語に向きあい、それから同僚に確認するとしたら、それがどれだけ効果的か想像してみてほしい。

「おつかれさま。今日の会議中ずっと静かだったね。それで思ったんだけど、これから短期間であなたのチームが全作業をおこなわないといけないことに腹を立ててるんじゃない？　この後少し話せる？」

参考までに：かりにあなたが私のもとへやってきてこう言ってくれたら、あなたに対する信頼と敬意は急上昇するだろう。

私の返事が「いや、怒ってないよ。疲れてるだけ。息子の体調が悪くてひと晩中吐いてたから。気にしてくれてありがとう」だったとすると、あなたは共感を示すチャンスを得る。「それは気の毒に。大変だったね。コーヒーでも買ってこようか？」

あるいは私の返事が「そうだよ、本当にむかつく！　これは私たちの企画じゃないし、人手だって足りないのに。むちゃくちゃだよ」だった場合、こう言ってあげられる。「そうだね。少し座って話そうか」

どちらにしても、ウィンウィンだ。これによってつながりと信頼を築くことができる。こんなふうに書くと変に思うかもしれないが、つくり話や陰謀論はだれもがおこなうものだ。

ゴットシャルは書いている。「陰謀は、愚かで無知でおかしな人間にかぎったものではない。

物語を語る心が、意味のある経験を求める衝動を反映したものなのだ」

問題は、ヴァルネラビリティと向きあい、不安定でいることよりも、恐怖や最悪のシナリオで空白を埋めてしまうことである。「陰謀を秘めた心にとって、悪いことは偶然起こるわけではない」これは私の好きなゴットシャルの言葉だ。

「自分でつくりあげた物語」は、意味を生みだしたがる人間にとって、抗いがたい力をもっている。そして（相手に悪気がなく）正直であるからこそ、だれもが警戒を解き、あらゆる環境で機能するのである。

私たちは最近、精鋭の深海エンジニアリングチーム（ＳＵＲＦ：Subsea Umbilicals Risers and Flowlines）に向けて、シェル社で「Daring Leadership のプログラム」を実施した。グォ・タン・ジュことＧＴは、プログラムを通じて経営陣を勇敢に率いてみせた。航空宇宙工学の博士号をもつＧＴと同じく、大半のリーダーたちはエンジニアかプロジェクト・マネージャーだった。

この取り組みの焦点のひとつは、スキルギャップ、コミュニケーション問題、構造的障壁についてのより深い理解につながる会話とは別に、リーダーがどのようにパフォーマンスのフィードバックをおこない、失敗の報告を取り仕切るかを調査することだった。

システム的なヴァルネラビリティ（これはよくない）と人間関係におけるヴァルネラビリテ

ィ（こちらは勇気あるリーダーシップの前提条件になるもの）の違いを時間をかけて徹底的に掘り下げた後、チームはたがいに、そして直属の部下たちと、むずかしい会話を可能にするスキルの構築に取りかかった。

この新しいスキルセットについて、GTはつぎのように書いている。

われわれは、衝突や挫折した際にだれもがつくりあげる物語を現実的に確認するという、立ちあがるためのスキルを身につけたことで、より建設的なパフォーマンスフィードバックのセッションを実現できるようになった。

また、時間をおいて戻ることでさまざまな点が明確になり、フィードバックの過程で出てきやすいネガティブな感情を最小限に抑えられるようにもなった。

さらにジレンマを迅速かつ建設的に表面化させることによって、リーダーは衝突に際して適切に処理できるようになるだろう。われわれが従事している複雑でリスクの高い環境を考えると、これは非常に重要なことである。

フィードバックのなかで具体的な指摘がなければ、学ぶことが減って身構えるばかりになってしまう。失敗に直面したりフィードバックを受けたりした場合、人間にはある程度自己防衛が働く。だからこそ、メッセージの意図が実際の内容と合致しているかを相手と一緒に見直し、

SFDをしっかりと確認することが重要なのだ。

また従業員の評価に強制的なランキングシステムを採用している組織は、安全のために「物語」をふり返って確認してから、評価をおこなうといった文化を形成することが不可欠だ。そのためには、最初の会話と、確認のための会話といったふたつのミーティングを設定するといいだろう。


もうひとつの事例に、先ほども紹介したメリンダ・ゲイツを取りあげたい。「好奇心をもち、正しい質問をすること」がリーダーシップのスーパーパワーだと考えているメリンダの話は、私の心を大きく揺さぶった。

彼女はこう書いている。


長い間、私がつくりあげてきた物語は「専門家たちは、私がビルじゃないから私のことを無視したり軽視したりしている」というものだった。私はその痛みを何年も感じていたけれど、次第にその根底に何か別のものがあることに気づきはじめた。

常々、自分にはグローバルヘルスの分野で世界的に有名な専門家たちを率いるための科学知識が足りないのではと不安に思っており、そのせいで質問をためらい、全力で取り組めなくなっていた。学位をもっていない新たな分野で、私は自分が偽物のように感じていたのだ。

しかしこうした自分の不安に向きあえるようになると、不安を少しずつ解消できるようになった。私がいま信じているのは「自分には適切な量の知識がある。それは適切な質問をするには十分で、細かいところに気を取られるほどではない」というものだ。

物語を書き直すということは、「愚か」に思える質問も自信をもって尋ねられるようになるということである。なぜなら愚かな質問などというのはめったになく、多くの場合、それらは提起すべき重要な問いであることを学んだからだ。


いずれのエピソードも、「勇気を出して困難な物語を自分のものとして受け入れれば、新たな結末を書くことができる」というすばらしい事例である。

私たちが自分に物語るストーリーは、人間関係やチームの信頼やつながりへの影響に加えて、自尊心を打ち砕く可能性もはらんでいる。**なかでも危険な物語は、私たちの愛される力、神聖さ、創造性を減退させるナラティヴだ。**

「愛される力」に関して言えば、だれかに愛されないからといって、自分が人に愛される人間ではないということにはならないし、神聖さに関して言えば、他人が私たちの神聖さを決めたり、私たちの霊的な価値についての物語を書いたりすることはできない。

また、「創造性」に関して言えば、何かを達成する基準に満たないからといって、自分にしかない才能や能力がないわけではないし、だれかが私たちの創造したものや達成したことの価値を理解できなかったからといって、その価値が、あるいは私たちの価値が変わるわけではない。

差異

私たちが経験に基づいてつくりあげた物語と、それに向きあう過程《ランブル》を通じて発見した真実の間にある違い、すなわち「差異」にこそ、この経験の意味と知恵が宿っている。差異には重要な学びのポイントがあり、それを知るためにはみずからの物語に足を踏み入れ、向きあわなければならない。

〝ハムサンドの失敗〟で私は、恥、ヴァルネラビリティ、信頼と向きあう必要に迫られた。そこでの学びは、

（1）自分が大変な状況にあって物事がうまくいっていないと、私は自分を恥じて責める傾向がある。私が勝手に腹を立てたような物語を実際にスティーヴからされた記憶は一度もない。（2）もっとうまく助けを求められるようにならなければいけない。（3）私はときどき八つ当たりをし、とくに怒りで傷を跳ね返しがちだ。

「つくりあげた物語」を自覚し、『立て直す力』の調査で学んだことを実践しはじめていたおかげで、スティーヴと私は、極度のストレスでケンカ寸前になったときも、その怒りをつながりと信頼に変えることができるようになった。

さらに「Learning to Rise」のプロセスで学んだことを生活に取り入れはじめると、対話や話しあいもスムーズにできるようになった。オフィスでは、自分たちでつくった物語をおそらく日に10回はチェックしあっている。

いまではもっとシンプルに「弁護士が検討していないから向こうはまだ修正点を保留しているる気がする」「金曜の午後のプレゼンテーションなんてだれも参加したくないんじゃないかって、私は思うのだけど」という言い回しをする。これは単なる推測を言いきってしまうより、はるかに正直で、隙が多く、好感がもてる。

Learning to Riseのプロセスでは、「競技場」で倒れてから差異へ、そして学びのポイントにたどり着くまで5分しかかからない場合もあれば、5日かかることもあるし、人生における重大事であれば数か月を要することもある。

ヴァルネラビリティを抱えたまま率直に対話ができるようになるほど、うまく、迅速にたどり着けるようになる。

物語と、その原動力になっている感情を自分のものにできれば、そのときどきの試練に向きあえるようになり、困難な出来事の結末もコントロールできるようになる。

もし物語を否定し、物語などつくっていないというふりをすれば、物語に振り回されることになるだろう。そうなれば、私たちの行動も認識も物語に支配され、やがて思考のすべてが物語に乗っ取られることになる。

ストーリー・ランブル――物語と向きあう

組織またはあるグループが対立、失敗、挫折を経験した際に、Learning to Rise のプロセスを応用して活用することができる。私たちはこれを「**ストーリー・ランブル**」と呼んでいる。

本書を読んで実践する人ならだれでも、物語と向きあうための基本ツールを手に入れられる。必要なら人材をトレーニングしてこのプロセスを促進してもいいし、〈Dare to Lead〉の認定ファシリエーターを招いて手伝ってもらってもいいだろう。

私たちは、チーム内、あるいはチーム間に蔓延するフラストレーションや憤りを理解し対処できなかったことをきっかけにこの方法を採用し、最近では、大きなプロジェクトが行き詰まった原因を探るためにこの方法を活用した。

では「ストーリー・ランブル」のプロセスを説明する。

これまで紹介してきた勇気を育むツール、スキル、実践法をできるだけ用いてほしい。とくに共通の言語、好奇心、確固たる自信、誠実さ、価値観、そして、現在築きつつある信頼は重要だ。そのすべてが必要になるが、その効能を知れば驚くだろう。

1. 対話の目的を決め、おこなう意図を明確にする。
2. みんなが心を開いてこのプロセスに取り組むには何が必要か？　たとえグループ内で信頼が確立していても、「安全な容器」をつくることが重要だ。
3. 行く手に立ちはだかるものは何か？
4. 2や3を踏まえて取り組み方を決める。
5. それぞれの許可書を共有し、さらなる容器と信頼を構築する。
6. 人はどんな感情を抱いているか？　感情を表に出して名前をつけよう。
7. 私たちは何に興味を抱くべきか？　好奇心をもちつづけることで、より多くの信頼と確固たる自信が築かれていく。
8. あなたのＳＦＤ（思い込みの物語）はどんなものか？　ここでは「ターン・アンド・ラーン」が有効だ。これらは不安定な対話であり、影響力の強い人が先陣を切るのと、全員が一斉に自分の考えを書き留めて壁に貼りだすのとでは結果が変わることがある。

9．ＳＦＤは私たちの関係、コミュニケーション、リーダーシップ、文化について何を語っているか？　うまくいっているものとそうでないものについてはどう語っているか？　好奇心をもちつづけ、「見たいものだけを見る」という姿勢に抗うことを学ぼう。
10．対話が必要な場面はどこか？　実際に起こっていることを把握し、陰謀論や作話を見抜くにはどの程度の調査が必要か？
11．最初のＳＦＤと、対話で判明した新たな情報との間にはどんな違いがあるだろうか？
12．学びのポイントは？
13．その学びをどう行動に移していくか？
14．学んだことを文化に溶け込ませ、新たな戦略に活用するにはどうすればいいか？　それぞれが責任をもって定着させるべきものは何か？
15．再度改めて話しあうタイミングは？　もう一度集まって、学んだことと定着させたことについてそれぞれの責任を確認する。

物語を自分のものとして引き受ければ、結末を書くことができる。しかし物語を否定すれば、物語に支配されるだろう。

革命

私は「**革命**」というワードは恐れてはいないが、勇気や真正が失われていく世界《ワールド》は恐れている。

革命とは——批判や皮肉、恐怖を煽る者たちだらけの世界で鎧を脱ぎ捨て、己の脆さと向きあうこと、自分の価値観を貫き、心を開いて果敢に信じ、立ちあがる方法を学ぶこと、そうしてみずからの物語と人生を取り戻すことだと私は思っている。勇気とは反逆である。

これは2010年に私が書いたものだ。

「革命」という言葉の響きは少々大袈裟かもしれないが、この世界で「本物」と「価値あるもの」を選び取る行為は間違いなく抵抗である。正直に生きて心から愛することを選ぶのは反抗である。この先あなたは混乱し、腹を立て、きっと多くの人を——自分自身を含め——怯えさせるだろう。あるときは物事が変わらないよう祈り、あるときは変わりつづけるよう願うだろう。また、どうして勇気と恐怖を同時に感じるのか不思議に思うこともあるかもしれない。少なくとも、私はいつもそう感じている……勇敢で、怖くて、このうえなく生きている、と。

この研究から学んだことを要約するとしたら、私はつぎの3つをあげる。

1．ある組織における勇気のレベルは、その組織が文化面で成功し、リーダーを育成し、使命を果たす能力があるかどうかを測るための絶対的かつ最善の判断材料である。

2．勇敢なリーダーを育成するうえで最大の課題は、勇気へ呼びかけている内なる声を各々に認識させ、その呼びかけに応じられるよう手を貸すことだ。鎧を脱ぎ捨て、ヴァルネラビリティに向きあい、価値観を貫き、果敢に信頼し、立ちあがる方法を学ぶのに必要な共通の言語、ツール、スキルを身につけることを厭わなければ、勇気は学ぶことができる。

3．自分にとっての成功の定義をだれかに託した瞬間、私たちは失敗する。多くの人たちと同じように、私も自分の実力を証明するためだけに長い間数々のプロジェクトを引き受け、役職にもついてきた。自分が何者で、何を望み、何に喜ぶか、そういうことをすべて無視した成功の定義に駆り立てられながら、ただ達成と獲得と崩壊をくり返してきた。そこに喜びや意味はほとんどなく、あるのは疲労と憤りの蓄積だった。

拙著『「ネガティブな感情」の魔法』のなかで、私は**「喜びと意義のリスト」**の重要性や、つぎのような質問を実際に考える際の力について書いた――家族内で物事がうまくいっているときの雰囲気はどういうものか？　何が最大の喜びをもたらしてくれるか？　何も考えずに没頭しているのはどんなときか？

わが家の場合、それらの答えは――睡眠、運動、健康な食事、料理、休暇、週末の外出、教会へ行くこと、子どもと過ごす、お金を管理できている感覚、デートの夜、消耗しない有意義な仕事、だらだらする時間、家族や親しい友人と過ごす時間、恩返し、ぶらぶらすることなど――本当の意味で息抜きできる行動や行為だった。

ところがこのリストと、それまで自分たちが「成功の定義」としていたものを比較して、私とスティーヴは愕然とした。とにかく何かをやり遂げることに夢中だった私たちには、喜びや意義を感じている暇がなかったのだ。より多くの喜びや意義を手にするために成功を求めた結果として時間を失い、その「大切な時間」はもう取り返せなくなっていた。

あなたも「喜びと意義のリスト」を作成し、「自分にとっての成功の定義」を考えてみてほしい。私はすぐにリストから脱線してしまうし、いまでもリストの項目は増えているが、これは生涯にわたって実践していくものだと思っている。

またこのリストは、すばらしい機会が訪れて選択を迫られた場合の「最良のフィルター」でもある。いままでは何かに取り組む際、どうしたら喜びや意義に近づけるかを自問している。これだけでも革命的な行為である。

勇気あるリーダーシップへの道について考える際は、ジョーゼフ・キャンベルの言葉を思いだしてほしい。

「あなたが入るのを恐れる洞窟には、あなたの求める宝が眠っている」

恐怖を受け入れ、洞窟を見つけ、自分のために、あなたが支えたい人たちのために、あなたの文化のために、新たな結末を書いてほしい。

心地よさよりも勇気を、鎧よりも心をさらけだすことを選んでほしい。

そして何より、勇気と恐れる気持ちを同時に携えて、壮大な冒険に乗りだすことを選んでほしい。

Need Rooted in Our Brains," published electronically April 22, 2013, nautil.us/issue/0/the-story-of-nautilus/where-science-and-story-meet.

398 私はようやく何かを書くことができる：Anne Lamott, *Bird by Bird: Some Instructions on Writing and Life* (New York: Anchor Books, 1995), 22.（アン・ラモット『ひとつずつ、ひとつずつ：「書く」ことで人は癒される』森尚子訳、パンローリング、2013年）

401 精神的に健全な普通の人びとは：Jonathan Gottschall, *The Storytelling Animal: How Stories Make Us Human* (New York: Houghton Mifflin, 2012), 109.（未邦訳）

401 彼らの物語は作話：同上、110頁

403 研究者、ジェームズ・W・ペネベーカー：James W. Pennebaker, Writing to Heal: A Guided Journal for Recovering from Trauma and Emotional Upheaval (Wheat Ridge, CO: Center for Journal Therapy, 2004)（ジェームズ・W・ペネベーカー『こころのライティング：書いていやす回復ワークブック』獅々見照、獅々見元太郎訳、二瓶社、2007年）

404 あなたが物語の途中にいるなら：Margaret Atwood, *Alias Grace* (London: Bloomsbury, 1996), 345–46.（マーガレット・アトウッド『またの名をグレイス』佐藤アヤ子訳、岩波書店、2008年）

406 陰謀は、愚かで無知でおかしな人間にかぎったものではない：Gottschall, *Storytelling Animal*, 116.（未邦訳）

407 陰謀を秘めた心にとって：同上

416 「革命」という言葉の響きは少々大袈裟かもしれない：Brené Brown, *The Gifts of Imperfection: Let Go of Who You Think You're Supposed to Be and Embrace Who You Are* (Center City, MN: Hazelden, 2010), 126.（ブレネー・ブラウン『「ネガティブな感情《こころ》」の魔法：「悩み」や「不安」を希望に変える10の方法』本田健訳、三笠書房、2013年）

366　私は、自分のことを愛していないのに：Maya Angelou, Distinguished Annie Clark Lecture, 16th Annual Families Alive Conference, Weber State University, Ogden, Utah, May 8, 1997.

第４部　立ちあがる方法を学ぶ

371　ミレニアル世代が米国の全労働力人口の35パーセントを占めている今日：Richard Fry, "Millennials Are the Largest Generation in the U.S. Labor Force," *FactTank: News in the Numbers*, published electronically April 11, 2018, pewresearch.org/fact-tank/2018/04/11/millennials-largest-generation-us-labor-force/.

382　ダークス・ベントリーが歌う『Riser』：Travis Meadows and Steve Moakler, "Riser" (2014), recorded by Dierks Bentley on the album *Riser* (Nashville: Capital Records Nashville, 2014).

390　『ハリー・ポッターと不死鳥の騎士団』に出てくるドローレス・アンブリッジ：J. K. Rowling, Harry Potter and the Order of the Phoenix (New York: Scholastic Books, 2003)（J. K. ローリング『ハリー・ポッターと不死鳥の騎士団』松岡佑子訳、静山社、2004年）

390　甘くてかわいらしいものに愛情を注いでいる：J. K. Rowling, "Dolores Umbridge," pottermore.com/writing-by-jk-rowling/dolores-umbridge.

393　鼻から深く息を吸い込む：Mark Miller, "Tactical Breathing: Control Your Breathing, Control Your Mind," published electronically April 14, 2018, loadoutroom.com/2778/tactical-breathing/.

394　著書『*The Dance of Connection*』のなかで：Harriet Lerner, *The Dance of Connection: How to Talk to Someone When You're Mad, Hurt, Scared, Frustrated, Insulted, Betrayed, or Desperate* (New York: HarperCollins, 2001).（未邦訳）

397　神経学者で小説家のロバート・バートン：Robert A. Burton, *On Being Certain: Believing You Are Right Even When You're Not* (New York: St. Martin's Press, 2008).（ロバート・A・バートン『確信する脳：「知っている」とはどういうことか』岩坂彰訳、河出書房新社、2010年）

397　私たちは物語をつくらざるを得ないために：Robert Burton, "Where Science and Story Meet: We Make Sense of the World through Stories—a Deep

第２部　自分の価値観で生きる

291 優先事項が3つ以上あるなら：Kimberly Weisul, "Jim Collins: Good to Great in 10 Steps," *Inc.*, published electronically May 7, 2012, inc.com/kimberly-weisul/jim-collins-good-to-great-in-ten-steps.html.

301 "But I'll be looking for eight": Terry Stafford and Paul Fraser, "Amarillo by Morning" (1973), recorded by George Strait on the album *Strait from the Heart* (Los Angeles: MCA Records, 1983).

307 スピリチュアリティとは：Pittman McGehee, "Interview with Dr. J. Pittman McGehee," Consciousness NOW TV, 44:30, April 6, 2016, youtube.com/watch?v=4-2pnDpBOT8.

308 愛は勝利の行進なんかじゃない：Leonard Cohen, "Hallelujah" (1984), recorded by Leonard Cohen on the album *Various Positions* (New York: Columbia Records, 1984).

309 相手の「正面」ではなく、「隣」に座る：Brené Brown, *Daring Greatly: How the Courage to Be Vulnerable Transforms the Way We Live, Love, Parent, and Lead* (New York: Gotham Books, 2012), 204.（ブレネー・ブラウン『本当の勇気は「弱さ」を認めること』門脇陽子訳、サンマーク出版、2013年）

第３部　果敢に信頼する

340 「自分の大切なものが、他人の行動で傷つくリスクを選択すること」：Charles Feltman, *The Thin Book of Trust: An Essential Primer for Building Trust at Work* (Bend, OR: Thin Book Publishing, 2008), 7.（未邦訳）

340 自分の大切なものは安全ではない：同上、8頁

341 ハーバード・ビジネス・レビュー誌の記事で：Stephen M. R. Covey and Douglas R. Conant, "The Connection between Employee Trust and Financial Performance," *Harvard Business Review*, published electronically July 18, 2016, hbr.org/2016/07/the-connection-between-employee-trust-and-financial-performance.

342 優れたパフォーマンスの構築には：同上

345 「知識は骨に刻まれるまで単なる噂に過ぎない」：出典不明

251 自分に対して温かな気持ちで理解を示すこと：Kristin Neff, “Self-Compassion,” self-compassion.org/the-three-elements-of-self-compassion-2/.

254 苦しみや個人的な物足りなさは：Kristin Neff, “Self-Compassion,” self-compassion.org/the-three-elements-of -self-compassion-2/.

256 恥を理解し：Linda M. Hartling, Wendy Rosen, Maureen Walker, and Judith V. Jordan, “Shame and Humiliation: From Isolation to Relational Transformation (Work in Progress No. 88),” Wellesley, MA: Stone Center Working Paper Series, 2000.

259 「私たちは、私たちが待ち望んでいた存在」：「Poem for South African Women（南アフリカ女性のための詩）」(1978年8月9日に著者であるジューン・ジョーダンが国連総会で朗読)

第5章　好奇心と確固たる自信

268 残念ながら、多くの組織は：Mary Slaughter and David Rock, “No Pain, No Brain Gain: Why Learning Demands (a Little) Discomfort,” *Fast Company*, published electronically April 30, 2018, fastcompany.com/40560075/no-pain-no-brain-gain-why-learning-demands-a-little-discomfort.

270 ある研究によると：Matthias J. Gruber, Bernard D. Gelman, and Charan Ranganath, “States of Curiosity Modulate Hippocampus-Dependent Learning Via the Dopaminergic Circuit,” *Neuron* 84, no. 2 (2014): 486–96.

270 好奇心は手に負えない。それはルールを好まず：Ian Leslie, *Curious: The Desire to Know and Why Your Future Depends on It* (New York: Basic Books, 2014), xiv.（イアン・レズリー『子どもは40000回質問する：あなたの人生を創る「好奇心」の驚くべき力』須川綾子訳、光文社、2016年）

271 問題を解決する時間が1時間あったら：出典は不明だが、アルベルト・アインシュタインの言葉とされている。

271 私は飛びぬけて賢いわけではなく：出典は不明だが、アルベルト・アインシュタインの言葉とされている。

274 論文：George Loewenstein, “The Psychology of Curiosity: A Review and Reinterpretation,” *Psychological Bulletin* 116, no. 1 (1994): 75–98.

275 好奇心を刺激するには：Loewenstein, “Psychology of Curiosity,” 94.

206 恥は、依存、暴力、攻撃性、うつ、摂食障害、いじめと強い相関関係があるが：Ronda L. Dearing, Jeffrey Stuewig, and June P. Tangney, "On the Importance of Distinguishing Shame from Guilt: Relations to Problematic Alcohol and Drug Use," *Addictive Behaviors* 30, no. 7 (2005): 1392–404; Dearing and Tangney, eds., *Shame in the Therapy Hour*; Jeffrey Stuewig, June P. Tangney, Stephanie Kendall, Johanna B. Folk, Candace Reinsmith Meyer, and Ronda L. Dearing, "Children's Proneness to Shame and Guilt Predict Risky and Illegal Behaviors in Young Adulthood," *Child Psychiatry and Human Development* 46 (2014): 217–27; Tangney and Dearing, *Shame and Guilt*.

207 「屈辱」もまた、よく恥と混同される：D. C. Klein, "The Humiliation Dynamic: An Overview," *Journal of Primary Prevention* 12 (1991): 93–122.

227 イギリスの看護学研究者であるテレサ・ワイズマン：Theresa Wiseman,"Toward a Holistic Conceptualization of Empathy for Nursing Practice," *Advances in Nursing Science* 30, no. 3 (2007): E61–72; Theresa Wiseman, "A Concept Analysis of Empathy," *Journal of Advanced Nursing* 23, no. 6 (1996): 1162–67.

227 ５番目の特性を拝借し：Kristin D. Neff, "Self-Compassion: An Alternative Conceptualization of a Healthy Attitude toward Oneself," *Self & Identity* 2, no. 2 (2003): 85–101.

230 力のある人びとが、見た目も話し方も育った環境も自分に似たキャストだけを使いつづけるなら：Beyoncé Knowles, "Beyoncé in Her Own Words: Her Life, Her Body, Her Heritage," *Vogue*, August 2018.

236 ネガティブな感情に対してバランスの取れたアプローチをすること：Kristin Neff, "Self-Compassion," self-compassion.org/the-three-elements-of-self-compassion-2/.

243 愉快な短編アニメーションがあるので：Brené Brown, "Brené Brown on Empathy," Royal Society for the Encouragement of Arts, Manufactures and Commerce shorts, 2:53, December 10, 2013, brenebrown.com/videos/.

250 テキサス大学オースティン校のクリスティーン・ネフ博士：Kristin Neff, *Self-Compassion: Stop Beating Yourself Up and Leave Insecurity Behind* (New York: William Morrow, 2011).（クリスティーン・ネフ『セルフ・コンパッション：あるがままの自分を受け入れる』石村郁夫、樫村正美訳、金剛出版、2014年）

172 スチュアート・ブラウン博士の研究によると：Stuart Brown and Christopher Vaughan, *Play: How It Shapes the Brain, Opens the Imagination, and Invigorates the Soul* (New York: Avery / Penguin Group USA, 2009).（スチュアート・ブラウン、クリストファー・ヴォーン『遊びスイッチ、オン！：脳を活性化させ、そうぞう力を育む「遊び」の効果』芳賀靖史監訳、足立理英子、佐藤裕子、鈴木真理子、田中智美、深川恵、前田雅代訳、バベルプレス、2013年）

173 遊びの対義語は"仕事"ではない：同上、126頁

173 真の帰属とは：Brené Brown, *Braving the Wilderness: The Quest for True Belonging and the Courage to Stand Alone* (New York: Random House, 2017), 40.（未邦訳）

176 ウィリアム・ジェントリーは：William Gentry and Center for Creative Leadership, *Be the Boss Everyone Wants to Work For: A Guide for New Leaders* (Oakland: Berrett-Koehler, 2016).（未邦訳）

183「いまはまだ強大な権力者の終焉を祝う瞬間ではない」：Karma Allen, "#Metoo Founder Tells Trevor Noah: Harvey Weinstein Indictment Isn't 'Moment to Celebrate,'" published electronically May 31, 2018, abcnews.go.com/US/metoo-founder-tells-trevor-noah-harvey-weinstein-indictment/story?id=55552211.

第４章　恥と共感

196 研究者のタマラ・ファーガソン、ハイディ・エア、マイケル・アシュベイカー：Tamara J. Ferguson, Heidi L. Eyre, and Michael Ashbaker, "Unwanted Identities: A Key Variable in Shame—Anger Links and Gender Differences in Shame," *Sex Roles* 42, no. 3–4 (2000): 133–57.

203 現在の神経科学の研究によると：Naomi I. Eisenberger, Matthew D. Lieberman, and Kipling D. Williams, "Does Rejection Hurt? An fMRI Study of Social Exclusion," *Science* 302, no. 5643 (2003): 290–92.

204 恥の研究者と臨床医の多くは：恥と罪悪感の文献に関するとくに包括的なレビューを行う場合、June Price Tangney and Ronda L. Dearing, *Shame and Guilt: Emotions and Social Behavior* (New York: Guilford Press, 2002)（未邦訳）および、Dearing and Tangney, eds., *Shame in the Therapy Hour* (Washington, D.C.: American Psychological Association, 2011)（未邦訳）をお薦めする。

137 アルコールおよび薬物依存に関する評議会によると：Sandy Smith, "Drug Abuse Costs Employers $81 Billion per Year," *EHS Today*, published electronically March 11, 2014, ehstoday.com/health/drug-abuse-costs-employers-81-billion-year; National Council on Alcoholism and Drug Dependence, "Drugs and Alcohol in the Workplace," published electronically April 26, 2015, ncadd.org/about-addiction/addiction-update/drugs-and-alcohol-in-the-workplace.

143 「まぼろしの快適さはさまざまな形で現れる」：Jennifer Louden, *The Life Organizer: A Woman's Guide to a Mindful Year* (Novato, CA: New World Library, 2007), 43.（未邦訳）

143 重要なのは行動ではなく、なぜその行動をしたのかという理由である：同上、42頁

146 俗にいう「強さ」は、たいてい愛ではなく、恐怖から生じる：Joan Halifax, *Being with Dying: Cultivating Compassion and Fearlessness in the Presence of Death* (Boston: Shambhala Publications, Inc., 2008), p. 17.（ジョアン・ハリファックス『死にゆく人と共にあること：マインドフルネスによる終末期ケア』井上ウィマラ監訳、中川吉晴、浦崎雅代、白居弘佳、小木曽由佳訳、春秋社、2023年）

151 希望とは、「漠然とした温かな感情」ではない：C. R. Snyder, *Handbook of Hope: Theory, Measures, and Applications* (San Diego: Academic Press, 2000)（未邦訳）

152 絶望とは、明日もどうせ今日と同じだと信じることである：Rob Bell, "Despair Is a Spiritual Condition," presentation at Oprah Winfrey's "The Life You Want" Weekend Tour, various U.S. cities, 2014.

157 『*Making Change Happen*』（未邦訳）：Just Associates, *Making Change Happen: Power; Concepts for Revisioning Power for Justice, Equality and Peace*. Just Associates, 2006, justassociates.org/sites/justassociates.org/files/mch3_2011_final_0.pdf.

157 権力を利用すれば「異なる利害のなかに共通点を見つけ」：同上、6頁

159 著者のケン・ブランチャードはつぎのように述べている：Ken Blanchard,"Catch People Doing Something Right," published electronically December 24, 2014, howwelead.org/2014/12/24/catch-people-doing-something-right/.

Minouche Shafik," published electronically April 1, 2018, alainelkanninterviews.com/minouche-shafik/.

119 私には13歳の息子がいる：Kevin Feige (producer) and Ryan Coogler (director), *Black Panther* (Marvel Studios / Walt Disney Studios, 2018); James Gunn (director), *Guardians of the Galaxy* (Marvel Studios / Walt Disney Studios, 2014).

120 価値ある場所から自分の生活に従事すること：Brené Brown, *The Gifts of Imperfection: Let Go of Who You Think You're Supposed to Be and Embrace Who You Are* (Center City, MN: Hazelden, 2010), 1.（ブレネー・ブラウン『「ネガティブな感情《こころ》」の魔法：「悩み」や「不安」を希望に変える10の方法』本田健訳、三笠書房、2013年）

123 ごく薄い意識の膜である：James Hollis, *Finding Meaning in the Second Half of Life: How to Finally, Really Grow Up* (New York: Gotham Books, 2005), 11.（未邦訳）

124 われわれは他人に合わせたり：James Hollis, *What Matters Most: Living a More Considered Life* (New York: Gotham Books, 2008), xiii.（未邦訳）

128 私たちは子どものころ：Brené Brown, *Daring Greatly: How the Courage to Be Vulnerable Transforms the Way We Live, Love, Parent, and Lead* (New York: Gotham Books, 2012), 112.（ブレネー・ブラウン『本当の勇気は「弱さ」を認めること』門脇陽子訳、サンマーク出版、2013年）

130 うつ、不安、依存と連関し：Paul L. Hewitt, Gordon L. Flett, and Samuel F. Mikail, Perfectionism: A Relational Approach to Conceptualization, Assessment, and Treatment (New York: Guilford Press, 2017).（未邦訳）

136 グローブフォース社はシスコ社と協力し：Globoforce, "Bringing Smiles to Hershey," published electronically, August 2016, globoforce.com/wp-content/uploads/2016/08/Hershey-Case-Study_final_8_16 .pdf; "Connecting People: How Cisco Used Social Recognition to Transform Its Culture," published electronically, July 2017, globoforce.com/wp-content/uploads/2017/07/Case-Study_Cisco.pdf; "The Secret to Double Digit Increases in Employee Engagement," published electronically, 2012, go.globoforce.com/rs/globoforce/images/exec-brief-double-digit-engagement-increase_na.pdf; "Linking Social Recognition to Retention and Performance at LinkedIn," published electronically, 2018, resources.globoforce.com/case-studies/case-study-linkedin.

what-is-and-is-not-okay/.

076 まず理解に徹し：Stephen Covey, *The Seven Habits of Highly Effective People* (New York: Simon and Schuster, 1989).（スティーブン・R・コヴィー『7つの習慣：成功には原則があった！』ジェームズ・スキナー、川西茂訳、キングベアー出版、1996年）

081 アイディアを生むのはとても大変です：Amy Poehler, "Ask Amy: Negativity," *Amy Poehler's Smart Girls*, 2:54, January 13, 2013, amysmartgirls.com/ask-amy-negativity-cec8eb81e742.

081 われわれは考えるマシンである必要はない：Antonio Damasio, "Self Comes to Mind," YouTube video, 5:49, November 10, 2010, youtube.com/watch?v=Aw2yaozi0Gg.

第2章　勇気を呼び起こす

090 ルーク・スカイウォーカーの姿がよぎった：Gary Kurtz (producer) and Irvin Kershner (director), *Star Wars, Episode V: The Empire Strikes Back*, motion picture on DVD (San Francisco: Lucasfilm, Ltd. / Century City, CA: 20th Century–Fox Home Entertainment, 1980/2004)

094 「あなたが入るのを恐れている洞窟に、あなたの求める宝がある」：*A Joseph Campbell Companion: Reflections on the Art of Living*, edited by John Walter (San Anselmo, CA: Joseph Campbell Foundation, 1991).（未邦訳）には、キャンベルの同僚ダイアン・K・オズボンが日記に記したキャンベルの言葉とされる一節が収められている。のちに広く引用されるようになった（出典は確かではなかったが）その一節は、この言葉に凝縮された概念をより私的な形で表現している。

100 これは、ジム・コリンズの名著にしてわが社の必読書：Jim Collins, *Good to Great: Why Some Companies Make the Leap . . . and Others Don't* (New York: HarperBusiness, 2001).（ジェームズ・C・コリンズ『ビジョナリー・カンパニー2：飛躍の法則』山岡洋一訳、日経BP、2001年）

第3章　武装

119 その昔、仕事とは筋肉を使うものだった：Alain Elkann, "Interview with

035 真摯に耳を傾けること：Harriet Lerner, *Why Won't You Apologize?: Healing Big Betrayals and Everyday Hurts* (New York: Touchstone, 2017)（ハリエット・レーナー『こじれた仲の処方箋』吉井智津訳、東洋館出版社、2018年）

第1部　ヴァルネラビリティと向きあう

第1章　その瞬間と誤解

049 愛することは傷つきやすくなるということだ：C. S. Lewis, *The Four Loves: The Much Beloved Exploration of the Nature of Love* (San Diego: Harcourt Books, 1960/1991).（C・S・ルイス『四つの愛［新訳］』（C・S・ルイス宗教著作集2）佐柳文男訳、新教出版社、2011年）

053 子どものころ：Madeleine L'Engle, *Walking on Water: Reflections on Faith and Art* (Colorado Springs: WaterBrook Press, 2001).（未邦訳）

054 大人になるということは：John T. Cacioppo, "The Lethality of Loneliness (TEDxDesMoines Transcript)," published electronically September 9, 2013, singjupost.com/john-cacioppo-on-the-lethality-of-loneliness-full-transcript/.

066 研究を通じてわかったのは：John Gottman, "John Gottman on Trust and Betrayal," published electronically October 29, 2011, greatergood.berkeley.edu/article/item/john_gottman_on_trust_and_betrayal.

070 グーグル社がおこなった、「生産性の高いチーム」に関する5年にわたる調査：Charles Duhigg, "What Google Learned from Its Quest to Build the Perfect Team: New Research Reveals Surprising Truths About Why Some Work Groups Thrive and Others Falter," published electronically February 25, 2016, nytimes.com/2016/02/28/magazine/what-google-learned-from-its-quest-to-build-the-perfect-team.html.

071 要するに、「心理的安全性」があれば：Amy C. Edmondson, *Teaming: How Organizations Learn, Innovate, and Compete in the Knowledge Economy* (San Francisco: Jossey-Bass, 2012).（エイミー・C・エドモンドソン『チームが機能するとはどういうことか：「学習力」と「実行力」を高める実践アプローチ』野津智子訳、英治出版、2014年）

074 「境界線」という語は曖昧かもしれないが：Kelly Rae Roberts, "What Is and Is Not Okay," published electronically March 22, 2009, kellyraeroberts.com/

原注

まえがき

010 『Old Hat New Hat』のようだった：Stan and Jan Berenstain, *Old Hat, New Hat* (New York: Random House / Bright and Early Books, 1970).（未邦訳）

014 それから２年後の2010年：Brené Brown, *The Gifts of Imperfection: Let Go of Who You Think You're Supposed to Be and Embrace Who You Are* (Center City, MN: Hazelden, 2010).（ブレネー・ブラウン『「ネガティブな感情《こころ》」の魔法：「悩み」や「不安」を希望に変える10の方法』本田健訳、三笠書房、2013年）

014 それからさらに２年後：Brené Brown, *Daring Greatly: How the Courage to Be Vulnerable Transforms the Way We Live, Love, Parent, and Lead* (New York: Gotham Books, 2012).（ブレネー・ブラウン『本当の勇気は「弱さ」を認めること』門脇陽子訳、サンマーク出版、2013年）

015 この書籍の巻頭に：セオドア・ルーズベルトが1910年4月23日にパリのソルボンヌ大学で行った演説「共和国における市民権」の一節。

015 ヒューストンの「TEDカンファレンス」：Brené Brown, "The Power of Vulnerability," filmed June 2010 in Houston, TX, TEDxHouston video, 20:13, ted.com/talks/brene_brown_on_vulnerability.

016 『本当の勇気は「弱さ」を認めること』のすぐあとに：Brené Brown, *Rising Strong: The Reckoning. The Rumble. The Revolution* (New York: Random House, 2015).（ブレネー・ブラウン『立て直す力 RISING STRONG：感情を自覚し、整理し、人生を変える３ステップ』小川敏子訳、講談社、2017年）

017 そして翌年：Brené Brown, *Braving the Wilderness: The Quest for True Belonging and the Courage to Stand Alone* (New York: Random House, 2017).（未邦訳）

序　章　勇敢なリーダーと勇気ある文化

031 「道を妨げるものが道になる」：出典は不明だが、マルクス・アウレリウスの言葉とされている。

[著者]

ブレネー・ブラウン　Brené Brown

米ヒューストン大学研究教授。同大学のソーシャルワーク大学院でハフィントン財団の寄付講座を担当。テキサス大学オースティン校マコームズ・スクール・オブ・ビジネスの客員教授も務める。

これまで20年にわたって、「勇気、傷つきやすさ、恥、共感」についての研究をおこなってきた。6冊の著書でニューヨーク・タイムズ紙のベストセラー1位を獲得し、受賞歴のある2つのポッドキャスト「Unlocking Us」と「Dare to Lead」の司会者も務める。

『「ネガティブな感情《こころ》」の魔法』『本当の勇気は「弱さ」を認めること』『立て直す力』『dare to lead　リーダーに必要な勇気を磨く』『Braving the Wilderness』『Atlas of the Heart』など、著作は30か国語以上に翻訳されている。また、ベストセラー・アンソロジー『You Are Your Best Thing: Vulnerability, Shame Resilience, and the Black Experience』をタラナ・バーグと共同編集している。

TEDトーク「傷つく心の力(The Power of Vulnerability)」は、世界でもっとも視聴されたTEDトークのトップ5に入り、視聴回数は6000万回を超える。

大半の時間を世界中の組織で働くことに費やし、勇敢なリーダーや勇気ある文化の育成に尽力している。

テキサス州ヒューストンで、夫のスティーヴとふたりの子どもたち、エレンとチャーリー、小型犬ルーシーと暮らす。

Brenebrown.com
Facebook.com/brenebrown
X(旧Twitter)：@brenebrown
Instagram：@brenebrown

[訳者]

片桐恵理子　Eriko Katagiri

英語翻訳者。カナダで6年、オーストラリアで1年の海外生活を経て書籍翻訳の道へ。訳書に『敏感すぎる私の活かし方』『小児期トラウマと闘うツール』(いずれもパンローリング)、『ビスケットとクッキーの歴史物語』(原書房)、「GONE ゴーン」シリーズ(ハーパーコリンズ・ジャパン)などがある。